Ten Nights in the Black Lion

Revd. Thomas Charles

TEN NIGHTS IN THE BLACK LION

A Serial by
Daniel Owen

Translated by
Robert Lomas
Welsh Text Curated by
Dr John Hywel Roberts

DOWAGER BOOKS

About the Author

Daniel Owen was born on 20 Oct 1836 in the market town of Mold, in the county of Flintshire in North Wales.

The son of a coal miner, he was brought up in poverty after his father was killed when the Argoed pit flooded. He had little formal education and was apprenticed to a tailor in 1848 at the age of twelve. He developed his reading and writing in the Sunday School of Bethesda Chapel, in New Street, Mold. In 1865, at the age of 29 he went to Bala College intending to become a minister, but abandoned college to return to tailoring in Mold, and to become a part-time preacher. He took up writing and, *Ten Nights* is his first published work of Welsh prose. He later wrote *Rhys Lewis*, the first significant Welsh novel, and went to become Wales's leading novelist of the nineteenth century. He died on 22 October 1895 and is buried in Mold Cemetery.

About the Translator

Dr Robert Lomas worked on cruise-missile guidance, fire brigade command-and-control systems, the early development of personal computers and in IT consultancy. He is a retired Fellow in Operations Management from Bradford University School of Management and has written best-selling books on Freemasonry and science, including *The Hiram Key, Turning the Hiram Key, The Secret Science of Masonic Initiation, The Man Who Invented the Twentieth Century The Lewis Guide to Masonic Symbols* and *Freemasonry for Beginners.* He has also published an English translation of the J.LL.Morris edition of *Rhys Lewis*.

www.robertlomas.com - - Twitter:@Dr_Robert_Lomas

About the Curator of the Welsh Text

Dr John Hywel Roberts Was born in Bethesda, Dyffryn Ogwen. He received his secondary schooling at Penygroes Grammar School and went on to graduate at Universities in England and Scotland. He spent the early part of his career as a school master in Manchester, the West Midlands and Hertfordshire. In later years he was a member of the academic staff of Birmingham Polytechnic (now Birmingham City Univ) and the University of Glasgow. His research interests are in the combined fields of education, history and politics. He is a native Welsh speaker.

Copyright © Robert Lomas 2020

The right of Robert Lomas to be identified as the Author of the Work has been asserted by him in accordance with the Copyright, Designs and Patents Act 1988.

First published in 2020
by DOWAGER BOOKS

All rights reserved. No part of this publication may be reproduced, stored in a retrieval system, or transmitted in any form or by any means without the prior written permission of the publisher, nor be otherwise circulated in any form of binding or cover other than that in which it is published and without a similar condition being imposed on the subsequent purchaser.

ISBN 9798676846091

DOWAGER BOOKS
www.dowager.com

Acknowledgements

First and foremost I would like to thank Dr John Hywel Roberts; for teaching me to read Welsh as a school child, as an unusual, self-imposed, extra curricula task in a Manchester school; for inspiring me to take an interest in music, language and history; and for making sure I visit *Y Eisteddfod Genedlaethol* whenever it comes up North.

I would also like to thank him for his invaluable assistance in curating the Welsh text in this book and helping me transcribe it from the 160 year old paper copies of *Charles o'r Bala,* and for identifying the many unusual words Daniel Owen used in this work.

I would like also to thank:-

Mrs. Elin Jones of *Siop Lyfrau'r Hen Bost* in Bleanau Ffestiniog who found me a complete bound set of every copy of *Charles o'r Bala.*

Mr. Clifford Halshaw of Mold who encouraged me to publish the translation and offered me the opportunity to deliver a talk about it for the Daniel Owen Society, in the splendid surroundings of Mold Masonic Hall. Even though the event has had to move online due to the Covid crisis I hope it might happen next year.

Mr. Kevin Mathias of the Daniel Owen Society who helped with his encyclopedic knowledge of Mold and Daniel.

And finally, my wife, who has had to put up with my obsessive need to discuss Daniel Owen and his activities over the long confinement of pandemic lockdown when she couldn't escape.

Foreword

In the summer of 2019 Dr Robert Lomas received an email from Mrs. Elin Jones, proprietor of *"Siop Lyfrau'r Hen Bost"* in Blaenau Ffestiniog, telling him that she had found a battered and well-worn privately-bound volume containing a complete set of the Calvinistic Methodist magazine entitled *"Charles o'r Bala,"* which had a sub-title stating that it consisted of articles "...about the provision of Literature, Religion and Education during the year 1859", published by J.W.Rees & Co. of Caernarfon. To Robert, the main interest in this volume was that it contained a serial in seventeen parts entitled *"Deng Noswaith yn y Black Lion"* [Ten Nights in the Black Lion] written by Daniel Owen.

Robert had inherited an interest in Daniel Owen from his *nain*, Sophia Woodcock née Blackwell. She taught him nursery rhymes in Welsh, told him inspirational tales about her girlhood in Victorian Mold and introduced him to some of the works of Daniel Owen. And of particular interest in this context was the fact that his *nain* had known Daniel Owen when she was a young girl. Consequently, it was not surprising, when Robert received from Elin Jones a copy of the J. Lloyd Morris subscription edition of Rhys Lewis, that it led him to decide to translate that edition into English. That task took him three years and the text was published in 2017.

During the process of translating Rhys Lewis Robert became interested in Daniel Owen's development as a writer. "Ten Nights" was his first substantial venture into writing prose for publication, and he was doing this soon after becoming a newly-qualified tailor in 1855 at the age of twenty-two. His employer and mentor, John Angel Jones, was a sick man and died in October 1859. Nathaniel Jones, one of Daniel's friends and a co-worker in Angel Jones' business, had left the firm in 1858 and was making a name for himself as a travelling salesman with a Holywell-based publisher named Peter Maelor Evans, promoting the sales of a Methodist magazine entitled *"Y Drysorfa."* J.W. Rees in Caernarfon was one of his clients and Rees offered Nathaniel Jones a chance to edit a new magazine that would help to popularize the teachings of the Revd. Thomas Charles of Bala and carry his name. Thomas Charles had been a significant figure during the period of the advancement of Welsh Methodism in the eighteenth century, and his importance as a source of inspiration in another popular spiritual revival that was taking place in Wales in the late 1850s was seen to be relevant. Hence the invitation from Rees to Nathaniel Jones, a noted poet and a strong Calvinist, to become the founding editor of the new journal that was launched on January 1st, 1859.

Establishing a new theological publication – even in the midst of a revival – was not, however, a straight-forward process. Most of the religious periodicals dating from the end of the eighteenth century to the early decades of the succeeding one were comparatively short-lived. Difficulties with distribution, managing cash-flow, promoting sales together with the prohibitive price of paper made publication a considerable risk for both editors and publishers alike. Nathaniel Jones was aware of these problems. To overcome them he decided to add some advertising pages at the end of each issue of the magazine as well as persuading future advertisers that he could offer them a regular audience of readers. Moreover, in addition to standard articles on religious matters, he decided to give his readers some lighter reading in the form of serialized fiction tinged with emphases on moral issues. This pattern of advertisements and a story worked well in the first four instalments of the publication. The fifth issue, however, had no new serial and it collected only four advertisements. Nathaniel Jones realized that a magazine containing nothing beyond discussions on theology and Calvinism was not going to succeed unless it had a lighter note and a larger number of advertisements. It was while grappling with this problem that he turned for help to Daniel Owen.

Before being apprenticed as a tailor, Daniel Owen had received a very basic education at two schools in Mold: a National School and a British School. The foundations of these schools had been laid down at the end of the eighteenth century by two men: Andrew Bell, an Anglican priest, and Joseph Lancaster, a Quaker. In the context of educational practices, the differences between the views of the two men were not particularly marked. Each believed that large sums of money and an abundance of teachers were not required in order to establish schools and that what was called a 'monitorial', or mutual method, of learning could be used with young children being instructed by older pupils, supervised by an adult. Moreover, the curriculum in the two systems had similar features, with a concentration on reading, writing and arithmetic. In denominational terms, however, the men had firm disagreements. From the beginning, Lancaster's schools were non-sectarian, and they were brought together in 1808 to form the Royal Lancasterian Society. In 1814 the name was changed to the British and Foreign School Society and the absence of any subservience to a particular religious philosophy was retained. Being an Anglican, Bell was totally opposed to Lancaster's views. Consequently, when the National Society was formed in 1811 all its schools made the teaching of religion according to the principles of the Anglican Church a prominent and essential element in the curriculum to protect the Church against any possible form of secession.

Daniel Owen's time at the National School was fairly short and took place when he was between the ages of seven and nine. Although little is known about his time there, the report of the Commissioners of Inquiry into the state of education in Wales, published in 1847, showered adverse criticism on the Welsh monitorial schools. The report noted that the curriculum of the National school in Mold was limited, being confined to a study of the Bible, learning the church catechism, reading, writing and arithmetic. In addition, church attendance was compulsory. Daniel Owen did not enjoy that experience. "We school children," he writes, "had to sit in the deep box seats, and it was almost impossible to see what was going on in the service....To make sure we behaved and paid attention, the parson employed what we children called 'the old monitor'. During the service he would walk back and forth along the aisle with a strong stick in his hand. If he caught us whispering, he would whack us about our heads and shoulders." After a couple of years at the National School, Daniel Owen moved to the British School which had been opened on January 29th 1846. Its curriculum was somewhat broader than the one offered at the National School and it did not contain any indoctrination in the tenets of the Anglican Church. Subjects included reading, writing, scripture, arithmetic, English grammar, history, geography and music. In both schools English was the only language used, even if some of the teachers were native-born Welsh speakers. The 1847 Report, commenting on Mold's National School, stated that "Every book in the school is written in English; every word he [the child] speaks is to be spoken in English, every subject of instruction must be studied in English" ... Similar statements were made about the British School. And with regard to the latter, the inspector's report concluded thus: "The proceedings in the school were conducted with more noise than is usual in British Schools. In the boys' department the effect was deafening." Such was the quality of the only formal school education Daniel Owen received; and the only part of that education in the Welsh language was that given at the family's Methodist chapel on Sundays and on some weekday evenings.

After completing his apprenticeship in 1855, Daniel Owen decided that he needed to improve his linguistic ability both in English and Welsh. In this process of self-education, he was given much encouragement by Nathaniel Jones who was able to direct him to books and articles by English and American writers as well as poetry and prose by Welsh authors. And it was in this context that Nathaniel Jones drew Daniel Owen's attention to a popular serial that had recently been published by the Scottish Temperance League. The main theme in the serial concentrated on the evils of alcoholic drink. It was written by an American author named Timothy Shay Arthur and entitled "Ten Nights in a Bar and What I saw There." Nathaniel Jones suggested to Daniel Owen that he could take the plot of the tale, set it in a town such as Mold, and then rewrite the storyline in Welsh to showcase some of its local characters. Thus, Nathaniel Jones' magazine might attract more readers and advertisers and Daniel Owen would go through a valuable educational experience in translating from English into Welsh.

So, who was Timothy Shay Arthur? He was born in 1809 in Newburgh, Orange County, New York state, the son of a miller and his wife. The family moved to Baltimore in 1817 and this is where Timothy Arthur completed his formal education. After leaving school at the age of fourteen, he was, like Daniel Owen, apprenticed to a tailor. Poor eyesight and a weak body led him to terminate his training before reaching its completion date. He looked for a different type of work and for a time he served as a bank clerk. By the 1830s he undertook a process of self-education and eventually became a full-time journalist and writer. He moved from Baltimore to Philadelphia and spent the remainder of his life there, dying in 1885 at the age of seventy-five. Of the 150 or so short novels that he wrote, many of them with strong moral messages directing attention to such causes as temperance and socialism, "Ten Nights in a Bar Room" was among his most popular publications. The story of a miller who gives up his mill to open a tavern and how the physical and moral decline of the proprietor, his family and some of the other people of the town brought ruin and disgrace upon themselves because of the influence of alcohol, sold well. The book was turned into a play and two film versions were made.

"Ten Nights in a Bar Room", published in 1854, was written at a time of growing interest in temperance in the USA. The first federal law applying to the issue, known as Maine Law, prohibiting the production and sale of alcoholic drink, had been passed by Congress in 1846 and had begun operating in 1851. (A reference to this Law is made in the latter part of chapter 15 in Daniel Owen's translation). Although it was repealed in 1858 and replaced by a state law limiting the sale of drink, the measure did lead to some important changes. Consuming alcohol ceased to be regarded as a personal matter; and the new US law made it clear that the act of drinking could have political and legal consequences.

Growing concern about the negative effects of alcoholism was not an issue that was limited to the USA. In the wake of industrial expansion in Great Britain, drunkenness was becoming a problem in rural and urban areas. Attempts to deal with its effects led to the formation of the British Association for the Promotion of Temperance in 1835, an organization that received strong support from both religious bodies and politicians. Nine years later, in 1844, the Scottish Temperance League was created, to be followed in 1852 by the setting-up of the London Temperance League. In addition, Parliament began to be lobbied to pass measures restricting the sale of alcohol. These developments were to help to create a positive attitude towards the Welsh Sunday Closing Bill so as to enable it to be passed into law in 1881.

By accepting Nathaniel Jones' invitation to translate Timothy Arthur's text on temperance into Welsh, Daniel Owen was continuing his process of self-education in two languages while, at the same time receiving informal guidance from his mentor. This process, however, was quite demanding, and specific administrative questions had to be resolved before the real work of translation could begin. For instance, the American text had ten episodes, each one being approximately 6500 words long. To fit them into the space available in Nathaniel Jones' magazine each chapter of the translation had to be accommodated within a scope of about two to three thousand words. Therefore, in order to tackle this problem successfully the number of chapters had to be increased from ten to seventeen and the structure of the plot adapted accordingly. Another detail that needed to be resolved was the question of the location of the tale. This had to be moved from the USA to a small town in north-east Wales. However, the name of the American town – Cedarville – was kept, with the inn at the centre of the story in the Welsh translation designated the 'Black Lion', the name of a well-known venue in Mold. Finally, a decision had to be made about the characters in the story. The chief objective of the exercise that Daniel Owen was to carry out was to produce a lucid translation into Welsh of an account written in American English, focusing attention on the positive advantages of temperance and exposing the evils of alcoholism. He was presented with a plot that he could not substantially alter except in relation to some very minor detail. But what could he do about the names of the characters in the story? Each of them apart from Joe Morgan, had American-English names. Without exception, and possibly on the advice of Nathaniel Jones, Daniel Owen decided to retain those names.

The matters noted above imposed a modicum of control over Daniel Owen's task of translating Timothy Arthur's tale into Welsh. There were, nevertheless, some facets of the work that were slowly helping him to understand what it meant to be a creative writer. One of these was his level of proficiency in the Welsh language. Bear in mind that his formal schooling had finished when he was only twelve years old. From then on, he had to begin a process of self-education. An important feature of this was his growing familiarity with the grammar and structure of his native language; and he used Bishop William Morgan's 1588 translation of the Bible into Welsh and other religious materials as relevant sources for his study of the language. By the nineteenth century these kinds of texts had become standard works of reference for scholars, not only in academic studies on aspects of history, philosophy, politics and religion but also in providing them with guidance and examples in such matters as styles of writing and choice of vocabulary.

In addition to the above Daniel Owen was also helped by some reading of classic examples of English literature in works by writers such as Charles Dickens and George Eliot, noting how they formed the plots of their stories and constructed dialogue, thus giving the reader some lighter forms of writing as an antidote to what could be felt to be the rigidity and heaviness of the Bible.

A third important feature of Daniel Owen's translation of the Ten Nights is the use that he makes of colloquial words, illustrating how the Welsh language in the mid-nineteenth century, both in a written and oral context, was not static in form and expression. By the 1850s there were varieties of spoken and written Welsh that were outside any kind of strict control. (A number of decades were to pass before the foundation colleges of the University of Wales were established and the task of reforming and standardizing the Welsh language begun.) Vocabulary, sentence construction and pronunciation could often be locally based and understood only within the boundaries of the communities where they were used. These elements are present in Daniel Owen's work, both in Ten Nights and in his later novels. He uses words that were found only in Mold and its immediate hinterland and he often spells them according to the way they were (and are) pronounced in Flintshire, east Denbighshire and Meirionydd. This is a feature noted by his biographer, John Owen, when he writes: *"Ysgrifennai fel y byddai yn siarad…"* ac *"Ni phetrusai ddwyn i mewn hen eiriau Cymraeg cryfion — geiriau a blas Gymreig arnynt. Pan ofynwyd iddo gan gyfaill, — Pa le yr oedd wedi dod o hyd i'r hen eiriau hyn ? Atebai mai gen ei fam y clywodd hwy. Diau ei bod hithau wedi eu clywed yn ei chartref yn Nyffryn Clwyd, yn ogystal ag yn yr hen ganeuon Cymreig ydoedd mor hoff o gadw ar ei chof."* ("He wrote as he spoke" …and "He didn't hesitate to introduce powerful old Welsh words — words that had a Welsh taste to them. When asked by a friend —Where did he find these old words? He replied that he heard them from his mother. No doubt she would have heard them in her old home in the Vale of Clwyd, as well as in old Welsh songs that she had stored in her mind."). Examples of his use of local vocabulary, spelling and phrasing will be found in the Appendix.

The translation itself, from chapter one to chapter ten, is reasonably well-organized. But from chapter eleven onwards to the conclusion the standard of editing declined, possibly as a result of a decision by Nathaniel Jones, the editor of *"Charles o'r Bala"* to give up his editorial duties and accept an offer of a place at Bala College to train to become a minister in the Calvinistic Methodist church. The journal's new editor, John Davies, seemed not to be prepared to allow sufficient time to carry out the editorial duties in the manner that they had been performed by Nathaniel Jones. His editorship became haphazard and it was clear that Daniel Owen could not cope well without the kind of assistance that he had been receiving from his old mentor. Grammatical errors and poor punctuation began to creep into his work. Moreover, there appeared to be a lack of firm control over the direction taken by the plot in some of the concluding chapters. In one part, for instance, the character known as Judge Lyman remains a member of the US Congress but moves periodically between a small town in north-east Wales and Washington DC. Furthermore, the man named Mr. Morgan reappears in the last chapter, totally out of context and after a long absence from his role in the story in earlier episodes. The final paragraph is short, sharp and sudden, with an abrupt ending and without an attempt to prepare the reader gently for a slow departure and a calm conclusion.

The history of Daniel Owen's progress as a writer living in Mold in north-east Wales in the mid and late years of the nineteenth century is an account of change, not only for him as an individual but also for the society in which he lived. During his lifetime the centre of political power moved slowly and relentlessly away from a conservative, landowning aristocracy, pushed by the growth of politically conscious and radical middle and working classes. The tenets of the established Anglican church were challenged by the appeal of disestablishment and the forces of nonconformity. These changes in the political, religious and social climate which governed society were reflected in issues that affected all the local communities of the period. Temperance in Wales and its close link with religious revivalism, notably in the 1850s, became a controversial topic which was to reach a climax with the passing into law of the Welsh Sunday Closing bill in 1881. A small part in the success of that measure was played by Daniel Owen through his effort to translate into Welsh the tract on the evils of alcoholism by the Timothy Shay Arthur. This was an exercise Daniel Owen carried out in response to a request for help from Nathaniel Jones. It gave him an opportunity to construct his first long composition in Welsh prose and to test the extent of his success in the field of self-education. Had he been born in the 1890s, when new initiatives in education were leading to the establishment of selective secondary schools in Wales and three University colleges were amalgamated to form the University of Wales in 1893, Daniel Owen's formal education could have gone well beyond the elementary stage. He was born too soon for that to happen. Instead, the process of self-education and the translation into Welsh of Ten Nights in a Bar were, in some respect, a kind of an undergraduate degree-level education for him. His post-graduate experience took the form of *Rhys Lewis, Enoc Huws* and *Gwen Tomos* and speak of his success for themselves.

                        Dr John Hywel Roberts   August 2020

Contents

Foreword	i
Contents	xiii
Preamble	1
Introduction	4
TEN NIGHTS IN THE 'BLACK LION'[1859]	7
Episode I The First Evening. - March 12, 1859	8
Episode II - The First Night - March 26, 1859	14
Episode III The Second Evening. - April 9, 1859	23
Episode IV The Second Evening – April 23, 1859	27
Episode V The Third Evening – May 7, 1859	33
Episode VI The Third Evening – May 21, 1859	40
Episode VII The Fourth Evening. – June 18, 1859	48
Episode VIII The Fourth Evening - July 2	55
Episode IX The Fifth Evening - July 14, 1859	62
Episode X The Fifth Evening - July 28, 1859	72
Episode XI The Sixth Evening - Aug 11, 1859	79
Episode XII The Sixth Evening - Aug 25, 1859	86
Episode XIII The Seventh Evening – Sept 8, 1859	92
Episode XIV The Seventh Evening – Oct 6, 1859	102
Episode XV The Eighth Evening – Nov 17, 1859	108
Episode XVI The Ninth Evening – Dec 1, 1859	117
Episode XVII The Tenth Evening – Dec 15, 1859	122
DENG NOSWAITH YN Y 'BLACK LION' [1859]	124
Pennod I – Y Noswaith Gyntaf.- Mawrth 12	125
Pennod II – Y Noswaith Gyntaf- Mawrth 26	132
Pennod III Yr Ail Noswaith– Ebrill 9	142
Pennod IV Yr Ail Noswaith-Ebrill 23	146
Pennod V Y Drydedd Noswaith– Mai 7	152
Pennod VI Y Drydedd Noswaith– Mai 21	159
Pennod VII Y Bedwaredd Noswaith– Mehefin 18	167
Pennod VIII Y Bedwaredd Noswaith–Gorphennaf 2	175
Pennod IX – Y Bumed Noswaith– Gorphennaf 14	183
Pennod X – Y Bumed Noswaith– Gorphennaf 28	194
Pennod XI – Y Cheweched Noswaith– Awst 11	201

Pennod XII – Y Cheweched Noswaith– Awst 25   208
Pennod XIII – Y Seithfed Noswaith– Medi 8   214
Pennod XIV – Y Seithfed Noswaith– Hydref 6   225
Pennod XV – Yr Wythfed Noswaith– Tachwedd 17 232
Pennod XVI – Y Nawfed Noswaith– Rhagfyr 1   241
Pennod XVII – Y Ddegfed Noswaith– Rhagfyr 15 246
Appendix - Unusual Words Used by Daniel Owen 248

Preamble

Last summer, in those idyllic Pre-Covid days when I was free to wander at will around the second hand book shops of North Wales, I received an email from Mrs. Elin Jones who runs *Siop Lyfrau'r Hen Bost* in Blaenau Ffestiniog telling me she had found something I might be interested in. I drove over to Blaenau and she produced a battered and well-worn privately bound volume, saying "I think you'll like this." It was a specially bound set of every single edition of the Calvinistic Methodist magazine *Charles o'r Bala*. It had a printed index of articles. The flyleaf showed it had originally belonged to Richard Williams of *Pentraucha*, who had proudly signed it.

It contained the first published Welsh prose of Daniel Owen, a serial in seventeen parts entitled "Ten Nights in the Black Lion." I had inherited an interest in Daniel Owen from my *Nain*, Sophia Woodcock née Blackwell, who introduced me to Daniel's work, as she had known him as a little girl. In 2013 Elin had found me a copy of the J. LL. Morris subscription edition of Rhys Lewis and I realized it was slightly different from the later Hughes and Son edition. In particular, I spotted some names were different, there was a Mrs. Peters in the first edition who did not appear in the later Wrexham one. As I had married a Miss Peters from Mold, I decided to translate that first subscription edition. It took me three years and was published in 2017. I still don't know just how different it is from the later Hughes and Son one, as I haven't translated that.

During the process of translation, I developed an interest in Daniel's development as writer and decided to start a biography of him. I was particularly interested in "Ten Nights" as it was Daniel's first venture into prose publication. Daniel's friend, Nathaniel Jones, had left the Mold tailor's shop and had been offered a chance to edit a new magazine, to promote the teachings of the Revd. Charles of Bala. Nathaniel Jones gave "*Charles o'Bala*" his best shot. To develop a regular revenue stream, he included specialist advertising on the back pages, which *Y Drysorfa* did not. But to build up a regular advertising base he needed to persuade future advertisers that he could offer them a regular audience of readers. A moralistic fictional serial was part of his plan. This was to encourage readers to buy the next issue to find out what would happen next. Nathaniel wrote a little serial about John Jones, a schoolmaster of the National School, entitled "*The Selfish Man.*" It worked. Many readers liked the story and bought the magazine. But the fifth edition had no new serial planned, and the advertisers knew it. Only 4 adverts were placed, netting just 12 shillings. Nathaniel had a problem. Moralistic fiction was more effective at attracting advertisers and readers, than worthy discussions of the finer points of Calvinistic theology. If he wanted his magazine to succeed financially, he had to attract regular readers, with a serial. But he didn't have the spare time to write one himself. That was when he came up with the idea that fundamentally changed Daniel Owen's life. Daniel was teaching himself English and practising translating English stories into Welsh. Nathaniel knew that the Scottish Temperance Society had recently published a popular serial, in English, about the evils of drink, entitled "*Ten Nights in a Bar*" set in Boston USA. He suggested to Daniel that if he took the plot of this tale, set it in a town, such as Mold, and rewrote the storyline in Welsh, to showcase local characters in the town, then it might attract more readers and advertisers. The sixth edition of the magazine contained the first episode of "*Ten Nights in the Black Lion.*" The Black Lion is a famous Mold landmark, and even when the town is disguised as Cedarville it is obviously Mold.

When Elin found that full set of all seventeen episodes, I decided to translate this story, as a means of studying Daniel's earliest writing in Welsh prose. Translation had been my background project over the winter but having much more spare time during the Covid 19 lockdown I decided to finish the translation of this important little text.

What is often overlooked is that Daniel Owen, encouraged by Nathaniel Jones, played an important role in supporting and popularizing the temperance and political aims of the 1859 Spiritual Revival started by Dafydd Morgan. As Dr Gwyn Davies said in his 2009 paper on the subject.

"When more and more [Welsh] people were given the vote, and with increasing numbers of them becoming a strong electoral force, voting against the Anglican Tories who were the landowners, who were used to being returned year after year, flexed their political muscle in Parliament. In 1881, the Welsh Sunday Closing Act was passed, closing the pubs in Wales on Sundays. There was also an increased desire for a university for the people of Wales, because Oxford and Cambridge were not accessible to Non-conformists. The University College of Wales was opened in 1872 in Aberystwyth. The Church of England was disestablished in Wales; the Anglican Church has no more status than any other church in Wales. The heritage of Non-conformist Wales is based on the empowerment granted to the chapels by the 1859."

Daniel, who as a famous novelist, would eventually play a key role in the local politics of Mold also played a largely unrecognized role in the development of Welsh politics with his first venture into publishing Welsh prose. In this book you can read my translation of the powerful Temperance Tract he adapted. You will also find the original Welsh Text, curated by Dr John Hywel Roberts.

                       Robert Lomas   May 2020

Introduction

Late in 1859, on 20th Oct, Daniel turned twenty-three years old and it was a significant year for him. Firstly, two days after Daniel's birthday, his long-time employer and religious mentor Angel Jones died. This didn't affect his livelihood. The tailoring business was taken over by the son, also called Angel Jones so the name of the firm did not change. Secondly, although Daniel continued to work as a tailor his life changed. He discovered a new skill and a new way to express the frustrated urge to write which so far had only expressed itself through a few, rather indifferent, poems published under the Bardic name *Glaslwyn*.

Daniel's friend, Nathaniel Jones, had been making a name for himself working for the Holywell based publisher P. M. Evans as a travelling salesman promoting sales of the Methodist magazine *Y Drysorfa*. One of his clients, Rees and Co of Caernarfon offered him the chance to edit a new magazine to promote the teachings of the Revd. Charles of Bala. P M Evans's *Y Drysorfa* (originally founded by Revd. Charles) magazine had demonstrated that itinerant preachers, Sunday school teachers and their pupils all needed educational reading material. Since 1854, Evans had found that publishing *Y Drysorfa* under the editorship of Roger Edwards, was a good way to supply this market and so earn an income. In 1858 North Wales was experiencing a popular spiritual revival led by the Revd. Dafydd Morgan. Morgan had experienced a personal revelation of God whilst listening to the preacher Humphrey Jones. Together these two men created a great swell of interest in one of the basic teachings of the Calvinists, that the preordained "Elect" would experience an awareness of the reality of the presence of God it they concentrated hard enough through intensely focused prayer. As a result of their influence a lot of Calvinists had instantaneous conversions whilst attending charismatic massed prayer meetings. Rees and Co, the publishers of the Caernarfon Herald, were aware that the founder of Calvinist Methodism, the founder of the popular *Y Drysorfa* and the author of the famous dictionary of the Bible, the Revd Thomas Charles been inspired by a similar spiritual experience encouraged by Daniel Rowland in 1783. They reasoned there was room in the market for another magazine to take advantage of the Morgan and Jones revival but wanted to place greater emphasis on the fulfilment of some of Charles's ideas about Calvinistic Methodism. They invited Nathaniel Jones, noted for his bardic success at Rhuddlan Royal National Eisteddfod, and strong Calvinistic ideas, to become their founding editor. That is how he came to launch the first issue of this new magazine, called *Charles o'r Bala*.

Most of the articles in the first edition are unsigned and were probably written by Nathaniel himself. To make *Charles o'r Bala* a success he came up with the idea that fundamentally changed Daniel Owen's life.

The Scottish Temperance Society had recently published a popular American serial about the evils of drink, entitled *"Ten Nights in a Bar."* He suggested to Daniel that if he took the plot of this tale and set in a town, just like Mold, and rewrote the plotline to showcase local characters in the town, then it could well attract more readers and advertisers. So, the sixth edition of the magazine contained the first episode of "Ten Nights in the Black Lion."

The original story had ten episodes, and at first it looked as if Daniel was intending to split each chapter into two episodes. But this didn't work out, as when Daniel moved the setting for the novel from the United States to Mold it caused him problems with continuity and he found that some parts of the plot had no relevance to a North Wales town. The first ten episodes were edited by Nathaniel

Jones, who was acting as a mentor and copy editor for young Daniel. When Nathaniel resigned, to move to Coleg y Bala to study for the priesthood, his place was taken by John Davies who was a reporter for *The North Wales Chronicle*, and had few editorial skills. Davies left Daniel to his own devices and it shows, both in the poor punctation (i.e. total lack of speech marks making the dialog hard to follow) and the lack of coherence in adjusting the plot to fit the different locale, in the final seven episodes.

This book is divided into two sections. The first section contains the first ever English translation of the seventeen episodes of Daniel Owen's *Ten Nights in the Black Lion*. The date that each episode was originally published is shown, and by looking at the dates you will notice that sometimes Daniel got behind with his translation work and did not submit every episode on time.

The second section contains the original text in Welsh, complete with unusual dialect words used by, or sometimes invented by, Daniel. A glossary of these unusual words and their meanings has been included in the Appendix. This Welsh text had been curated and transcribed by Dr John Hywel Roberts, and in the interest of making it a clearer read he has inserted the missing punctuation, but has not adjusted the spelling to the modern Welsh form, or changed the strange twists of the plotline.

The translator and the curator both hope that this little book will give both Welsh and English devotees of Daniel Owen an interesting new insight into his first attempt to write for publication.

TEN NIGHTS IN THE 'BLACK LION'

[1859]

Many people today complain that the press does not play its due part in supporting the Temperance cause, though drunkenness is becoming more widespread, and its toxic effects are hindering our progress in commerce, education, and religion. Some very capable and worthy societies in England and Scotland are seriously attacking the intoxicating drink trade - such as the "London Temperance League," and the "Scottish Temperance League", Both of these societies have published a plethora of pamphlets and essays, in the service of the cause, and are said to be very successful in doing great good among the people.

We intend to make use of one of the essays recently published by the "Scottish Temperance League" in the form of a parable, by publishing it in a series of small chapters, hoping that it will also benefit Wales.

Episode I The First Evening. - March 12, 1859

About ten years ago, my trade required me to visit Cedarville. It was late afternoon when the coach arrived outside the Black Lion, a newly opened pub, that was purpose-built to receive and meet the needs of travelling men and their animals. I was aching from the jolting progress of my journey as I climbed out and I was shaking the dust from my clothes when I was met by the pleasant, welcoming face of Simon Slade, the innkeeper. He was benevolence itself and squeezed my hand like a welcome old friend before leading me to a clean room, beautifully furnished in the best of taste. As I looked around, I felt that this was a place where I could be happy to stay and rest.

"This is well laid out," I said, looking around at the splendour of the ceiling as white as the snow, and the impressive polished floorboards. "But I have yet to see the rest of the house. When did you open?"

"Only a few months ago," replied the innkeeper. "I have not yet got everything quite as I want it. It requires time, as you will appreciate, to get everything into its proper form. Have you dined, Sir?"

"No." I answered. "Everything was so dirty in the pub where the carriage stopped for lunch, I had no appetite to eat there. When will your supper be ready?"

"In an hour," came his reply.

"That will do. Cook me some beef steaks, and I'll get over my lost   midday meal."

"They will be cooked fit for a king," said the innkeeper. "I do declare my wife is the best cook in Cedarville."

While he was talking a beautiful serving girl about sixteen years of age came in. After taking his message she left without a fuss.

"She is my daughter, sir," said the innkeeper, as soon she went through the door. Something in the father's voice and the look on his face, when he said, "my daughter," made me think that he had a great love for her, and that she was very close to his heart.

"You are a happy man that you have such an angel as your child," I said.

"Yes, I am a happy man," replied the innkeeper, smiling cheerfully. "I am always happy. I will take the world as it comes and take it smoothly." He had little of the world's cares and sorrows in his face as it was fair and full. A twelve-year-old boy came into the room.

"My son, sir," he said. "Speak to the gentleman, boy."

The boy gazed at me with a pair of big blue eyes in which I could have innocently swam, and stretched out his hand to me, before asking politely "How are you, sir?"

His quick and playful look caught my attention.

"What's your name," I asked.

"Frank, sir."

"Yes, his name is Frank," interrupted his father, "we called him by his uncle's name. Frank, Frank and Flora — yes, that's the names of our children, sir."

"Frank, there's somebody at the bar. Will you serve them, please."

The boy rushed from the room in ready obedience.

"He's a sharp boy sir, very sharp. He's just as good at the bar as any man. Mixing toddy or punch as good as mine."

"Are you not afraid of putting a young boy in such a place of temptation?" I asked.

"A place of temptation!" Simon Slade frowned at me. "I'm not afraid of any such thing," he said, with special emphasis. "My money is safe in his hands. The boy comes from honest parents. Simon Slade never cheated anyone."

"Oh!" I said, "You misunderstand me. I wasn't referring to money, but to the drink."

The landlord's face quickly resumed his customary smile. "There's nothing to be afraid of there, I can tell you. Frank has no taste for liquor. He's not shown any interest in it since we came here. There's nothing to be afraid of there, sir, no, not at all."

I saw that further observations in this way would do nothing to the change the innkeeper's mind, so I stopped the conversation as a call came to Simon Slade to go to some incoming traveller.

My room was near the bar, and I could see, through the open door, the boy was serving a young man. It was a smart young man, about sixteen years of age, with an intelligent and easy-going look. He raised his glass to his mouth with great eagerness and drank its contents in one swift gulp.

"Just the thing," he said, throwing sixpence over to the young bar tender. "It's a great brandy toddy. I've never felt better in my life."

Frank's cheerful smile showed that he was pleased with the compliment. But for me the scene was painful - I could see that the young boy was in a dangerous place.

"Who's the young man at the bar?" I asked the publican when he returned.

"Oh! It's the son of Judge Hammond, he lives in the big house you passed on the way into town. Willy Hammond, we call him. He's the most straightforward young man in the county, nothing haughty and proud about him, Sir – Sure his father's a judge and is very rich but everyone – rich or poor - likes Willy Hammond."

"Mr. Slade," someone shouted from the front of the house.

The innkeeper left me to serve the newcomer. I was interested in the lad, so I went into the bar-room to take a closer look at Willy Hammond. There was a boring conversation going on between him and a farmer, and I soon began to see why the innkeeper praised young Hammond so much.

"Will you take a glass of brandy-toddy", asked Willy.

"Well, if you're offering to me," replied the farmer.

"Now, Frank, my boy, let's have one of your best."

"Two glasses of brandy-toddy you say, sir," said Frank, oozing an old-fashioned charm well beyond his years.

"Yes sure, that's what I called it, and may it surpass all previous nectar."

Seemingly impressed by Hammond's wit and liberality, Frank hurried to mix the toddy and put the glasses on the counter.

"Now," said Willy, as he offered one to the farmer. "If you don't count this well, I must say that you are no judge."

The farmer duly praised the toddy highly. Willy, as I had seen earlier, drank hungrily, like someone with a great thirst upon him.

The bar-room closed soon afterwards. The publican insisted that he took me for a tour around the yards and the stables, so I had to listen to him praising everything.

"Whatever I do, I like to do it right," he said. "I wasn't brought up as a publican, you understand. But I can turn my hand to whatever I want."

"What was your previous business?" I asked.

"I was a miller," he replied, "and although I say it myself, a better miller than me, you couldn't find anywhere in Bolton. I earned a lot of money. But I got tired of working so hard and decided to enter an easier world. I sold the mill and built this house with the money. I always wanted to keep a pub, and take care of its business, I'm sure it'll make me money."

"Didn't say you did well from the mill?"

"'Oh yes, whatever I do I do it right," he repeated. "Last year, before I gave up, I paid all outstanding costs, and cleared £500. That isn't bad for a mill in a county like that. And if the current miller keeps out of debt, he'll do well too."

"How's that?" I said.

"Well, he's not much of a miller. Give him the best goat wheat and he totally under-quotes?"

"Did it not please you that you made £500 profit in such a useful trade?" I asked.

"That's where you and I differ," said the innkeeper. "A man should try to make as much money as he can, for as little work as possible. I'm hoping to make £1,000 annually from this pub, after covering expenses. It's only natural for a man with a wife and children to want to make a good living for them."

"Very true," I said. "But will your family's life be as good as if you'd stayed at the mill?"

"A thousand pounds tops five hundred! Where are your figures, man?" Slade said.

"Well, yes, but there are other things than money to take into account," I said.

"What?" he asked.

"The difference in respect and influence that these two professions have in society." I said.

"Well, go ahead. Explain." Slade said.

"Will your children be as safe from temptations here as they were in their old house?" I said.

"Exactly the same," came his answer, "why not?"

I was thinking of mentioning Frank's behaviour at the bar but as I had annoyed Slade earlier, and I was seeing him getting agitated now, I decided it wouldn't serve any purpose.

"A publican," said Slade, "is every bit as honourable as a miller. In fact, those who used to call me 'Simon White

Jacket,' now call me Mr Slade, and show me far more respect."

"It's the changes you've made to your life that will affect you," I said. "Men are eager to pay money into your till now that you've just built this house and set it up so brilliantly. But the people will come to understand that they are only helping make you rich, not themselves."

"That's not right," said the publican. "I keep a good house, and it will add to the success of Cedarville and make our noblemen look at me differently to what they did before."

"A good pub an advantage to Cedarville's success? In what way could it be? I don't understand what you're thinking." I said.

"A good pub always draws people to it, while low, dirty, and chaotic taverns, like those we had here before, keep people away. You can tell the state of a town by the look of its pubs. If they're well kept, and do a lot of business, the town is doing well. Since I built the Black Lion, properties in Cedarville have increased in value by twenty pounds. And five new houses have been built here."

"That might be due to something other than the opening of your new pub." I said.

"I don't know of any other reason." Slade replied. "Judge Hammond told me, only the other day, that Cedarville owed me a lot for my enterprise in opening this house."

At that moment I was called to supper and so our conversation ended. When I entered the dining room, I saw Mrs. Slade for the first time. She was a beautiful, attractive woman - with a cheerful face, a gentle manner and an aspect of quiet good sense.

After doing full justice to the delicious meal she set before me, I went to one of the upper rooms to read the newspapers and unwind a little.

Episode II - The First Night - March 26, 1859

I had not long been reading the newspapers in my room when I heard a great noise coming from the bar-room. I went down to see what was going on. The first person I saw was Willy Hammond. He was speaking to another man, who was much older than he was but there was a big difference in their attitudes. While Hammond's demeanour showed generosity, gentleness, and cheerfulness, I could see only selfishness on the face of the man who was speaking to him. There was no trace of kindness about him. Two such different people could never meet as friends anywhere other than in a pub. I later discovered that this man's name was Harvey Green, and he was a regular visitor to Cedarville.

I asked Simon Slade about Green, and he told me, "There's one thing about him that I find very attractive. He's got plenty of money, and he's quite free spending it. For many years he used to visit, once or twice in a year. But he didn't stay long, because the pub where he lodged was cluttered and uncomfortable. Now he books one of my best rooms and pays a large sum to retain it over the year. He never spends less than £100 in our village every time he comes here. This just goes to show the value of a good pub."

"What does he do?" I asked, "Does he have a stake in some business around here?"

My question seemed to confuse the innkeeper. He lifted his shoulders and shook his head and obviously didn't seem to know how to answer. Then after some thought he said, "I don't usually ask anyone's trade. My business is to give everyone what they ask for if they pay for them. As a miller I wouldn't ask my customer whether he grew, bought, or stole his wheat - my job was to grind it. It's the same with my pub, it's my duty to mind my own business."

There were four other men in the bar room besides Hammond and Green. One of them was the so called 'Judge' Lyman. He was called Judge, as a mark of respect because he was an American Senator. He was between forty and fifty years of age and had recently come over from the Republic of the United States. He seemed chaing and maintained an air of humility about life and society. I overheard him discussing the opening of the new pub.

"What's strange to me," said Judge Lyman, "is that no one had seen the need to open a good pub in Cedarville before, or have the money to establish it. This is a priority our friend Slade has taken up behalf of us all. He sees farther than any of us. Just hear what I say now, ten years from now Slade will be the richest man in Cedarville. No, not just in Cedarville, but in the whole publican's trade."

"What nonsense — ho! ho!" said Simon Slade, with a deep bellied laugh. "The richest man? You forgot Willy's father, Judge Hammond."

"No, I don't forget Judge Hammond," Lyman said, smiling at the boy, "with all due respect to our good friend Willy."

Then a new voice chipped in from the far side of the bar. "If Slade gets richer then he must make someone else poorer," the interloper said. I saw Slade's expression change as the man spoke up. He looked annoyed. The bar went quiet, no one answered the man, and the silence lasted some time. The man looked as if he was enjoying the impact of his words. Then Harvey Green broke the awkward hush.

"If our respected friend Mr. Slade is not the richest man in Cedarville in ten years' time", said Harvey Green, "he will at least be proud that he has made his town richer."

"Truly, you say," added Lyman. "Cedarville was such a dead and inhospitable place until recently. Local trade had suffered, but now it's on a pathway to success."

"And to the graveyard as well," said the man who had previously spoken up. The men at bar turned around to stare at him.

"Come on, Simon" he said, getting up and crossing the floor towards Slade, "give me a good shot of hot whisky-punch. Here's my last sixpence to help make your fortune." He turned his pockets inside out. "See I've nothing else left so I'm sending it to keep company with the other four sixpences you have already had from me today. The poor lonely thing is sad without its friends."

Slade poured a whisky and set on the bar. The man took it back to the far end of the room to sit and drink it. But he kept throwing comments into the common talk and what he said obviously disconcerted and offended the gentry.

At last Slade lost patience with him. "Listen, Joe Morgan," he said, his voice sounding slightly regretful. "If you can't behave, you'd better go elsewhere, and stop insulting the gentry."

"Ha! Now you've had my last six-pence, you don't want to see me any more tonight, do you?" said Morgan, again turning out his empty pockets. "I suppose that's the way of the world. How suddenly our old friend Simon White Jacket has become studious in his new school. Well he was a good miller. I can't deny that and it's quite clear that he's studying to become a good innkeeper. I thought that his heart would be too tender to succeed in this trade, but he's making good progress. But Joe Morgan predicts that if he succeeds within ten years his heart will become seven times harder than any of his old grinding stones."

He stared at Slade. "Don't you frown at me Simon, we're old chums, and it's only right for old pals to speak out honestly."

Slade obviously decided there was nothing to gain by having a public quarrel with Joe Morgan. "I wish you'd go home," he said adopting a gentler tone of voice. "You're not yourself tonight" Then his face broke into a warm smile "My heart might get harder," he said, "But it may need to. I've heard you say many a time that I was too soft-hearted."

"There's no danger of that now," replied Morgan.

At that moment, the bar door slowly opened, and a small, pale face appeared. A tiny pair of penetrating blue eyes peered around the room. The noisy conversations stopped as everyone in the bar looked at the child who had just come in. She was a young girl, well under the age of ten and her pale face and impoverished appearance was enough to pierce the hardiest heart that saw her.

"Father," said the girl.

I had never heard the word "father" said with such feeling. Her face was filled with distressed love and her voice came through a stream of tears. Morgan stood up.

"Come on, let's go home," he said.

As I write this, I imagine I hear her voice once more. Poor little one. Such dark shadows rose in the morning skies of this tiny angel.

Morgan went to the door and took his child away. There was a minute or so's pause as they left, but Harvey Green soon spoke up.

"If I were in your place, Mr. Slade," he said, in a cold, hard voice. "I'd kick that guy out if he tries to come in here again. He's no business being here in the first place. He doesn't know how to behave among honourable companions."

"I really wish he would stay away," said Slade, sounding genuinely distressed.

"I'd make him stay away," said Green.

"That's easier said than done," chipped in Judge Lyman. "Our friend keeps a public house and he cannot say who can and cannot come in."

"But a creature like that has no business here. His sort is no good. If I was a publican, I wouldn't sell to him." said Green.

"You could refuse to serve him," said Lyman, "and if our friend Mr. Slade did that, it would be no great loss to him."

One of the other men in the bar spoke up. "Morgan'll get what liquor he can while he has money to buy it," he said. "Joe's sometimes cynical, but no one can say he's quarrelsome. You take him as you see him. That's it."

Meanwhile, Harvey Green was getting more excited.

"I am one," he said, "that wouldn't associate with anyone unless they knew how to act in company. If I were to be in Mr. Slade's place, I'd kick that guy out the next time he tried to come through the door."

"You wouldn't if I were standing between you and him," said the man who had spoken up on behalf of Morgan.

Green jumped to his feet his eyes flashing with anger. He moved aggressively towards the man.

"What are you saying, sir?" he asked threateningly.

The man wore the clothes of a working man, and he had a strong, tough and solid constitution.

"I think you heard my words well enough," said the man. "I spoke clearly."

He didn't move from where was sitting.

"You're a stupid and intrusive creature and I am minded to punch you," said Green.

Green had barely finished speaking before he found himself whimpering on the ground. The man sprang at him like a tiger, and with one blow laid him full length. Green lay there for over minute. Then he started shuddering and shouting out using the most beastly oaths I've ever heard.

He reached into his pocket and pulled out a knife. He tried to lunge and cut his challenger. The man saw his murderous intent instantly and kicked him back down, stamping on his arm until he loosened his grip on the weapon. The workman booted the knife to the far end of the room.

The man, whose name I later found was Mr Lyon was blazing with anger at Green. He took a pint glass in his hand, knelt on Green's chest and pushed the glass into face. "Take a knife to me, would you?" he said. "I won't rip your head from your body, right now. But I'll take a would-be killer and squeeze him that bit thinner," and as he was saying this, he was pushing down hard on the glass which looked likely to shatter.

Judge Lyman and Slade rushed to hold him back and Lyon let them pull him away. Then Lyman and Willy Hammond took Green out of the bar-room to one of the upper rooms. I stayed behind, I was left alone with Lyon and struck up a conversation with him. He told me more of the history of Joe Morgan.

"Poor Joe!" he said. "He's an old friend of Simon Slade's. They were apprentices together in the same mill and worked together all their lives. Joe Morgan's father was the millwright and Joe inherited the mill after his death. He spent a lot of money doing it up and felt into debt. Then Morgan took Slade on to work for him. Soon afterwards Slade inherited money from an uncle. Morgan was friendly with Slade and was eager to clear his debt so he sold part of the mill to him. Morgan had never been much interested in the milling business, and he left the day to day running to Simon Slade. And to tell the truth Slade was careful with the business. He was always working while Morgan hardly went near. Well, within ten years Slade owned the whole lot and Joe was left with nothing.

But there's something about Joe that makes everyone like him, despite his lack of business sense. He's always neighbourly, friendly and helpful."

"How do you mean? I asked.

"Well, about two years before losing the mill, Joe married Fanny Ellis, the most beautiful girl in the county. Fanny could easily have taken her pick of any of the young men in the area. And many wondered why she took Morgan, but he was such a charming boy in many ways it was little wonder. He was always the man to win the heart of a romantic girl like Fanny."

Mr. Lyon was so animated by his feelings that he was speaking quite loudly. "Well, days of turmoil and poverty have caught up with her now. But she'll never say a bad word about her husband. She's shown him nothing but love and takes the greatest care of him. And Joe loves her back, for all his drunkenness. He's never abused her, not even when he's drunk. If he had I'm sure Fanny would already be in her grave by now. How I pity Fanny and poor Joe. It's such a waste that he keeps coming here to get drunk."

Judge Lyman, Harvey Green, and Willy Hammond had left the bar-room shortly after fight and Slade had gone after them. He hadn't come back to tend the bar, but had left that job to young Frank.

While Lyon was explaining Joe Morgan's history to me, I saw something that greatly disturbed me. A man came into the bar and called for a toddy - he drank a little and went out, leaving a half full glass behind. Frank took up the glass and drank it quickly, as if he was afraid someone might see him.

By ten o'clock there was only me left in the bar, and I reflected on what I had seen that night. What hit me most was the memory of Joe Morgan's daughter. I kept remembering the moment that her pale face appeared around the door and I kept hearing her voice saying the word "Father."

I thought about Willy Hammond too. What I saw and heard about him caused my heart to ponder the danger he was in. So many opportunities were available to him. He had riches, honour, and the chance of a high and respectable life laid out before him. But an enemy had set about him, which, if he did not flee from the drink, would eventually deprive him of all these prospects.

While ruminating on these things, I heard the door of the bar-room open and an older man came in. He had a respectful and polite demeanour. His hair was long and white, and his face was lined with hard work and worry. He looked around the room and seeing I was the only one there asked. "Is it Mr. Slade in?"

I answered him politely saying I didn't know. Just then Mrs. Slade came in through another door and stood behind the counter.

"Mrs. Slade, good evening to you, ma'am," the man said.

"Good evening, Judge Hammond," she replied.

"Is it Mr. Slade in?"

"I think he's somewhere about," said Mrs. Slade.

"Will you ask him to come here for a minute, please?"

Mrs. Slade went out and about five minutes later Slade came back. His face showed none of his usual cheerfulness and satisfaction. He looked rushed and seemed to be struggling to look Judge Hammond to the eye.

Hammond, speaking in a low and distressed voice, asked if his son had been there during the evening.

"Yes, he was here," said Slade.

"When?"

"He came shortly after dusk and stayed about an hour or so."

"He wasn't here again, after that?"

"It's been almost two hours since he left the bar," said the publican.

Judge Hammond appeared confused - he seemed to think that Slade was hiding something, so he asked again, "Was Judge Lyman here tonight?"

"Yes, he was."

"And did he and Willy leave together?"

That question seemed to dumbfound Slade - he looked like he didn't know how to answer.

"I don't know where they went," he said.

"Oh! So, he might be at Judge Lyman's lodgings. I will call there." said Judge Hammond and he went out.

Turning to me, and trying to force a smile onto his face, the innkeeper said. "Do you want to go to your room to rest?"

"Yes please," I replied.

He lit a candle and took me up to my room. I was distracted by my thoughts about the twilight troubles and soon fell asleep.

I left the next day and I didn't see any of the people who had been in the bar-room the night before.

Episode III The Second Evening. - April 9, 1859

Within a year my business again obliged me to visit Cedarville. I received a cheerful welcome on my return to the Black Lion. At first glance I didn't see much difference in the looks and manner of Simon Slade, the innkeeper. The year seemed to have passed by him like a series of summer days. His face was wrinkled with good temper, and contentment overshadowed his appearance. Everything about him appeared to confirm what he said – "Everything's all right with me."

Once again, I found myself in the beautiful, well-furnished room where I had stayed before.

Ha! I thought to myself, how many times did I think of Joe Morgan, Willy Hammond, and Frank, since I was last here? What temptations are they in now? I wondered. As I was thinking about these matters, I heard, through the door, Simon Slade shouting. "… You're the only man I could think of lower than him."

"The old saying is quite true," replied a voice I thought I recognized.

"Are you referring to old Nick?" asked Slade.

"Yes I am."

"It is indeed in character, for you this time," said the innkeeper, "if you are not the devil himself, you must be his brother."

This was followed by loud laughter. I had never heard such an unnatural laugh - so unlike a man's laughter, it was more like the cackling of a monster.

Who was talking to Slade, I wondered? Then I remembered the voice. I went through to the bar-room, and I could see in the porch of the house the obnoxious face of Harvey Green.

When Green went into the bar, I went out to the porch to talk to Simon Slade.

"How is the Black Lion getting on?" I asked.

"Doing well," was his answer – "excellent."

"How good are you?"

"Even better."

"You are happy with your life?"

"Perfect. You couldn't get me to go back to the old mill even if you made me a present of it."

"What's happening with the mill? How is the new miller getting on?"

"Not as well as I was, but he's alive."

"Not doing well?"

"How could it be other when the man doesn't know how to crush a packet of corn. It's all about that. He had to give up the business and sell the mill with a heavy loss."

"Who owns it now?"

"Judge Hammond is the new proprietor."

"Is he going to rent it out?"

"No, I hear he's thinking of turning it into a distillery. This county, as you know, produces excellent grain. If he turns the old mill into a distillery, he's sure to do brilliantly. Grains have had too low a price here over the years, the farmers feel that, and they like the idea. I always thought my mill was a great help to the farmers, but how could my mill compare with a large distillery — not at all."

"Judge Hammond is one of the richest men around here, isn't he?"

"Yes, he's the richest in the County; and more. And he can see at a glance how to double a rich business?"

"How is his son, Willy, getting on?"

"Oh! Excellent."

"How old is he now?"

"He's twenty."

"A very dangerous age."

"So people say; but I don't see it," said Slade.

"Yes, but you must have been working hard every day that age."

"I was really, really hard, too hard."

"Well that's the difference with someone having to spend all his time to go to the workplace. If a young man of his age is put in a position where he can work well, it keeps him away from thousands of dangerous temptations."

"I can't say anything, then," said the innkeeper; shrugging his shoulders, and shaking his head. "But I don't see that Willy Hammond is in any particular danger."

At this moment another man came over, and Simon Slade took the opportunity to break off our unpleasant conversation. After he left, I went into the bar-room. Slade's son Frank was busy at the bar. He had grown a lot since last year. The smooth-skinned boy had become stout, bold and daring. Green stood beside him talking to him. Frank seemed to be enjoying his comments and his low language. Flora, Frank's sister, a very beautiful and handsome young lady, came to fetch something from the bar. Green whispered something rudely to her, and Flora answered him as sharp as she could, whilst wiping the smile from her beautiful face.

After Flora had left Green said, "Your sister is a beautiful girl, Frank! A ripe young girl!" - he talked about her just as if he were talking about a horse or a dog.

Frank laughed loudly as Green went on.

"I'd like to take her as my wife, Frank. That I would but I don't think she'd have me."

"The only way to find out is to ask her," said Frank, laughing.

"I would, if I thought I had a chance."

"There's nothing like trying. A frightened heart will never win the love of a fair girl," said Frank, sounding as if he were twenty-five years old.

"By George", Green exclaimed, "Frank, you're growing up fast, I don't wonder! I must talk to your father about you. Ha! ha! ha! too fast, too fast."

After the laughter had subsided Green left the bar-room.

"D'you want something to drink?" Frank asked me, in a profane and rude manner.

I said, "No thank you."

"Here's a newspaper," he said.

I took the paper, not to read it but to sit and worry because of what I had seen and heard. I was wondering if it was possible that the innkeeper was really coming along brilliantly and was perfectly satisfied in the pub.

What if he earns a lot of money? What does that matter, if his son loses all the basics of wit and good manners and has to be here to deal with unclean, corrupt, lazy characters; and intoxicating liquor?

Getting on great? No! no! that was impossible. The man was blind to everything except amassing money.

Money! money! Was all he could think about while his family was being devastated!

While I was thinking about these things, Slade came to call me for supper.

Episode IV The Second Evening – April 23, 1859

I had been so concerned about the callousness of the people I had seen in the bar-room that while I eating I wondered how they were getting on and what effect the pub was having on them. After supper, I went into the bar-room to discover just how the regulars were spending their evening.

The bar-room soon filled up. The business had grown a lot over the past year. But the sight of so many young people coming in and drinking eagerly really upset me. Hah! I thought, who really knows what devastation a pub causes in a neighbourhood? A pious and serious old man came in as I was taking a seat. I saw from his expression that was he was upset. Distress was clearly visible on his face. His head was bowed in sorrow, and his cheeks were wet with the tears of old age. I was shocked when the local men acted in a mean and rude manner to this respectable old man. The drunkenness in the pub seemed to have robbed them of all respect and honourable feelings. Even men with few of mankind's virtues are still polite to an elderly gentleman but these followers of the old serpent didn't respect this incomer, not in this pub. No, no, no! They had been stripped of all their merits and become devilish souls and cursed spirits!

I watched as the man came in and looked around the room. He was obviously searching for someone. The eyes of the regulars turned towards one young man, playing dominoes with a friend, at the far end of the room. Finally, the old man spotted him. In a voice melting with sadness and distress he called out his name. "Edward!"

The young man started as he recognized the voice calling him. But he didn't answer.

"Edward, my son!" the old man repeated. Edward wasn't hardened to such an extent that his father's concerned tone no longer had the power to reach him. He quickly got to his feet and left with his father.

"I'll tell you what," said a boy who had been talking with Edward. "If that old man made a fool of himself like that with me, coming to chase me down at the pub, he'd only get trouble for his pain. I'd like to see him try. That's when he'd find what trouble is! I wouldn't go with him like a lamb, that I wouldn't! Ha! Ha! Ha!" The boy could not yet have been twenty.

"Who is that man?" I asked him.

"His name is Mr Hargrove."

"And was that his son who went with him?"

"Yes. And I wish there weren't such humiliating scenes like that happening here"

"How old is Edward?"

"About twenty."

"Oh! So, he's still only young."

"He's old enough to be his own master."

"The law says differently," I said.

The young man decided to ignore the rule of law and the age of majority and sidestep the issue.

"Well," he said, "I admit that Edward Hargrove doesn't show the best of sense when he's allowed to go where he wants and do anything he fancies. No, I won't deny that. But what harm is there in a game of dominoes? We were only playing for fun, we weren't gambling."

I pointed to the half empty glass of beer that Ned Hargrove had left behind.

"Therein lies the worst danger." I said. "If it were just a few beers and a game of dominoes - it wouldn't matter so much. But it won't stop there. I think Edward Hargrove's father did well to take him home."

"But you don't know Mr. Hargrove that well," said a man of about forty who was sitting beside the youth. "I remember him when he was Edward's age, and he was a big lump of a boy. He wouldn't stop at one, or two, or even ten drinks. I saw him blind drunk many times, and just as many times at horse races, and cock fights. I was only a child then, but I can tell you, old Hargrove was no saint."

"Then I'm not surprised that he's worried about his son," I said. "He knows far more about the dangers than his son does."

"I don't see it did the old man much harm. He enjoyed the pleasures of his youth, then he got married, started a business, and got on well. Why shouldn't he let his son have the same fun? No, no, he's not behaving properly, sir. It's a shame that old Ned Hargrove doesn't have more sense and just stay home, and mind own his business."

"I'd do for my old man if he came here to look for me like that, I'm sure," said another supporter of the murderous views of the domino player.

"Your old man knows better than to try that," confirmed yet another.

"He'd like to though. He tried a couple of times, but I soon showed him his stupidity."

Then I heard Simon Slade's voice booming out across the room

"Listen here, Joe Morgan!" he said. "Just you look at me!"

I hadn't noticed Morgan come in. He was standing at the bar, an empty glass in his hand. I don't know what he'd said to upset Slade, but the innkeeper's eyes were blazing in his head and his face was aflame with anger. Joe didn't seem bothered and was determined to confront him. He stared right back.

"Go away, I say again. Never more show your face here! A plague on you and your kind if you ever come near me. If you can't behave decently, stay away, I tell you."

"A publican talking about politeness - ha! ha!" Joe Morgan laughed. "Pooh! bah! You were once a decent simple man, and a good miller too. But that time has gone. When you became a publican, you lost every ounce of true decency! That's neat! Very neat! How can you talk about decency, man? Do you think selling beer is more decent than drinking it?"

Slade was quite drunk and when Morgan spoke out so bluntly, he lost his temper. He grabbed an empty glass and threw it as hard as he could at Joe Morgan's head. But the glass missed. It skimmed passed Joe across the bar and just at that moment a child came through the door of the pub. The flying glass hit her full in the face. The child let out a deadly scream and fell to the floor. Everyone in the room gasped with shock.

"That's Joe Morgan's child! He's killed her! Great heavens!" Came a chorus round the bar.

I was the first to reach the girl as she lay by the door. The glass had hit her forehead, and she was bleeding badly. I lifted her into my arms. Morgan stood beside me stunned, not knowing what to do.

"What's the matter? Oh! what's the matter?" I heard Mrs. Slade call out. I could hear the fear in her voice.

"Nothing! nothing! Go back in the house, Ann, go," the innkeeper shouted.

But she was not to be put off so easily. She'd heard a child screaming and hurried to see who'd been hurt. She was not going to go away. As soon as she saw the child, she ordered Frank to go for Dr. Green.

"Oh! what a shocking wound the child has." she cried.

Frank came out from behind the counter to do what his mother had said, but his father stopped him. On seeing her husband obstructing him, Mrs. Slade sharply ordered

Frank to do as she'd told him. Her voice was as hard as a smack with a wild thorn brush.

"Run you dirty rascal!" Harvey Green chipped in. "If you don't get a move on the child will die before the doctor gets here."

Frank didn't wait any longer. He ran passed his drunken father to fetch the doctor.

"Ow! You poor little thing," Mrs. Slade said, taking the child from me. "How did this happen? Who hit you?"

"Who? No-one other than Simon Slade killed her." Joe Morgan shouted, clenching his fists in anger.

Mrs. Slade gave her husband a reproachful, grievous look that I'll never forget, as she realized what he'd just done.

"Oh Simon, Simon! Has it come down to this, now?" she said.

What kind of thinking was behind that phrase? "now!" I thought. Hah! How fast was her family sinking to the bottom of adversity and loss?

"Fetch water and a cloth for me, this minute," ordered Mrs. Slade.

Water was brought, and she washed the blood from the child's face and stopped the bleeding from the gash. But the poor child lay slumped like a dead body.

The doctor arrived and stitched the wound. As he was putting in a last stitch, I heard another woman scream out in the street.

Joe Morgan's wife burst into the house. Her face was as white as quicklime, her eyes were shining wildly, and turmoil and agony were ripping her apart.

"Joe? Joe? What's the matter? How is Mary? Has he killed her?" Came her agitated questions.

"No, Fanny," Joe Morgan said, getting up off his knees from beside his child, and going to his wife.

"She's better now. She's had some bad luck, but the doctor says there is no real danger. Oh! My dear girl."

The blood drained from Fanny Morgan's face making it even paler, her breath failed, and she fell into her husband's arms in a dead faint.

What fear and shame, drunkenness causes. How different would be the situation of these two creatures in the depths of woe and destruction, if there were no drink? It's the drink which disrupts the gentle and easy-going Mrs. Morgan as she recalls the happiness from the morning of her life. All Welsh women will do well to remember the bitter fate that awaits a drunkard's wife.

Mrs. Morgan soon recovered from her faint and embraced her child. Joe Morgan left with his daughter in his arms, and his wife beside him. This was not the first time I'd seen that girl come to fetch her father when he was late coming home. I later discovered that she never went to bed until she brought her father safe back to the house.

After they had left, I went back to the bar room to ask Simon Slade how he felt now?

"It's been very unfortunate here tonight," he said. "I'm angry with myself, and I'm sorry for the child. But she had no business coming here. And Joe Morgan's impossible with me. He'd drive a saint to violence. Oh, so I wish this argument would stop, - no one wants it. Oh. My dear old friends."

Episode V The Third Evening – May 7, 1859

The evening after the painful incident with Joe Morgan's child, Harvey Green was sitting in the bar, talking to Simon Slade.

"I don't see your dear friend Joe Morgan here tonight," said Green.

"No," came the answer from the landlord who had endured horrific reverie and shock; "And if he comes to my house again, no matter how badly he pleads, he's tested my friendship too far, and I've decided he will never drink here again. I've suffered his bad mouthing long enough and I don't want anymore. Last night was the worst of all. What if I'd accidently killed his child?"

"Well, I'm sure you'd be in deep trouble."

"I'm sure I would! What business does that child have coming here every night?"

"A pretty little thing like her must have a good-looking mother," said Green, with a contemptuous smile.

"I don't know what she's like now," said Slade, his voice sounding nostalgic. "He's probably broken her heart. I couldn't look at her in the eye last night. I felt quite sick. There was a time when Fanny Morgan was the most beautiful and dazzling woman in Cedarville. I'll always say that about her. But what a pitiable place her husband has brought her to."

"It might be better if he died, out of the way," said Green.

"Perhaps if I wrung his neck one night, out of the kindness of my heart, it would be a great blessing to his family," replied Slade.

"And for you, as well?" asked Green, laughing.

"You can be sure of that," said Slade, calmly.

Let's now leave the bar of the "Black Lion," and those helpless talkers, to take a look at Joe Morgan's family, and see what we find in the home of the poor drunkard. There we are transported in the blink of an eye.

"Joe!" The thin hand of Mrs. Morgan grabbed hold of her husband who had suddenly stood up and was moving towards the half open door. "Oh, don't go out tonight, Joe, don't Joe dear!"

"Father! Please." A soft and gentle voice called from the corner of the room where little Mary was lying, her bruised head bandaged.

"Well, I won't go," said Joe, in a gentle tone, overwhelmed by his daughter's encouragement.

"Sit by me, father." How gentle and yet effective was her low, sweet voice.

"Yes, sweetheart."

"Take hold of my hand, father."

Joe took little Mary's hand in his, and she gripped him tightly.

"Don't go out and leave me tonight. You will stay, won't you?"

"How hot your hand is, my dear. Do you have a headache?"

"A little; but it will get better." The child's bright and penetrating eyes stared with love and awe at her father's grumpy and swollen face.

"Oh, dear father!"

"What is it, my child?"

"Will you promise me something?"

"What's that, Mary?"

"Will you promise me father?"

"Well, I don't know until I hear. I will if I can."

"Oh, you can — you can, father!"

"What is it, Mary?"

"Never again go to Simon Slade's house."

The innocent child sat up to get closer to her father. Joe shook his head, and poor Mary dropped back on her pillow with a sigh. Her eyes closed and her long blond eyelashes rested on her pale cheeks.

"Well, I won't go there tonight. Don't worry."

Mary opened her eyes and released two tears which slowly rolled down her face.

"Thank you, father, thank you. How proud my mother will be."

She closed her eyes again; and her father moved back and forth restlessly. His heart was wounded. There was a terrific battle going on within him. He almost said "I'll never go to the Black Lion to drink again." But his will was not strong enough to allow his lips to speak those words.

"Father?"

"Yes, love."

"I don't think I can come out to fetch you for three or four days. You know the doctor told me to stay in bed while the fever is heavy."

"Yes, he said so, Mary."

"Now I want you to promise me one thing?"

"What, please?"

"Don't go out at night until I'm better."

Joe hesitated.

"Please promise, father. It wouldn't be long. I'll soon be well."

Joe Morgan could do nothing but obey her directive.

"I promise. I adore you, Mary. Now go to sleep - I don't want the fever to get worse."

"Oh, it's good to be alive, it's so good to be alive." Mary said.

Mrs. Morgan had been a silent witness to this conversation; but knowing the influence the child had over her father, she came over to him and placed her hand on his shoulder, saying, "I'm sure you feel better now you've made that promise."

Joe looked at her and smiled. He did feel better, but he wasn't willing to admit it. Shortly afterwards Mary fell asleep. Mrs. Morgan saw her husband was getting upset. He kept jumping to his feet and walking quickly across the room, as if he'd lost something. Then he sat down, sighing, staring and saying, "Oh dear."

This is what the drink did to him. How could the beast of his insatiable desire for the drink be satiated? This was the question that came into the mind of Mrs. Morgan. Poor Joe! His wife understood his condition and felt sorry for him. But what could she do for him? Go out to get him a drink? Oh! No, never.

An hour passed, and Joe's agitation increased. What could she do?

Mrs. Morgan left the room. She had decided. He has been distressed for too long. Now she came back, some five minutes later, with a cup of strong coffee in her hand.

"Ah, you really are good to me, Fanny," said Morgan, with a cheerful smile as he took the cup. But his hand trembled, so he spilt some of the coffee as he lifted the cup to his lips. Oh, what devastating effects the drinking of spirits had wrought on his constitution! His wife's hand held the cup to his mouth, and he drank with pleasure.

Incessant tears streamed from Mrs. Morgan's eyes. Her husband was much overdosed and intoxicated with drunkenness; and Mrs. Morgan knew that a brief abstinence would be followed by another attack of this dangerous affliction. She gave him the coffee to alleviate his pain, and for a time it worked. His discomfort eased, and a stillness settled over his body and his mind.

"Why don't you go to bed, Joe," she said. He went at once and fell asleep after a few minutes. His heavy breathing showed he was in the world of dreams. At this point there was a knock on the door.

"Come in," Fanny said.

The door was pushed open, and Simon Slade's wife stood there.

"Mrs. Slade!"

"Fanny, how are you tonight?"

"Fair to middling, thank you."

They shook hands kindly, and for a few seconds stared into each other's eyes.

"How is little Mary tonight?"

"Not so good I'm afraid. The fever is burning her up."

"Truly? Oh, I'm sorry to hear that. Poor Mary. Oh, Fanny, you don't know how this thing has troubled me. I've been thinking all day I should come to see you, but I couldn't."

"Yes, she was nearly killed," said Mrs. Morgan.

"The mercy of God saved her," said Mrs. Slade, taking a chair and sitting by the bedside where Mary lay.

She stared intently at the child's face and saw her lips moving. She was talking in her sleep. She talked about Simon Slade, about her father, and her return home. Her face was fluttering, she moaned, and threw her arms about restlessly.

Mrs. Slade was shocked at what she heard. Mary said that Mr. Slade was angry with her. She remembered how he used to take her on his knee and stroke her hair when he kept the mill, but not now. She says she wishes that her father wouldn't go to Mr. Slade's house and she shouts in an excited voice. "Don't, Mr. Slade; Oh! Oh! my head! my head!"

More exclamations followed in an incoherent way before she breathed quietly. But the flush didn't go from her cheeks, and when Mrs. Slade (from whose eyes there was a constant rolling of tears) gently touched her face, she felt the little girl to be hot with fever.

"Has the doctor seen her today, Fanny?"

"No, ma'am."

"He should see her immediately. I'll go and fetch him," Mrs. Slade said as she hurried from the room.

After a few minutes, she returned, with Dr. Green. He sat down and stared at the child's face with a thoughtful look. Then he felt her pulse. He shook his head, looking even more serious.

"How long has she had the fever?" he asked.

"All day, sir."

"You should have sent for me sooner."

"Oh, doctor is she in danger?" Mrs. Morgan said, sounding frightened.

"She's very sick - Mrs. Morgan."

Then the child spoke. "You've promised, father. I am not yet better. Don't go, father, don't go. That's it. Well! well! Now I must go there. Oh dear, how weak I am. Father! Father!" The child jumped up, looking agitated.

"Oh, Mother! Is that you?" she leaned back on her pillow a second time, looking anxiously from face to face.

"Father? Where's my father?" She asked.

"Asleep, sweetheart."

"Oh! Is it so? Then I'm good." She closed her eyes.

"Do you feel any pain, Mary?" asked the doctor.

"Yes, my head. It hurts so."

The cry of "Father" had reached the ears of Joe Morgan, who was sleeping in the next room. He heard the doctor's voice asking, "Do you feel any pain?" He heard the question clearly, and the child's weak answer. He was sober enough for his fears to be stirred immediately. There was nothing in the world that mattered more to him than his child. He jumped out of bed and straightened his clothes as quickly as he could, his face and body tense with anxiety.

"Oh, Father!" Mary's perceptive hearing quickly detected his arrival in the room. She welcomed him with a cheerful smile.

"Is she really bad, doctor?" asked Joe, in a worried voice.

"She is quite poorly, sir. You should have sent for me sooner." The doctor sounded disapproving, and Morgan felt the force of his reprimand in his heart.

After a more detailed examination, the doctor gave the child some medicine, and promised to call early the next day and left.

Mrs. Slade soon followed him but as she was leaving, she put something in Mrs. Morgan's hand. To the surprise of the latter, it turned out to be ten pounds.

The tears welled up in Fanny's eyes, as she clutched the treasure to her bosom whispering "God bless you."

This act of repayment from Mrs. Slade, originated from humanity as well as justice. With one hand her husband had taken the bread from the mouths of their friend's family, and she, on the other hand, had given it back.

Episode VI The Third Evening – May 21, 1859

Morgan and his wife were alone with their sick child as her fever got worse. She was delirious but talked with great resolve. Her only concern was for her father and she continually reminded him of the promise he had made.

"You won't forget your promise, father, will you?"

"No, my dear - I won't forget," he said.

"You promise you won't go out at night until I'm well again?"

"No, I won't, sweetheart."

"Father?"

"What, my dear?"

"Come closer, I don't want mother to hear."

Her father put his ear close to her lips. (Oh, I am sure it will excite and frighten you dear reader, to hear what she said to him. —It was just these short words), "Then I will never get well, father, I want to die."

Morgan broke down with irresistible sobbing that so disturbed his wife that she rushed to the bedside.

"What's the matter, Joe?" she asked anxiously.

"Don't say, father. Go away, mother. You have enough to upset you already. Don't tell her, father."

But Mary's words had hit Joe Morgan with the force of a prophecy and caused such a barrage of fear in his heart that he couldn't hold back his pain. He looked, for a moment into his wife's eyes, and then buried his face in the bedclothes weeping bitterly.

The truth flashed through the mind of Mrs. Morgan, causing her to shake uncontrollably. But before she could regain her composure Mary's low, weak voice interrupted the silence of the room. She was singing softly.

"Sweet Jesus on your bosom, I will lay my head. Take me in your arms and fly with me to heaven."

Then Mary fell asleep.

"Joe," said Mrs. Morgan, breaking the silence with a voice that gathered strength as she spoke. "Joe, if Mary dies you won't forget what caused her death?"

"O, Fanny! Fanny…"

"And whose hand struck her?"

"Forget it? Never! I will never forgive Simon Slade."

"Or the house where that blow was struck?" said Mrs. Morgan, before he could finish the sentence.

Mary opened her eyes and eagerly asked for her father again, "Father? Dear father?" she said.

"I'm here, sweetheart. What is it?" said Joe Morgan, moving closer to the bed.

"Oh? Are you there, father? I dreamed that you'd gone out, and… and…but you didn't go, did you father?"

"No, sweetheart. And I won't go out."

A pleased smile appeared on the child's face, and she closed her eyes, falling back once more into sleep.

"I think she's a little better," said Morgan, bending over to listen to her steady breathing.

"She looks that way," said Mrs. Morgan. "Now Joe, you go to bed. I'll stay here with Mary to be ready if she needs anything."

"I don't want to sleep. I'm sure I won't be able to close my eyes. Let me stay with Mary, you're tired."

Mrs. Morgan looked at her husband's face. His eyes were unusually bright and staring, and there was a strange nervousness hovering around his quivering lips.

"You need to go to your bed, Joe," she said, determinedly. "You aren't fit to stay up with Mary. Go this moment."

But still he resisted going to the next room. "It's no use, Fanny. There's no rest for me. I must stay awake. You go and sleep well."

Even as he spoke, he was afraid his wife would notice his arms and shoulders shaking. She kept staring at him until, driven by his wife's compulsion, he moved towards the other room.

"What have we become?" he asked.

"What have I become?" said Mrs. Morgan. "Oh, I'm nothing. Just one of your old boots or something an old black cat coughed up."

Then he saw only too well the horror that had captured the heart of his unhappy wife. He could feel the symptoms of the terrible madness which had overtaken him.

"Get to bed, Joe, as fast as you can." Mrs. Morgan said

By now, Morgan was ready to give in to his wife and he obeyed her like a child. He turned back the bedclothes, and as he was about get in, he jumped back whimpering frightfully.

"What's the matter with you, Joe? There's nothing there."

"I don't know, Fanny," he said gnashing his teeth together as he spoke. "I thought I saw a toad hiding under the clothes."

Her eyes were blinded by tears as she said, "What a fool you are. It's your imagination. Get to bed and close your eyes. I'll make you another cup of strong coffee. That may do you some good. You're just scared. Mary's fever has got you overwrought."

Joe stared down and then pushed his feet away from the bed.

"You know there's nothing in your bed, look!" Mrs. Morgan said. She swept off all the bed clothes onto the floor with one shake.

"There! Look for yourself. Nothing!" she said, as she slipped the bed clothes over him as he lay down. "Now close your eyes and keep them closed until I bring you the coffee. You know as well as I to do it's only your imagination."

Morgan closed his eyes tight shut and pulled the bed clothes over his head.

"I'll be back in a minute," said Mrs. Morgan, hurrying towards the door. But as she left the room, she turned her head to look back. Her husband was sitting upright looking scared.

"Please, Fanny! Don't go. Don't leave me alone." he shouted, a terrible fear in his eyes.

"Joe! Joe! Why are you being so foolish? Lie down and close your eyes. Now!" said Mrs. Morgan, placing her hand on his head and pressing him down.

"If Doctor Green was here," said Morgan. "Perhaps he could give me something to help."

"Should I fetch him?"

"Yes. Go, Fanny. Hurry."

"But will you stay in bed while I'm gone?"

"Yes, I will, I promise," he said, pulling the clothes over his face. "I'll stay like this until you come back. Run, Fanny, don't waste a minute."

Mrs. Morgan left at once and, placing an old shawl over her head, ran quickly to Doctor Green's house. It wasn't far away. The doctor understood at once about her husband's anguish and said he'd come at once. She ran back faster than she had come, her heart beating with anxiety. Then a terrible cry reached her ears when she was a few yards from her house. She recognized the voice, and she nearly fainted.

She rushed into the room where she'd left her husband. But he wasn't there. With her heart in her mouth she went to where little Mary lay. He wasn't there either.

"Joe? Joe?" She called in a desperate voice.

"Here he is, mother." Mary said.

Now she saw that Joe had climbed into the bed behind the patient, and that Mary's arms were tightly clasped around his neck.

"You won't let the toads get me, my dear, will you?" said the wretched man.

"Nothing will hurt you, father," Mary answered. Her tone showed her mind was clear, and she was well aware of her father's grave condition.

"Oh. My angel, my angel," Joe said in a trembling voice. "Pray for me, my child. Oh, ask our Father in heaven to deliver me from these terrible creatures."

He looked towards the door, seeing more hordes of illusionary toads.

"Stay out!" he said "Go away! You shan't get in here!"

"My dear father." said the child, taking his head in her hands, "nothing will get to you."

After a few minutes he went silent. As Mary looked down at him, she desperately prayed that he would sleep, and sleep again for hours. And that sleep would ease his distress. Yes, let him sleep for days, until his nature was exhausted. Sleep would help him struggle hard against death.

When Mrs. Morgan came to the bedside, she saw he was asleep. A warm thank you to God welled up in the heart of this unhappy wife.

Soon, Mrs. Morgan heard the quick footsteps of the doctor and she met him at the door. She told him that her husband was sleeping.

"That's good, it will be better if he stays asleep," said the doctor sincerely.

"Do you think he will sleep, doctor?" she asked anxiously.

"He might, we can't be sure. It would be unusual but desirable."

The two quietly entered the sick room. Morgan was still asleep. From his deep breathing, it was clear he was sleeping soundly. And Mary too, was asleep with her face upon her father's, and her arms around his neck. The scene touched the doctor's heart, and his eyes welled up with tears.

The doctor stayed over half an hour but as Morgan continued to sleep, he went and left medicine to give him directly he woke. He promised to call the next morning.

As the clock strikes the middle of the night, we leave Mrs. Morgan to her lonely and sorrowful watch over the sick.

***

I sat in the Black Lion, with a newspaper in my hand, not reading, but reflecting, late in the afternoon after the above events took place.

"Where's your mother?" I heard Simon Slade ask in the next room.

"She's gone out somewhere," replied Flora, his daughter. "I don't know where."

"How long has she been gone?"

"Just over an hour."

"Are sure you don't know where she's gone?"

"No, sir."

Nothing more was said, but I heard the innkeeper walking heavily back and forth across the room for several minutes. Then I heard the room door open and close.

"Well, Ann! Where have you been?" I heard Slade say.

"Where we both used to go, once," said Mrs. Slade grumpily.

"Where's that?"

"To Joe Morgan's."

"Him?"

Although only a whisper reached my ears. I could sense through the closed door, that Simon was shrieking like a horn, and Mrs. Slade was also answering him loudly. "If that child's blood doesn't stick to your hands all your life, you can be grateful."

"How do you think she is?" he asked quickly.

"What can I say, little Mary's sick."

"Well, how bad is she?"

"Very bad. The doctor says she's in great danger. The cut on her head has thrown her into a deep fever, and she's out of her mind, Oh, Simon! If you heard what I heard tonight."

"What?" he asked in a dark, sullen tone.

"When she's calm, as I said, she talks a lot about you."

"About me! What does she say?"

"She pleads so pitifully. I don't know why Mr Slade is so angry at me. He wasn't like that when I used to go the mill. He'd sit me on his lap and put his hand on my head."

"She said that?" asked Slade, sounding upset.

"Yes, and much more. Once she yelled out, Oh don't, Mr. Slade! Don't! My head! My head!, it made my heart bleed. Never forget it, Simon, what if she had died?"

A long silence followed.

"Our birthright was back at the mill," said Mrs. Slade.

"There you go! I don't want to hear it again," Slade said angrily. "I've made enough of a slave of myself."

"At least you had a clear conscience then," said his wife.

"How dare you?" Slade said furiously. "Anyone hearing you speak would think that I'd broken every law in the land."

"You'll break hearts as well as laws if you keep on like this." Mrs. Slade spoke calmly, but with unbridled severity. Slade shouted back at her and left the room, slamming the door behind him.

In the silence that followed, I retreated to my room, and lay awake for an hour, reflecting on what I had heard.

There was such a world of revelation in that brief conversation between the innkeeper and his wife.

Episode VII The Fourth Evening. – June 18, 1859

It was shortly after dark when I overheard Mr. Slade speaking to his wife.

"Where are you going, Ann?" asked the innkeeper.

"I'm going to see how Mr. Morgan is," replied his wife.

"What for?"

"Because I want to," she replied.

"Well, I don't want you to," said Slade, sounding determined.

"I can't help about that, Simon. Mary is almost dead, and Joe is in a terrible state. I must go there, and you should go too, for it's because of you that Morgan and his family are so distressed. You might think on that."

"Yes, I will." said the innkeeper, appalled. "I shouldn't preach to you in this way."

"Oh, well then, don't interfere with me, Simon. My mind's made up. I'll go just as I've told you I would, and I will."

Mrs. Slade turned to leave, and Simon stared after her, writhing with indecision.

Mrs. Slade quickly walked the few hasty steps to the pitiful home of the poor drunkard. His wife met her at the door.

"How is Mary?" was her first serious question.

Mrs. Morgan tried to answer her, but although her lips moved, she made was no sound. Mrs. Slade squeezed her hand affectionately and let her lead her to the room where the child lay.

One look at Mary's pale cheeks was enough to persuade Mrs. Slade that death had started to place his cold fingers on the child's constitution.

"How are you, sweetheart?" she asked, as she leaned over to kiss the child.

"Better, thank you," Mary whispered.

Then she fixed her eyes on her mother's, looking askance.

"What's up, sweetheart?"

"Has my father still not woken up yet?"

"No, dear heart."

"Will he wake up soon?"

"He's sleeping pretty heavily. I don't want to wake him just yet."

"Oh, no, don't wake him. I thought he might be awake already."

Then Mary closed her eyes and was silent in an instant. While she slept Mrs. Morgan spoke to Mrs. Slade, in a low voice. "Oh, we had a rough ride with poor Joe last night. I had to get the doctor to him and leave him alone. And while I was out, he'd come to see Mary, and she had her arms around his neck, trying to comfort him. He slept that way for a long time. The doctor came while he was still asleep and left him something to take and then went away. I was hoping Joe'd stay asleep but about halfway through the night he woke up and jumped out of bed in great terror. He was shouting with panic. He woke poor Mary, and she was greatly upset. She's got much worse since then, Mrs. Slade. Joe rushed towards the door, and she grabbed his arm and tried to hold him back with all her might. She was shouting at him, trying to get him to come back. We had a lot of trouble getting him back to bed. I gave him the medicine that Doctor Green had left, and he took it easily. But we had great trouble with him all night. He got up six times from his bed, and every time Mary persuaded him to go back. I kept giving him the morphine as the doctor ordered, and by the morning it had affected him so much that he fell into a heavy sleep, and he's stayed asleep ever since. I'm worried in case he never wakes up. I've heard of such a thing in the aftermath of the drink."

"Look, father has woken up," said Mary, lifting her head from the pillow. She hadn't heard the conversation between her mother and Mrs. Slade because they had been talking so low.

Mrs. Morgan went to the door and looked into the room where her husband lay. "He's still sleeping, sweetheart," she said, returning to Mary's bedside.

"Oh. I want him to wake up. I'll go and see him. Why don't you call him, mother?"

"I've called him many times. But the doctor has given him something to make him sleep. He can't wake up yet."

"He been asleep a very long time, don't you think, mother?"

"Yes, Mary but it's for the best. You try to sleep, he'll be better by the time you wake up."

Mary closed her eyes a second time. How pale her cheeks were, how deep her eyes had sunk, there was such a change in her entire face.

"I've given her up, Mrs. Slade," whispered Mrs. Morgan, overwhelmed by her feelings. "I've given her up. The worst is over, But oh, my heart breaks. My dear child. In all her misery she has kept comforting and helping me."

"Father? Father?" shouted Mary excitedly.

Mrs. Morgan went over to the bed and put her hand on her daughter's. "He's still sleeping heavily, sweetheart," she said.

"He isn't mother. I heard him move. Go and see if he's woken up."

To satisfy her, her mother left the room, and to her surprise she saw her husband sitting up with his eyes wide open.

"What does Mary want?" he asked.

"She wants to see you. She's called out for you many times. Shall I bring her here?"

"No, I'll get dressed and go to her."

"Perhaps you'd better not, you've been very ill."

"Oh, no, I'm alright, I don't feel sick now."

Morgan dressed himself and with his wife's help, dragged his stressed body to the room where Mary lay.

"Oh, father." she said, with such a look of cheerfulness coming over her face. "I've been awake and waiting for you for so long. I thought you'd never wake up. Kiss me, father."

"What can I do for you?" asked Morgan as he placed his face on the pillow beside her's.

"Nothing, father. I want for nothing. I only wanted to see you. Oh, my dear father. You've always been so good to me," said the child, gently, placing her small hand on his face.

"Oh, no! I've never been good for anyone," said Morgan his voice breaking as he rose from the pillow.

Oh. How the child's words tugged at Mrs. Slade as she sat silently witnessing this scene.

"You've not been good to yourself, father, But you have always been good to us."

"Don't, Mary. Don't say that," said Morgan. "Tell me I have been bad, very bad. Oh, dear Mary. If I were as good as you are, I'd be dying and leaving this old, evil world. Oh. If there were no liquor here, no pubs, no bar-rooms. Oh, dear. I wouldn't have done thus." The wretched man hid his face in the bedclothes and wept bitterly.

An overwhelming silence reigned over the room for a long time.

Mary broke that silence. "Father?" she said, her voice pure and clear. "Father, I want to tell you something."

"What is it, Mary?"

"Nobody will come to get you home, father." Her lips trembled, and tears filled her eyes.

"Don't talk about that, Mary. I'm not going to go out until you are well. Don't you remember I promised?"

"But father" Mary voice was hesitant.

"What, sweetheart?"

"I'm going to leave mother and you."

"Oh, no, Mary, don't say that! We can't give you up, sweetheart," said Morgan, his voice almost melting into tears.

"But God has called me." Mary said these words very seriously, and her eyes turned heavenwards, filled with admiration.

"Oh, that the Lord would have called me instead. What's happening to you? Oh dear," Morgan groaned, hiding his face between his hands. "Oh, how I wish he had called me instead."

"Father," Mary spoke quietly again. "You are not ready yet. God will let you live longer to make yourself better."

"How can I make myself better without you helping me, Mary?"

"I've tried to help you, father, many times," said Mary.

"Yes, yes, you were always trying to help me."

"But it was no use. You kept going out, and you kept going to the pub as if you couldn't stop."

Mr Morgan's heart was too full for him to speak. He sat, tears running like rivers from his eyes, staring at his child's face.

"Father, I dreamed something about you when I fell asleep today."

"What was that, Mary?"

"I thought it was night, and that I was still ill. You'd promised that you wouldn't go out until I was well, but you'd gone out anyway and I thought you'd gone to see Mr. Slade. Knowing this I felt myself as strong as when I was healthy, and so I got up, got dressed, and I chased after you. But before I'd gone very far, I met Mr. Slade's big dog Nero, and I was terribly frightened. I trembled and tried to run back home. But as I went around Mr. Mason's house, there was Nero in the road, and he jumped at my clothes and tore them. I ran back, and he ran after me all the way home. But when I got to the door I looked around and I saw Mr. Slade urging Nero to chase me. I saw Mr. Slade staring straight at me. Then I wasn't afraid anymore, I walked passed Nero, who growled at me and showed his teeth but he didn't attack me. Mr. Slade tried to stop me, but I ran past him until I came to the pub. There you were standing at the door. You were beautifully dressed. You had a new hat and coat, and new boots polished like Mr. Hammond's. I said, Father! Is that you? Yes, Mary, you said, sweeping me up in your arms. Not the old Joe Morgan, but Mr. Morgan the shopkeeper now. It was all so weird! You were happy standing in the bar room which was full of merchandise for sale. The sign of the Black Lion had been taken down, and over the door I saw your name, father, Joe Morgan General Merchant. Oh! I was so glad when I woke up. But it was only a dream, after all."

The child spoke the last words intensely and slowly. An interval of deep silence followed. The anxious listeners didn't say what was in their hearts, their feelings were too intense for words. Nearly five minutes passed and then Mary whispered her father's name but didn't open her eyes.

Morgan answered, and lowered his ear to hear her weak voice.

"When I am gone to heaven there will be no one with you except my mother," said Mary, "none but my mother. And she always cries when you are away."

"I wouldn't leave her, Mary except when I'm at work," said Morgan. "And I'll never go out at night again."

"You promise that?"

"I'll promise you that and more."

"What, father?"

"I'll never go to a pub again."

"Never?"

"I never will. And I'll promise you even more."

"Father?"

"I will never drink a drop of liquor while I'm out."

"Oh, dear, dear, father!" With a burst of joy, she threw herself on his bosom.

Morgan hugged her warmly, and sat with his lips sealed on her cheek, and as she lay in his arms the stillness of death came over her. Yes death! For when Morgan relaxed his arms, his child's spirit was already singing in the midst of the angels.

Episode VIII The Fourth Evening - July 2

It was the fourth night I had been in the bar room of the Black Lion. The company were not many and those there were not in a pure lively spirit. Everyone had heard of Mary Morgan's illness, which had followed so soon after the attack Simon Slade had visited upon her. And no one hesitated to connect her illness with his assault. The child's visits had been so consistent, and so tender, and her influence on her father so powerful, that most of the Black Lion regulars had great sympathy for her and for the cruel treatment she had received. Her resulting illness had greatly increased their concern.

"Joe Morgan hasn't come in tonight," said one.

"And he's not likely to, for quite a while either," came the reply.

"Why's that?" asked the first.

"They say that the old man with the hot poker keeps coming to call and torment him."

"Oh, people say that! That's scary. It must be the second or third time he's had such visitations, isn't it?"

"Yes."

"He's quite likely to catch it badly this time."

"I wouldn't be at all surprised."

"That drunken so and so is an evil one. Both the world and his family would be much better off without him.

"He's a drunken scoundrel." said Harvey Green. "That's what he is. He's in everybody's way, the sooner he goes the better."

The innkeeper didn't say a word. He was leaning on the bar, looking more serious than usual.

"It's a very unlucky turn for you, Simon. They say the child is near death," said one of the drinkers.

"Who told you that?" said Simon getting upset and giving the speaker an angry look.

"Doctor Green."

"Nonsense! Doctor Green would never said any such thing."

"He did."

"And who heard it?"

"I did."

"Yes, well he wasn't being serious then. Was he?" the innkeeper said, looking concerned.

"Yes, he was serious enough. They had a rough time there with her, last night."

"Where?"

"At the Morgan's house. Joe went crazy and there was poor Mrs. Morgan alone with him and her sick child, all night."

"He deserves it, that's what I think," said Slade, trying to sound indifferent.

"That's hard talk," said one of the company.

"I don't care if he does go crazy. It's the truth. What else can he expect?" Slade said.

"A man like Joe deserves pity," said another.

"I'm sorry for his family," Slade said.

"Especially for little Mary," said one mockingly, and the bar room echoed with scornful laughter.

Slade got up and moved away from where they were standing, muttering that he couldn't understand what they meant.

Then another drinker spoke up. "Shut up, Simon, I heard serious talk in Phillips the solicitor's office this morning." Slade turned to look at the speaker.

"If that child dies, you'll probably stand trial for manslaughter."

"No, girl-murder," said Harvey Green with a cold laugh.

"I'm being serious," said the other. "Mr. Phillips said you could be charged."

"It was just an accident, and there's nothing all the lawyers in the world can do about that," Green enthused, taking the innkeeper's side.

"It wasn't entirely an accident."

"But he didn't mean to hit the girl." Green argued.

"That doesn't matter. He threw the glass at her father's head. And he intended to do harm. The law won't make any distinction about who received the harm. And another thing, who can know for sure and testify that he wasn't deliberately trying to hit the girl?"

"Whoever says I intended to hit her is a dammed liar," said the innkeeper, with an oath.

"If I throw a glass at your head Simon," said the man calmly. "I don't think it is a good excuse to argue that I didn't intend to hit you. It may be the way some men try to justify an action when they're squeezed into a corner. But if we consider you my friend, as an innkeeper, I'm sorry to say, that your new business has not improved your morals or your temper. You're very different now from how you were when you were a miller. You care nothing now about good behaviour, or swearing, or throwing glasses at people's heads. I fear you are learning your lessons in a very bad school."

"I don't think you're entitled to insult a man in his own house," said Slade, adopting a more strident tone.

"I didn't intend to insult you," said the other. "I just set out to explain the legal view of your situation, should you come to stand trial for manslaughter. And meant I when I said no one can prove you weren't trying to hit the girl."

"Well, I didn't want to hit the girl and I don't think there's any man in the bar-room tonight thinking that." Said Slade.

"I don't think so, for sure," said the man he was arguing with.

"Nor do I," said everyone in turn.

"But I simply wished to demonstrate," the man added, "that the case will not be so easily decided in a court, when twelve men, all of whom will be strangers to you, sit in judgment on your deed. The slightest confusion in the events causes things to look so black as to leave you with little chance of acquittal. For my part, I think if the child dies, ten to one you won't stay out of the county jail."

I thought the man sounded brutal, and I couldn't decide if he was serious or was just trying to intimidate Slade. He was certainly successful in that, as it was obvious that the innkeeper was now quite frightened and taking his position very seriously.

"It looks black, sure enough," said one.

"Yes, it does. I wouldn't want to be in his shoes for a new coat," said another.

"For a coat? I wouldn't want it for all his clothes and the Black Lion thrown in with the deal," said a third.

"It's clear that the charge will be manslaughter. What's the punishment?"

"From two to ten years in the jailhouse," the man answered precisely.

"Well, maybe Slade'll get five."

"No, he'll get no more than two, it'll be difficult to prove that he had evil intent."

"I don't know that. I've heard him yell and threaten the girl many times. Has anyone else heard him?"

"Yes, yes," said almost everyone in the room.

"Then you'd better hang me now," Slade said, trying to turn the conversation into a joke.

At that moment the door behind Slade opened, and I glimpsed his wife's worried face peering in. She said something to her husband. He looked shocked and left the room.

"What's the matter now?" The drinkers asked one another.

"I wouldn't be surprised Mary Morgan is dead," one said.

"I heard Mrs. Slade say the girl was dead," said another, who was standing near the door.

"What's the matter, Frank?" several asked as the innkeeper's son came into the room.

"Mary Morgan is dead." replied the boy.

"That's bad. That's very bad." one sighed in earnest. "Her death is so wrong."

Everyone in the room, except Harvey Green, whispered a few words of sympathy for Mrs. Morgan at the news of the bereavement.

"Now friends," said one of the men. "Can't we do something to help Mrs. Morgan. Can't we make a collection for her?"

"Here's a start," one answered immediately. "I'll give you ten shillings right now for her," he said pulling out the money, and putting it on the table.

"And here's another ten shillings for her." I said, putting my contribution alongside the first gift. And so, the collection went well until it reached eight pounds.

"Who do we trust the money to?" was the next question.

"I suggest Mrs. Slade," I said. "To the best of my knowledge she's been to see Mrs. Morgan tonight. And I know she feels great pity for her."

Everyone was happy with the choice of Mrs. Slade, to hand over the money. Frank was asked where his mother was, and he said she was in the next room. He went to fetch her. As she came into the bar, I noticed that her eyes were red, and her face showed great distress.

"We just heard," said one of drinkers, "that Mary Morgan is dead."

"Yes, that's all too true," replied Mrs. Slade, obviously upset. "I just came from the house, it's a bad thing that she's left this wicked old world."

"It was a bad thing for her," one of the drinkers muttered

"Well said," said Mrs. Slade, still sounding upset. "My tenderest memory of her dying was the love she showed for her unhappy father."

"It's a shame for her mother. It'll break her heart. Mary is the last of her children."

"Yes, the death of the child must be a torture for her," said Mrs. Slade.

"How is her father?"

"Well, Joe solemnly promised his child in her last minutes that he would never drink a another drop of liquor. That was all Mary's doing. Once Joe vowed this, she died quietly with her head on his bosom. Oh, gentlemen! It was the most touching thing I've ever seen." Everyone in the bar was upset. "The family are very poor and pitiful," continued Mrs. Slade.

"We've just made a collection for Mrs. Morgan. Here's the money, Mrs. Slade, eight pounds. We trust it to your hand, do with it what you see best for Mrs. Morgan's well-being." The man said.

"Oh, gentlemen! I thank you from the bottom of my heart on behalf of Mrs. Morgan, for this generous, kind gesture. To you the sacrifice is small, for her it will be a great benefit. Her husband will turn over a new sheet, and this timely help will be something to help them until he can make a better life than he currently has. Oh, gentlemen! Can I also ask you to make an effort to help Joe Morgan? As he tries to keep the promise to his dying child, and to reform his life, let the principles that caused you to perform this act of mercy also make you watch over him. If you see him make an error, then lead him to the right path. You can do more than just not encourage him to drink. Take the glass from his hand and exert all your influence to encourage him to leave this place of temptation." Mrs. Slade stopped speaking and looked round the silent room.

"Please forgive my forwardness in saying so much," Mrs. Slade added, looking intensely embarrassed. "But I am driven by my feelings." She picked up the silver from the table and started toward the door.

"You spoke well," the drinkers said. "And we thank you for reminding us of our duty."

"Forgive me for saying one more thing," said Mrs. Slade, in a hushed voice. "I made every effort to rescue Joe Morgan, and I know that none of you want to walk down the path which Joe walked. Try and help the poor man."

Mrs. Slade slipped out of the room and shut the door behind her to a stunned silence.

"I don't know what her husband will say about that," said one after a moment.

"I don't care what he says I'll tell you what I say," said one, who I recognized as being fond of his glass. "The old lady has given us good advice, and I for one will take it. I want to try to save Joe and to save myself too. I've walked the path she spoke of too, but now I'm ready for a turn. And so, are you all. If Simon Slade doesn't get any more of my sixpences, he can thank his wife for that. God bless her!"

The man tipped his hat with a jerk and left the room.

This was a signal for the company to break up. Everyone retreated to his own home. Soon the door of the bar room was closed, and silence reigned over the house. I didn't see Slade again that night.

Early the next morning I left Cedarville. The publican seemed out of sorts as he wished me a safe journey.

Episode IX The Fifth Evening - July 14, 1859

Nearly five years passed before my business took me back to Cedarville again. I knew little about what had taken place during my absence. All I knew was that Simon Slade had been charged with manslaughter and causing the death of Joe Morgan's child. However, Judge Lyman had used his influence, and the services of an expensive lawyer, to have the charge set aside, so Slade didn't stand trial. It was said by some that the lawyer used every unjust legal device in the book to acquit him. The impression I had formed of Judge Lyman was not favourable. To me he appeared cool, selfish, and opinionated. Listening to his conversations with the ordinary people who came into the bar-room, made me think that despite the fact he held a seat in the American Congress, he was a mediocre, superficial, and insincere politician.

As my coach drove into Cedarville, I noticed many changes in places that were familiar to me. We went passed Judge Hammond's residence, that I remembered as the nicest and most cultured in Cedarville. But now I saw a different scene. Was this just the passage of time? Had my impression of this imposing house been diminished by not seeing it for a while? Or had the hand of time really corroded it?

These thoughts were going through my head when I saw an old man in the spacious forecourt in front of the building. He was standing with his back against one of the pillars, was holding his hat with his long hair was strewn over his neck and shoulders. His head was down, and he was staring at his bosom, seemingly deep in thought. He looked up as the coach rattled passed. I was surprised to recognize Judge Hammond. He was so greatly changed. He still looked prosperous, but his eyes had sunk deep into his lined and shrivelled face. It was a face furrowed with troubles. Troubles I say, but how inadequate that word is to convey what I saw in his countenance. As I looked into his face, I saw a tiredness for the world in his eyes. Time had not treated him well while I had been away, and he reminded me of a once magnificent bed of flowers that was now well past its best. However, the coach was moving fast and the richest man in Cedarville was soon lost to my sight.

Within a few minutes the coach arrived at the front of the Black Lion. As I descended from the carriage, a scruffy, red-haired man came forward and grabbed my hand. At first, I didn't recognize him. Then when he spoke, I saw it was Simon Slade. Seeing his present appearance, I couldn't help contrasting it to how I had first seen him, some six years previously. I couldn't help thinking, Is this what keeping a pub does to a man?

The Black Lion had changed both inside and out, and not for the better. Everything looked shabby. Instead of being clean and beautiful as before, the house was dirty and disorganized. In the bar room a young Irish lad passed me the book where travellers write their names. I asked for a coffee. After I had written my name, the lad ordered my coffee to be taken to the room where I was to stay, it was the same room I had occupied during my previous visits. I followed the servant, to what was now a dusty and dirty room which smelt disgusting. My accommodation had undergone considerable change, and not for the better. After I had removed the dust from my clothes and washed, I went downstairs to the lobby and took a chair. There were many healthy and strong, yet idle, men loafing about. If they had something to do, they must have preferred laziness to work. One of them rocked back and forth in a chair, chanting "The Old Folks at Home." Another lay on his face, his body and spirit too lethargic to shake or sing. A third had slipped down in his chair, so his feet were higher than his head and supported by a stool, while a fourth was flat out asleep on a bench, with his hat over his face to protect him from insect bites.

All but the sleeper watched me as I took my seat amidst them. None of them changed their stance in the least. Perhaps to move their eyes would have felt like a few hours labour, so they avoided the effort.

A man in a light carriage sped passed. One of the idlers suddenly jumped to his feet and shouted out "Hello. Who's that then?" He was trying to peer through the cloud of dust that the wheels of the carriage and the hooves of the horse had stirred up.

"I saw that one too," said the loafer, rubbing his eyes trying to wake himself up.

"Who was it, Matthew?" he asked the Irish bar keeper, who was standing in doorway.

"Willy Hammond," replied Mathew, the bar-keep.

"Really? Is that his new sixty-pound horse?"

"Yes"

"It's a right ugly old runner."

"Isn't it so? But he's got himself a fast un, the young master."

"I don't know that," said one of the men, laughing.

"I don't think anything in creation can beat Willy Hammond. He's so quick that I didn't even see him."

"Is that so? But despite all that he's quite the boy, and generous to a fault."

"I'm sure his father will confirm that," said Mathew.

"I think so too, because he has to pay the bills," the other replied.

"I think Willy's got the upper hand on him in the business."

"Is that Hammond and Son, the Mill and Distillery?" I said.

"Yes, what about it?"

"Well I heard that the old man appointed Willy a manager, as he thought a watchman's burden would calm him down and make him take responsibility."

"That's not for Willy. It'll take more than that to tame him. The experience has come too late to change his ways."

"Yes, the old man realizes it now, and I think that's why he's so frustrated."

"He never, comes here now does he, Matthew?"

"Who?"

"Judge Hammond."

"No, he doesn't. He and Slade quarrelled a year ago, and he's never entered the door since."

"Something about Willy and …" The speaker didn't say her name but winked broadly and nodded his head indicating someone from the Slade family.

"I didn't see it that way."

"Do you think Willy likes her?"

Matthew shrugged his shoulders but didn't answer.

"She's a beautiful girl," he said in a low tone.

"She's good enough for Hammond's son any day, although if she were my daughter, I'd rather see her in Jericho than in his company."

"He's got enough money to keep her though. She'll live like a queen."

"For how long?"

"Quiet," said Matthew in a low voice. "That's enough now"

I looked up and saw a young lady approaching the house. I immediately recognized the gracious and demure face of Flora Slade. Five years had made incredible advancement to her youth and promise. Though. as she came through the lobby, I thought that a great deal of thought and affliction had burdened the loveliness of her beautiful face. But I was pleased to see the idle men showed her proper respect as she passed.

"Actually, she is a very pretty girl." said one, after she had gone into the house.

"She's too good for Willy Hammond," said Mathew, "though some people say he's generous and clever."

"That's not what I think. She's as good and pure as an angel, But him? Bah, he's is as bad as a man can be."

Slade's appearance ended their conversation. A second look at him didn't impress me any more favourably than the first had. His face was grim, and as he took a chair it was clear he had become a heavy drinker. We spoke for a while and then Slade turned to the bar keeper.

"Did you see Frank this afternoon?" Slade asked Matthew.

"No," was the bar keeper's reply.

"I saw him with Tom Wilkins, a while ago," said one of the men sitting in the porch.

"What was he doing with Tom Wilkins?" Slade murmured in an upset tone. "He doesn't mind much the company he keeps."

"Shooting."

"Shooting?"

"Yes. They both had bird guns. I wasn't close enough to them to ask where they were going."

Slade seemed disturbed at the news. Then he muttered something to himself, got up and went into the house.

"I could tell the old hand a lot more about Frank." the man added, "but no matter."

"Slade doesn't know half his history," observed Mathew, "he's the vilest boy I've ever known."

"Boy? Frank wouldn't like to hear you call him a boy."

"I'll to talk to him about that sometime," replied Mathew, "because if there were any manners in a quarrel that would be a trouble that we wouldn't have in this house."

"I'm surprised that his father hasn't put him into business. The lazy life he's leading will spoil him."

"He's been behind the bar for a couple of years."

"Yes. I suppose he's all right with a mixing glass. But …"

"He's too good a customer himself?" completed Mathew.

"True. He regularly got as drunk as a fool before he turned fifteen."

"Are you sure?" I asked.

"It's true, sir," said the man, turning to me. "And that's not all. You know, sir, that bar-room dialogues are not always blessed with the best of language. Well, Frank learned quickly and he was soon as obnoxious as any one of them. I'm no saint myself, but I've felt my blood run cold many times when I've heard him swear."

"I'm sorry for his mother," I said, as my mind ran straight to Mrs. Slade.

"You do right," he replied. "I think there's no one with a sadder heart in Cedarville. It was a black day for her when Simon Slade gave up the mill and built this pub. She was against it from the beginning."

"I guessed that was so."

"I know it, for certain," said the man. "My wife has known her for years. I remember well, when the mill was sold, that she came to our house and wept like a child. But Slade wanted to be a publican. And I don't think I've ever seen a genuine smile on Mrs. Slade's face since, sir."

"It's a lot for a man to lose," I said.

"What?" he asked, clearly not quite understanding me.

"The smile on his wife's face," I replied.

"It's true. Her face shows nothing but heartache," he said.

"That's the worst of it."

"Quite so. It was a lot to lose."

"But what has he gained to make up for that?"

The man shook his shoulders. "Yes, what has he gained?" I asked again. "Can you tell me?"

"Well one thing, he's richer."

"And happier?"

The man shook his shoulders again. "Ah! I didn't say that."

"Well, how much richer?" I asked.

"Oh, a lot. Someone said yesterday that he was worth five thousand pounds."

"Really? As much as that?"

"Yes."

"How did he accumulate such wealth so quickly?"

"Business is good at the bar," he replied. "And that pays well."

"He must have sold a lot of liquor in six years."

"That's so. I don't think I would be far from wrong if I said that as much liquor had been consumed in this town in the last six years as was in the previous twenty years, before the opening of the Black Lion."

"I'd say forty," said another man who was listening to us.

"Well, let's call it forty years then," agreed the other.

"How's that?" I asked. "Surely you had a pub here before the Black Lion opened?"

"We did and many other places where liquor was sold. But everyone far and wide knew Simon Slade the miller, and everyone liked him. He was a good miller, and a joyful and humorous man. Slade built the inn and laid it out beautifully. His new establishment was immediately supported by Judge Hammond, Judge Lyman, and Solicitor Wilson, and all the gentry of the place. So, of course, everyone else did the same. You can easily account for his wealth. We all believed at the start, that a new pub was going to change Cedarville."

"Yes," the man answered with a laugh, "and it has."

"In what way?"

"Oh, in many ways. It's made some men richer, and some poorer."

"Who has it made poorer?"

"Dozens of people. If you see a well-to-do foreman and a good businessman, then you can assume, that many people are poor."

"How so?" I asked, wanting to hear more of how this man, who was obviously a good customer, analyzed the matter.

"A publican doesn't add to anyone's wealth. He takes his customers' money but gives nothing in return, nothing that can be counted as personal profit. Is that not so?" It was obvious that he fully believed in what he said.

"Who in particular is poorer?"

"Judge Hammond, for one."

"Yes, he's much poorer."

"What caused the Judge to get poorer?"

"The opening of the Black Lion, as I said."

"Just how did it affect him?"

"He was one of Slade's most ardent supporters. To show his approval he came here every day and took a glass of brandy and urged everyone else to do the same. Among those who followed his example was Willy, his son. He should never have brought a promising young man like Willy within twenty miles of this human trap," the man lowered his voice before saying that about the Slade pub. "But now," he added, "no one is rushing to destruction faster than Willy. When his father discovered his son had been corrupted, and was keeping company with dangerous characters, it was too late. He bought Slade's mill for two reasons. The first to earn a large sum for himself, or so he thought. The second to set Willy up in business and keep him away from bad company. To try and make Willy more responsible he unwisely trusted him to become the chief manager of the works. But that enterprise has slumped. I heard yesterday that it is to be closed and put up for sale."

"Isn't the task of keeping the mill as profitable as he thought it would be?"

"No, not while it's under the management of Willy Hammond. He has too many bad friends. Men who cling to him because he has money and spends it like water. He neglects the business and most of the time he isn't at the mill. I've heard it said that he's wasted three thousand pounds and more."

"How's that possible?"

"Well, people talk, and it's not always to his advantage. There's a man called Green who's been staying here most of the time for the last five years. Nobody knows where he came from. He has no friends in the neighbourhood. But this man became acquainted with Willy, as they both used to go to the bar, and they've been friends ever since. It should be said, sir, that I believe this Green is a gambler. If so, it's easy to see where Willy's money has gone."

I agreed with what he said. "Well, if Green is a gambler, he's richer for the opening of the new pub in Cedarville."

"Yes, he is, and Cedarville as a whole is the poorer for it. He's a blood sucker. I've heard said that he never bought an inch of land nor gave one penny of charity to any good fellow."

"Not only is he robbing them of their money," I observed, "but he's corrupting those with whom he engages."

"Too true."

"Perhaps it's not just Willy Hammond who he's corrupted and exploited?" I said.

"Oh, yes, sir. I've come here every night for many years, as most have," he said. "And I've noticed who else does. There are at least half a dozen young men from the best families in the area, among the regular visitors. All unknown to their friends and relatives. About nine o'clock you see them sliding silently from the bar, followed by Green and Slade. Then you always see a light glowing faintly in Green's special room. These are the facts, sir, and you can draw your own conclusions."

"What?" Is Slade also corrupted along with these young men?" I asked, "Do you think he's taken to gambling too?"

"If Slade hasn't been taken in by Harvey Green, then I'm very much mistaken."

"Surely it's impossible?"

"It's bad practice to use a card school to keep a pub, sir," said the man.

"I agree completely with that."

"Well, Slade's been letting Green run his school for seven years, and we are all suffering, sir."

"Too true."

"Since Simon Slade became a publican, he's not the man he was as a miller. Anyone with half an eye can see that."

"Is Slade a drunkard too?"

"He's certainly taking a bit much."

"That's a bad sign."

"Yes, and if Simon Slade is not very much poorer a year today than he is now, I'm no prophet. That professional gambler is too much for any man."

Our discourse ended here as one of the company pointed his finger at my talkative friend then drew it across his throat. I left in dismay and disarray.

Episode X The Fifth Evening - July 28, 1859

The meal I was served that evening was completely different to the one I had was given on my first visit to the Black Lion. The tablecloth was filthy, foul and dirty. The dishes, cups and cutlery stuck to my hands with dirt, and the food was of such low quality that I stopped eating after only a few bites. The husband and wife of the inn were not at the table, but at least two dissident and noisy Irishmen shared my repast.

I had been hungry when the bell was rung to call me to supper, but my enthusiasm quickly waned in the foul air of the dining room and I was the first to leave the table.

Soon afterwards the oil lamps were lit. A few regulars started to gather in the spacious bar-room, where there was more comfortable seating, tables, newspapers, dominoes, and backgammon boards etc. Almost every arrival demanded a glass of liquor and then drank two or three in next half an hour with the encouragement of other 'kind' newcomers.

Most of those who made up this company were strangers to me. I was looking from face to face to see if any of the old assembly were present, when I noticed someone that I thought I recognized. I was studying him in detail, trying to identify him, when someone greeted him as "Judge."

Although his face was much changed, I realized it was Judge Lyman. Five years had significantly altered him. His face was thickened and had lost its radiance. It was so puffy that his eyes were sunk deep into folds of flesh, so deep that he seemed to have lost them. His swollen lips, heavy eyelids, and the half closed, weary, rheumy eyes testified to his doleful state. But his voice remained as loud, arrogant, and assertive as ever, but most of the time he didn't seem to make much use of his mind. He was animalistic in his manner, even though I had heard that he had just been re-elected to the US Congress with a large majority, as an anti-temperance champion. He had stood as the advocate of the rum, and, of course, everyone who loved that liquor had turned out to vote for him. Despite the fact he was set on trampling on all virtues and morals of the place that had elected him, the voters had still made him a national legislator and sent up him to the Congress to oppose any form of Prohibition Act. I marvelled at whom these Americans had elected as their representative and selected as a perfect example of their principles and their status as a state.

A group quickly gathered around the Judge. He was aggressively attacking the Temperance party, which had opposed him over the previous two years. But I knew that at the last election it had greatly increased in popularity with the people. During that election they had published a paper, which exposed the Judge's personal character and poor moral principles in a revealing and blatant way. This had affected his reputation in the eyes of those whose opinion he valued, and he'd responded by accusing any man who pleaded the cause of temperance to be full of treacherous hypocrisy and harbouring a deep desire to curtail people's liberty.

"The next thing they will do," he said, raising his voice to a monster's roar, "will be to pass laws to fine a man for taking a mouthful of tobacco or lighting a pipe. Touch the freedom of the people in the smallest things, and you will inevitably curtail the practice of the greater things. The Stamp Act, against which our brave forefathers fought, was only a mild repression of our freedoms compared to what these fools want to carry through."

An obnoxious man with a harsh voice spoke up. He had a case of hiccups which seemed to punctuate every other word from his throat. "You must repeat that in the

Congress, Lyman (hic), you're right for once in your life, if you've never been right before (hic)," he said. "Nobody knows what they really are. There's (hic) my great uncle Josh Wilson, who (hic) has been kept by poorhouse for ten years. Well, their types want to knock it down and turn him out on the road, if they get the upper hand in around here."

"If? that word means a lot, Harry," said the Judge. "We mustn't let them get the upper hand. Every man has a duty to deliver for his country on this matter, and every man must do his duty. But what do they have against your uncle Joshua? What has he done to offend this sanctimonious and godly party?"

"I don't think they have anything against him. But they say there won't be a need for a poorhouse at all."

"What! They want to turn all the inmates out to starve?" shouted another fellow.

"Oh! No (hic)," said the hiccupping creature, shrieking powerfully in an attempt to overcome his affliction. "Not so. But they claim if they carry the day the poorhouse won't be needed. At least, so they say. And I think there's something in it too. I saw no one that had to go to the poorhouse who hadn't been driven by the rum making them poor. But I want to keep the poorhouse going, don't you see. I'm walking the flat road of life and I wouldn't want to come to the last milestone (hic) without a place to rest in. And perhaps I might need it like my Uncle Josh. If I had a vote in America you would be sure to benefit from it, come the next election," he said, joyfully beating the Judge's back. "Goodbye to the rum haters. That's the ticket (hic). Harry Grimes doesn't deny his friends. I'm as strong as steel."

"You're a trump," said the Judge in a homely voice. "Fear not for the poor-house or your uncle Josh. They'll be safe."

"But look here," the man added. "It's not just the poorhouse, they say the jail will be going next."

"How is that to be?"

"Yes, that's what they say, and I think they're not far off either. What's driving people into jail? You know something about that, Judge, because you've done a lot of judging in your time. Weren't they all sent there after drinking rum (hic)?" The Judge decided not to comment.

"Ah, (Hic) your silence is saying something," said Grimes. "And they also say that if they get control, judges and lawyers won't be needed anymore, and they'll have to find some other business or starve. So (hic) you see you'll have to fight for it or lose your livelihood."

It was obvious that the Judge didn't like what the man was saying but he was too much a politician to show it. Harry Grimes' vote was of equal value to that of the best of men, and one vote can sometimes strike the balance in an election, and so Judge Lyman habitually tried never to upset a voter.

"I hear their reasoning," Judge Lyman said, laughing, "But I'm far too long in the tooth to believe such claims. Poverty and crime always start in the corrupted heart of a man before the first step is taken on the path of drunkenness and greed. Few look at the facts and trace them back to their causes."

"Rum and destruction (hic), aren't they cause and effect?" asked Grimes.

"Yes, but only sometimes," was Lyman's ridiculous reply, as Harvey Green came in, to the general approval of the company.

"Oh, Green! There you are," shouted the Judge, taking the chance to get away from his talkative, hiccuping friend. I looked at Green and observed his face in detail. He hadn't changed much. He had the same evil eyes, the same savage mouth, the same false smile. Everything suggested he had the same evil deceptive heart too. If he had drunk heavily during the last five years, it hadn't contaminated his blood, or changed anything in his face.

"Did you see anything of young Hammond tonight?" asked Judge Lyman.

"I saw him about an hour or two ago," replied Green.

"Was he going to drive his new horse?"

"Oh yes! He's mad about it."

"What did it cost?"

"Sixty pounds."

"Really?"

The Judge got up, and Green and he walked side by side across the bar-room floor. "I want a word with you," I heard the Judge say as the two went out together. I saw no more of them that night.

Shortly afterwards, Willy Hammond came in. He too had undergone a considerable transformation; just as Matthew, the bar keeper, had said. He went up to the bar and I heard him ask after Judge Lyman. Mathew's answer was so low that I couldn't hear it.

Hammond pointed to the decanters on the shelf behind Mathew, who plonked one down in front of him. From it he poured half a tumbler full and drank it down unmixed with any leavening of water.

He showed considerable mental agitation and asked several questions, which I couldn't hear. When Matthew answered, he directed his eyes upwards, as if he were indicating a room in the house. Willy hurried off to the implied room.

"What's the matter with Willy Hammond tonight?" one man asked the bar keeper. "What's he after in such a hurry?"

"He wants to see Judge Lyman," replied Mathew.

"Oh, not much no good in that then," another remarked. "Not much good at all I'm afraid."

At this point two well- dressed young gentlemen, obviously from good local families, in came. They took a drink at the bar before speaking quietly to Mathew, then they went through the door leading up to the previously indicated room. I looked at the man with whom I had been speaking in the porch earlier in the afternoon. He gave me an insightful wink to recall his remarks, that gambling was going on in one of the upper rooms. It was a nightmare, and some of the town's most promising young men were drowning in this terrible lake. I felt my blood run cold as I contemplated it.

The talk in the bar-room was becoming crude and debased so I went to sit outside. The sky was clear, the breeze balmy, and the moon shining bright. I stood for a while in the porch reflecting on what I had seen and heard, watching a stream of visitors pour into the bar-room. Only a few stayed there. Most of them downed their glasses hurriedly and came out, so that no one would be likely to see them.

Shortly afterwards, as I still stood in the porch, I noticed an old lady walk slowly past. She dawdled a while, trying to see in through the bar room door. She stayed only a moment but in less than ten minutes she returned and waited a little longer before again moving away. Then she disappeared. I wondered what she was doing. Then I saw her yet again approach along the road, but this time she came closer to the pub doorway. I was disturbed to see her return again. I was now sure this was a distressed mother looking for her son. A son who might be walking down a dangerous path. She saw me watching and walked slowly on, looking fearful and afraid. But then, as if unable to stop herself, she came back yet again. This time she came close enough to the door of the house to see into every corner of the bar room. She seemed content with this inspection, and hurried away, and I did not see her return again that evening.

Ah, I thought. This is a clear sign of this pub's damning influence. My heart was broken thinking about what this unrecognized mother was suffering, and what she had to endure. I couldn't get it out of mind as I lay in my bed that night. It troubled even my dreams.

Episode XI The Sixth Evening - Aug 11, 1859

The innkeeper did not make his appearance the following morning until ten o'clock, and he looked like a man coming back from damnation. It was another hour before Harvey Green came down. There was nothing unusual about his appearance. He had shaved, had a clean shirt on, and every line in his face was calm and still. He looked as if he had slept agreeably, with a quiet conscience, and was ready to welcome the new morning with a cheerful spirit.

Slade's first act had been to go behind the bar to pour, and drink, a strong glass of brandy and water. When Green appeared, he ordered a coffee to be followed by a beefsteak. I couldn't help noticing the difference in the appearance of the two men. Slade was aggressive and confused while Green presented an impression of prudence and hypocrisy. The two men were obviously trying to hide some displeasure between them as they spoke politely to each other, but they soon separated to conceal their feelings. I didn't see them to speak to, or meet them again, during the day.

I was sitting in the bar room later in the afternoon when a gentleman who spoke with the manner of a lawyer sitting in his office, announced to the room. "There's trouble over at the mill."

"Ah! What's the matter?" asked one.

"It has suffered a considerable financial loss." the gentleman said.

"How so? Why's that?"

"Willy."

"Is the loss very big?"

"They say it is many thousands. But this is people's talk and, of course, they always exaggerate." the gentleman said.

"No doubt. That seems too much to believe. But where has the money gone? How could Willy spend so much? It's true he tosses money around, buying fast horses and drinking heavily. But he couldn't spend many thousands like that."

At that moment Willy's speedy horse sped passed, pulling a light carriage but with a different man driving it.

"Is that young Hammond and his sixty-pound horse?" asked the last speaker.

"It was Willy's horse yesterday. But today it has a new owner." the gentleman said.

"Is that so?"

"Yes, it is. And that man Green, who's been wandering around Cedarville for the last few years looking for a good profit I believe, came into possession of it today." the gentleman confirmed.

"Ah! Willy must be a frivolous one. Has he tired of his new favourite horse already?"

"No there's something darker about this. I saw Judge Hammond this morning and he was very annoyed." the gentleman said.

"Perhaps the trouble at the mill accounts for that."

"True, but there's more than just the mill involved in this darkness."

"His son's extravagance," said another. "That's enough to crush a father's spirit and drive him into his grave."

"To speak plainly," I interrupted, "I am afraid that the young man has added another evil to profligacy and laziness."

"What's that?" the other said.

"Gambling." I said.

"Impossible!"

"It's all too true. And I think his great horse, for which he paid sixty pounds, fell into Green's hands to pay off a debt he incurred at the gambling table." I said.

"You surprise me. Have you enough good reasons to believe such a thing?" the gentleman said.

"I have, I'm sorry to say, the strongest reasons for my claim that Green is a professional gambler, attracted here by the wealthy company that attend the Black Lion. This is an undeniable fact. Knowing this and considering that Hammond has been socializing with him a lot, then you can easily see the cause of all this trouble," I said.

"If this is so," observed the gentleman, "It's only part of what seems to be a matter of great concern. Willy Hammond may not be the only one who has been ruined."

"You can be sure of that. If the rumours are true, others among your most promising young men have been drawn into this diabolical morass," I said.

To confirm this, I told them about the dialogue I had had with Slade's bar-room attendees on this subject. I also told them what I had seen the previous evening.

During our conversation the drinker sat still in his chair, but as I told this sad tale he became agitated, jumped to his feet, and shouted out, "Great heavens! I never dreamed of this. Whose sons are safe?"

"No-one's sons," said the first official-sounding gentlemen, by whom I was sitting. "No one's sons are safe, while such doors as the Black Lion's are open to oblivion."

"But didn't you all vote against Temperance at the last election?" I asked.

"Yes," they replied, "but only on principle."

"And on what were your principles based?" I asked.

"On the solid foundations of personal freedom," they insisted.

"The freedom to do good or bad, as the person chooses?" I said. "I wish I didn't have to say this, but there are particular evils, against which no laws are made, that do much damage."

"But the state has no right to tell a man what he might eat or drink," one drinker insisted.

"And cannot the people of any country pass laws, through their representatives, to prevent wicked men from harming the general good?" I said.

"Oh! Certainly, they can, very sure."

"Well, are you prepared to say that the pubs, in which young men are corrupted and where body and soul are destroyed, does not harm the general good?" I asked.

"Ah, but we must have public houses and hotels," they insisted.

"Nobody denies that. But, if hotels are indispensable to receive travellers, why is it necessary to allow elements that destroy men to be sold in such places?" I said.

"Yes, but... but it goes too far to make a law about what a man may eat and drink. It opens the door to widespread oppression. We must teach our children about the evils of drunkenness. If we do our duty towards our children, then we will get rid of all bar rooms soon," others insisted.

"Oh, my friends, your advice will be of little value if you place temptation in your children's way every step of their lives. Thousands have already been ruined. Your sons are not safe, neither are mine. It isn't safe for us to tolerate such temptations. Oh sir. While you talk about preventing floods that might devastate our country, the waters are rising near your own doors," the fellow said.

The last sentence was spoken sharply and forcefully, and it raised a look of concern on another old fellow's face. "What do you think?" he asked me.

"Only that your sons are as vulnerable to danger as any others," I said.

"Is that all?"

"Well, they were recently spotted drinking in the Black Lion bar-room," one of the company said.

"Who says so?"

"Twice in a week I saw them going there," another replied.

"Great heaven! No!"

"It's true, friend. But who is safe? If we dig pits and hide them out of sight, why should we wonder if our own children fall into them?" I said.

"My sons going to a pub?" The old fellow appeared confused. "How can I believe such a thing? You must be mistaken, sir."

"I'm not mistaken, sir. I'm sure of it. And if they are there ..." the other man hesitating to voice the thought.

The man didn't wait for him to complete the sentence, before he rushed out of the bar room.

"We are beginning to reap the fruits of our ideas," the gentleman said as his frightened friend rushed away. "Things are adjusting and turning out as I warned him they would, in the beginning. There's nothing he wanted more than to establish a great pub in Cedarville, and when Simon Slade opened the Black Lion, no one praised the venture more than the old fellow who has just left us. Indeed, in the beginning it seemed that Simon Slade wanted to treat everyone as a gentleman. But that goodness is nothing, indeed less than nothing, in comparison to the evil the opening of this pub has created."

I completely agreed with what he said, as I had seen myself enough of the assembly to fully legitimize his words.

As I sat in the Black Lion bar-room later that evening, shortly after the lamps were lit, I noticed that the gentleman referred to in the above speech, whose son was one of those accursed bar visitors, slipped in silently and looked anxiously around a room. He didn't speak to anyone but having satisfied himself that those he was looking for were not there, he went out.

"What brought him here, I wonder?" Slade asked Mathew, the bar keeper.

"After the boys, I should think," Mathew replied.

"I think the boys are old enough to take care of themselves."

"They should be," said Mathew.

"They are," said Slade. "Were they here tonight?"

"No, not yet."

While they were talking, the two young men I had seen the previous night came in. I noticed they were of a standard of talented and honourable appearance well above the ordinary bar-room customers.

"John," I heard Slade say to one of them, "your old man was here earlier."

"No!" said the younger man sounding surprised.

"Yes, for sure. Better watch out."

"What did he want?"

"He didn't seem to want anything."

"What did he say?"

"He said nothing. He came in, looked around, and went out. He looked very angry," said Matthew.

"Is room No. 4 empty?" asked the young man.

"Yes, it is."

"Send me up a bottle of wine, and some cigars, and when Bill Harding and Harry Lee come here, tell them where we are."

"That's fine," said Matthew.

The two young men left the room hurriedly. They had only just gone when I saw the worried old fellow come in again. He looked excitedly around the room but seemed disappointed. As he came in, Slade went out.

"Have John Wilson and his friends been here tonight?" he asked, coming up to the bar, and greeting Matthew.

"They're not here," replied Mathew.

"But were they here?"

"They might have been here, but I just now came from my supper."

"I thought I saw them coming in just a couple of minutes ago."

"They're not here, sir," Mathew spoke candidly, shaking his head.

"Where's Mr. Slade?"

"Somewhere in the house."

"I would like you to ask him to come here."

Mathew went out, but soon returned saying that Slade couldn't be found.

"Are you sure the boys aren't here?" said the man suspiciously.

"Look for yourself, Mr. Harrison."

"Maybe they're in the parlour?"

"Go in, sir," replied Mathew without hesitation. The man went through the door to the parlour, but soon returned.

"Not there?" asked Matthew. The man shook his head. "I don't think you'll find them around here," the bar keeper added.

Episode XII The Sixth Evening - Aug 25, 1859

Mr. Harrison, for that's the name that Matthew, the bar tender, had called him by, stood by the bar of the Black Lion for a few minutes looking undecided. He was sure that he had seen his sons come into the pub, and yet he couldn't find them. At last he sat in a quiet corner in the bar-room, undoubtedly with the intention of waiting to see if his boys would appear. He hadn't been there long before two other young men came in. His presence seemed to greatly upset them. They went up to the bar and called for liquor. As Matthew placed the drinks before them, he leaned over the counter, and whispered something in their ears.

"Where?" one of the young men asked in awe, as they looked excitedly around the room. They met Harrison's fiery eyes fixed upon them. I could see that they were not enjoying drinking their brandy and water under his stern stare.

"What the devil does he want here?" said one, in a low voice.

"After his boys, of course."

"Are they here?"

Matthew winked in reply. "Everything's fine." He said

"In No 4?"

"Yes. And wine and cigars are waiting for you."

"That's Ok."

"It might be better if you don't go through the parlour. Old man Harrison suspects they are in the house somewhere. You'd better you go out to the road, and through the passage to the back door," Mathew said.

At that suggestion the two went out. Harrison glanced over but ignored them. He stayed in the same seat for nearly an hour, watching closely everything that took place. I suspect he was beginning to think that the cursed place was a good reason to make a law against the intoxicating trade. I believe that if he had the means in his hand to end the damning trade instantly, no pub would have been found in all the whole country within the hour.

Harrison was still in the bar-room when Willy Hammond came in. Willy looked dishevelled and overexcited. He immediately called for a brandy, which he gulped down eagerly.

"Where's Green?" he asked, as he put the glass down from his mouth.

"I haven't seen him since supper time." Mathew said.

"Is he in his room?"

"Like enough he is."

"Was Judge Lyman here tonight?" Willy asked.

"Yes. He ranted on for half an hour about the temperance, as usual, and then…" Mathew nodded towards the door leading to the upstairs rooms.

Hammond started towards the door, then he realized Mr. Harrison was watching him. He hesitated and turned back to the bar. He quietly asked Matthew, "Do you know where Harrison would have to go, if he wanted to find the boys?"

"Yes?" Matthew winked knowingly.

"Where are they?"

"Upstairs."

"Does old man Harrison know this?"

"I don't think so. He's not sure, he's waiting for them to come in."

"Do they know he's here?"

"Oh, very likely."

"So, everything's fine then?"

"It's all ok. If you want to see them, tap on, at No. 4." Mathew said.

Hammond waited a few minutes, leaning on the bar, without looking across the room at Mr. Harrison. Then he got up and left through the door leading into the road. Mr. Harrison left soon afterwards.

I was tiring of the dissolute conversation in that cursed bar-room so I went outside. There wasn't a single cloud in all the sky, and the moon, which was almost full, seemed to glow more brightly than normal. I'd not been sitting long in the porch before that same lady, whose movements had attracted my attention the previous evening, made an appearance. She slowly approached the pub. When she came to the door, she waited for a moment to look in, then went on until she disappeared.

That poor mother, I thought to myself, when I saw her return again. She was walking slowly, and this time she came closer to the house. My pity was so strong that I failed to restrain it. "Who are you looking for?" I asked gently.

I could see she was frightened when I spoke to her, as she stepped back from me. The moon was shining on her face, showing every anxious line. She was middle aged, and life, and distress, had left their marks on her once beautiful face. I saw her lips moving, but at first I couldn't understand her words.

"Did you see my son tonight? They say he comes here," she said.

The way she whispered the words sent cold chills down my spine. I wondered if her mind was confused. "No, I don't know. I might have seen him." I replied.

The tone of my voice must have given her cause to trust me, for she came close to me, and her nose bent towards me. "It's a terrible place," she whispered. "And they say he's in there. My poor boy. He's not like he was."

"Yes, I think it is a really bad place." I said. I moved a couple of steps towards her. "Come. It would be better for you to go home rather than stay here. But if he's here," I said, not moving any closer. "We can save him, you know. I'm sure you won't find him just now. He may already be at home."

"Oh, no he isn't!" she said and shook her head in distress. "My prodigal never comes home until late in the morning. I'll take another look inside the bar. I'm sure he's here."

"Tell me his name, and I'll search for him."

After some hesitation she said, "His name is Willy Hammond."

Oh, that name said so sadly, and with such motherly love, made me scared and horrified.

"If your son is in the house somewhere," I said decisively, "I'll go and get him for you." And I left her, to go into the bar.

"In which room will I find Willy Hammond?" I asked Matthew.

He looked at me impatiently but said nothing. My question was obviously not welcome.

"Is he in Harvey Green's room?" I asked.

"I don't know, for sure. I don't think he's in the house. I myself saw him go outside about an hour and half ago." Mathew said.

"What room is Green in?"

"No.11," he replied.

"In the upper part of the house?"

"Yes."

I didn't ask any more questions, but hurried to No. 11, where I banged on the door. No one answered. I listened, but I couldn't hear the slightest noise from within.

I called again louder. I thought I heard a clink of silver but no sound of voice or movement. I was disappointed but quite sure that there was someone in that room.

Then I remembered hearing that the room was visible through a tear in the curtain that covered its window. I hurried down and out into the road in front of the house. There I found the distressed mother still pacing back and forth. Together, we looked up at the window, which I knew to be Green's room. We could see a clear light shining through the tear in the curtain. I hurried back into the house, and up to No. 11.

This time I shouted in authoritative voice and banged to make them listen to me.

"What's that noise all about?" said a voice within which I recognized as Harvey Green.

I knocked upon the door again, even louder. This time I heard whispering and some awkward movements. The door was unlocked. It was Green who opened it. His body filled the doorway so I couldn't see inside. When he saw I was there he looked offended.

"What do you want?" he asked aggressively.

"Is Mr. Hammond there? If he is, he's wanted downstairs."

"No, he's not here," was the short answer. "Why do you want him?"

"The fact is that I believe he's being taken for a fool in your room," I answered bluntly.

Green was trying to close the door on my foot when someone put a hand on his shoulder and whispered something in his ear that I couldn't hear.

"Who wants to see him?" he asked.

I realized immediately that Hammond was in the room and said in a loud voice. "His mother."

The door opened with a bound, and Willy Hammond stood before me, his face as red as fire.

"Who says my mother is here?" he asked.

"I have just come from her," I said. "You will find her pacing back and forth in front of this pub."

With a tremendous leap, he rushed passed me, and hurried downstairs. As the door opened, I saw there were others apart from Green and Hammond inside. I could see Slade and Judge Lyman. The scattered cards on the table told me exactly what was going on.

I followed Hammond and met him at the gate coming off the road.

"You have deceived me, sir", he said angrily.

"No, sir!" I replied. "I told you nothing but the truth. Look. There she is, over there."

He turned his eyes, saw his mother and rushed towards her, to sweep her into his arms.

"Oh Mother! Mother! What brought you here?" he said in a gentle way.

"Oh Willy! Willy!" I heard her answer. "They tell me you come here every night, and I couldn't stand by and do nothing. Oh dear! I could kill you! And I know they will. Oh, don't keep doing this!"

I didn't hear the rest of her words, but I heard her heart-breaking voice continue for some time as they walked away together. Within a few minutes they were out of my sight.

About two hours later, when I was entering my room, a man rushed past me. I looked towards him, and saw it was Willy Hammond. He was going back to Green's room.

Episode XIII The Seventh Evening – Sept 8, 1859

By this time, I was beginning to feel that the situation in Cedarville was getting desperate. I couldn't help sensing a strong feeling of insecurity on the part of some of those Black Lion regulars and their families. From the beginning, the fate of Willy Hammond had given me a sense of foreboding, even though his mother's unwelcome appearance at the gaming table seemed to have greatly affected him. Mr. Jacobs, the well-informed gentleman whom I had met the other day in the bar-room turned out to be a lawyer who was fully acquainted with the nature of events happening in Cedarville. I decided to call upon him the following morning in order to make inquiries about Mrs. Hammond and her son.

I first asked him if he knew Mrs. Hammond, to which he replied, "Oh yes, I know her well, she's one of my best friends."

He didn't mention Willy's name, so I asked. "Is Willy her only child?" He gave a heavy sigh and then revealed his misgivings.

"He is her only living child. She has had four, another son and two daughters, but they all died young. And it would have been better for her, and for Willy too, if he'd joined them in the better world above."

"His lifestyle greatly upsets her," I observed.

"He's destroying her reason", Mr. Jacobs said, with emphasis. "She idolizes him. No mother ever loved her son more than Mrs. Hammond loved her beautiful and talented Willy. Her love and care for him was such that she wouldn't let him leave her side, not until he went to school. He was always with her. I never saw him show the slightest desire for anyone than his mother but, as you know, it hasn't lasted.

The great wide world was out there, and he was drawn forth. Oh, how his mother trembled with fear when he left her side. She saw the dangers that surrounded his path, and she was consumed by her worries. But oh, all her fears were nothing compared to what he has become. When Willy was eighteen, he went to college to read law. I never saw a young man so promising. But he had a dangerous talent, it was an unusual verbal skill combined with a fluency of argument. Everyone who came into his company was enchanted by him, and his wealth attracted a circle of younger men, not all of whom were of the best character. However, his pure tendencies and honourable principles kept him safe. I do not doubt that social influences alone could not have dragged him off the right path if Slade hadn't opened this damnable inn."

"But you had a pub here before the Black Lion opened," I said.

"Oh, yes we did. But it was poorly kept and attracted few customers to the bar-room. None of the gentry of Cedarville would go there. It was no temptation for one who was born into Willy's circle. But the opening of the Black Lion began a new era. Judge Hammond, who I fear is not the purest man in the world himself, gave his support to the venture and spoke of Simon Slade as "an entrepreneurial and praiseworthy man." Then Judge Lyman took it up and gentlemen from Cedarville began to visit here and so the Black Lion became known as a respectable place. Every hour of the day and night you would see the town's most eligible young men going in and out and talking hand in hand with the innkeeper. He felt glad to be accepted after being a miller who had been promoted to an important man, who now mixed with the best in Cedarville."

"Willy went along with all this. His friends became worried that he was getting too fond of drinking, as he took to it madly. The fiery poison dazzled his mind and dimmed his better instincts. His father treated his actions lightly and indifferently. I heard him claim that it was only the morning flame of a lifetime, and that Willy would cool down when he grew up a little. His mother saw it quite differently. She was horrified and perplexed at his behaviour. She spoke to him, counselling him to stop his corrupt ways, but he laughed at her for her trouble."

"This went on for month after month, year after year, until Willy became the subject of everyone's gossip. To try and turn his mind to a new direction, his father bought the old Slade mill. Willy was to run it and manage the money. You know the result. This greatly affected Mrs. Hammond. No one knows what she has suffered. She spent a fortnight without sleep, walking continually back and forth in her room until she finally fell into heavy slumber. When she awoke, she'd lost her reason. Now, she never quite knows what is going on around her."

"Didn't this outcome shock the young man away from his disreputable behaviour?" I asked.

"No. Although he loved his mother and was greatly troubled about her, it seemed he couldn't stop himself. There was a madness raging inside him. When he tried to change for the better, and I don't doubt he did try, if he met any of his old company he fell back into his old ways. The road he took to the mill went passed the door of the Black Lion, and it wasn't easy for him to pass without being dragged into the bar. Whether it was his lust for the drink, or the instigation of some 'kind' companion hanging around the pub which tempted him, the result was the same."

"I think there might have been something more than drink tempting him in," I said.

"What?"

I told Mr. Jacobs, briefly, what I had seen the previous night.

"Ah yes! I was afraid so. I hoped it was only the drink, but I half suspected that he had fallen under Green's spell. What you say upsets me," Mr. Jacobs said, becoming more agitated. "I was worried that I might have been part of the crowd who encouraged Willy Hammond. But his downfall is no longer a mystery. Oh, Father in heaven. Is this how young men are led into temptation? Is this how the old enemy casts his nets? Oh my! It's appalling! It's horrific!" The man was greatly troubled and went on for a while in this anxious way.

"I'm incensed by this issue," he said. "Who can contemplate these things without getting upset?"

While he was speaking, Judge Hammond, Willy's father, came in. He looked in a pitiful state. He took Mr. Jacobs outside for several minutes to talk privately. I could see his face, though I couldn't hear what they said. His expression was painful to look at, showing the inscrutable tortures tormenting his mind.

Mr. Jacobs came back into the office and I heard Judge Hammond say. "Try to see him, will you?" as he was leaving the offices.

"I'll go at once," the lawyer replied.

"Bring him home, if possible."

"I'll try."

Judge Hammond bowed politely and left hastily.

"Do you know Green's room number?" asked Jacobs, as soon as Hammond had left.

"Yes. No. 11." I said.

"Willy hasn't been home since last night. His father now also suspects Green of being a professional gambler. He only realized yesterday. His son, of all his trials, he says drives him crazy. He wants me to go to the Black Lion, as his lawyer, to try to find Willy. Did you see anything of him this morning?

"No, I didn't see him." I replied

"Or Green?"

"No."

"Was Slade around when you left the pub?"

"I saw nothing of him either."

"What Judge Hammond fears may be all too true. He thinks this fraudster is trying to devour up as much as he can before making off with it."

"The young man must have been well taken in by him if he didn't go home last night. Did you mention that to his father?"

"No that would have done no good and only upset him more. He's troubled enough already. But time is passing, and there's nothing to lose in confronting Green. Will you come with me?"

I went with him to the pub. Together we went into the bar. Two or three men were drinking at the counter.

"Is Mr. Green around here?" Mr. Jacobs asked Mathew the barman.

"I didn't see him down here."

"Is he in his room?"

"I can't say."

"Will you check please?"

"I will."

"Frank?" Mathew said, talking to the innkeeper's son, who was lying on a bench. "Go and check if Mr. Green is in his room."

"Go yourself. I'm not your servant," came Frank's rude reply.

"I'll find out for you, sir," Mathew said politely, and went upstairs to look for Green, leaving the customers at the bar. As Matthew left the bar-room, Frank sniffed, and went over and mixed a glass of liquor, which he downed in one.

I thought it was a dangerous habit for such a young man and Mr. Jacobs seemed to agree as he stared hard at the boy. The only answer he got was a wicked look back, much as to say, it's none of your business.

Mathew came back. "He's not there," he said.

"Are you sure?" Jacobs asked

"Yes, sir."

Something in his manner caused us to doubt him. We went out of the room and consulted together. We decided that Mathew's word wasn't to be trusted.

"What's to be done?" Mr. Jacobs said.

"Let's go to Green's room," I answered, "and knock on the door. If he's there, he will have to respond, rather than ignore us."

"Show me the room!" Jacobs said.

I led him to No 11. He knocked gently but there was no reply. He tried again more loudly, but all was quiet. Again, and again he knocked, but the only sound was his own pounding.

"There's no one in," he said, turning to me. We went down the stairs and when we got to the bottom, we met Mrs. Slade. During this visit to Cedarville I'd not seen her face to face. Oh! what a shocking sight she was. Her easy-going and beautiful face was now hollow and harsh. Her formerly upright and attractive body was crooked and deformed. It was like looking at a mirror of sadness.

"Have you seen Mr. Green this morning?" I asked.

"He hasn't come down from his room yet," she replied.

"Are you sure?" Mr. Jacobs asked. "I knocked on his door several times. He didn't answer."

"What do you want from him?" asked Mrs. Slade, looking him in the eye.

"I'm looking for Willy Hammond, and he is said to be with Green." Jacobs said.

"Knock twice gently, then knock three times heavier," said Mrs. Slade, as she slipped passed to go upstairs.

"Will you come back with me?" Mr. Jacobs said to me.

I didn't object, because, although I had no legal right to intervene in the matter, my feelings about the case were strong. I went without thinking about what I was doing.

Jacobs knocked the door, as Mrs. Slade had said, and this time got a direct answer. The door opened slowly, and the unkempt face of Simon Slade appeared.

"Mr. Jacobs?" he said surprised at seeing my friend. "Do you want to see me?"

"No, sir. I wish to see Mr. Green," said Jacobs pushing the door wide open. The ones I had seen on the previous night were there again. Green, Willy Hammond, Judge Lyman, and Slade. On the table, where the other three were sitting, were cards, pieces of paper, writing utensils, and a pile of banknotes. On another small table by their side were a set of decanters, and glasses.

"Judge Lyman? How is this possible?" Mr. Jacobs said. "I didn't expect to find you here."

Green swept his hands across the face of the table, trying to secure the money and bills. But before he could, Willy Hammond grabbed three or four narrow papers and ripped them up.

"You cursed, devilish rogue!" Green shouted fiercely, pressing his hand to his bosom, as if he were making a supplication. He had scarcely uttered the words when Hammond rushed at him, with the ferocity of a tiger, knocking him to the ground. Before the stunned onlookers could intervene, Willy's hands grabbed the gambler's throat. Green went red in the face as Willy strangled him.

"Call me a devilish rogue, would you?" said Hammond foaming at the mouth. "Me! Who you hunted down in a blood-thirsty, remorseless and hell-bent way? Forgive me! I have nothing of any worth left in the world so what have

I to be afraid of. I will do one last good deed for society before I die!"

With a mighty effort Green struggled out of Willy's grasp. The boy rushed after the gambler with fresh fury and vigour. But Green drew his knife, and as Hammond rushed him, he buried the blade in him. Faster than lightning, Green pulled out the knife, and stuck it in again before anyone could stop him. Willy Hammond gave a heavy sigh and collapsed. Blood poured from his side, as the assassin stood back. In the terror and turmoil that followed, Green ran from the room.

The doctor was called without delay and he made a thorough examination. "The wounds are fatal," he said shaking his head, "There's nothing I can do except make him as comfortable as possible."

Someone ran to tell the boy's father about the terrible events, and he came quickly. He was greatly distressed. Indeed, I have never seen such terrible grief on a man's face.

The quietest of all the company was Willy himself. He didn't take his eyes off his father's face.

"Are you in great pain, my boy?" the old man whispered, as he knelt over his son, his long hair falling over the victim's damp cheeks.

"The pain's not too bad, father," came the weak answer. "Don't tell my mother just yet. I'm afraid it will kill her."

What could the father answer? Nothing, he was stuck dumb.

"Does she know about this?" the dying boy asked, a desperate look passing over his face.

But as Judge Hammond shook his head, a distressing cry came from the bottom of the stairs. Thoughtless gossips had already carried news of the impending death to his mother.

"My poor mother," said Willy, as his father wiped his pale face. "Who told her about this?"

EPISODE THIRTEEN

Judge Hammond set off towards the noise, but before he could stop her, the deranged woman burst through the door.

"Oh! Willy! My boy! My boy!" she cried in a moaning voice, which melted all the hearts hearing it. She hugged and kissed him with extraordinary tenderness.

"Oh mother. My dear mother," Willy said, staring up into her lovingly face, as if his soul were boiling over with fondness for her.

"Oh! Willy! Willy! Willy! My son, my son!" she said, kissing him again.

Mr. Hammond tried to separate them, lest his son be adversely affected.

"Don't, father," said Willy. "Let her be. I'm not upset. I'm glad she's with me."

"Don't try to speak," said his mother, gently placing her fingers on his lips. There was silence for a few seconds, apart from his mother weeping and moaning miserably.

"Mam? Are you here?" Willy looked around the room wildly.

"Yes, my dear Willy. Here I am."

"I can't see, mother. It's getting so dark."

"Oh, mother! Mother!" he shouted suddenly. She hugged him to her bosom. "Stay with me! Stay with me!" His mother hugged him more tightly!

The doctor came forward and tried to get her to release her grip. But he was unsuccessful.

"He's dead." I heard the doctor whisper, and the words sent a cold chill through my blood.

They also reached Judge Hammond's ears, and he let out an enormous sigh.

"Who says he's dead?" the mother asked despairingly, as she laid her boy down from her arms onto the bed. Her face looked as pale as his dead face. She let out a great cry as she realized that what the doctor had said was true, and then she fell forward across her son's dead body.

Everyone in the room thought that Mrs. Hammond had fainted from despair, but a few seconds proved this wasn't so. The knowledge of her son's death had come to her so suddenly, that it had deprived her of her life. Oh, what a scene. Mother and son lying dead in each other's arms.

"Where has Green gone?" I asked.

Glaslwyn

Episode XIV The Seventh Evening – Oct 6, 1859

News of the horrific confrontation spread like wildfire through Cedarville. The whole town was agitated. The news that Willy Hammond had been murdered by Green, was spread within a few minutes by many wagging tongues. There were a hundred different versions of the story, each with assorted details of the incident. By the time the two dead bodies were to be transported to Mr. Hammond's residence, hundreds of men, women, and children, gathered outside the pub. Some were clamouring for Green. Others were shouting for Judge Lyman, who many people thought was implicated in the trouble. The sight of the two dead bodies being carried out on boards, intensified their anger. I heard many shouting "Bring out the murderer."

Some of the crowd formed a solemn procession to escort the bodies but most stayed outside the pub. Every angry breast was on fire with rage against Green. One ringleader climbed on the shoulders of others and shouted. "We mustn't let the murderer escape."

The crowd responded with a terrible howl, and it seemed that even the sky was crackling.

"Choose ten men to search the house and its surroundings," ordered the audacious elder.

"Yes! Yes! Pick them! Name them!" echoed the crowd.

Ten men were selected by name and came forward at once.

"Search everywhere, from roof to cellar. Everywhere! Everyone!" shouted the emergent leader.

Without hesitation the ten searched through the house. For nearly a quarter of an hour the crowd waited with increasing anxiety and displeasure. The investigators finally returned to say that Green couldn't be found anywhere in the house or its surroundings. This news was received with a great collective sigh.

"Let no man in Cedarville rest until we find the murderer." the self-appointed leader shouted from his shoulder high throne. "Let us seek out and find the scoundrel. Let everyone with a horse use it to help the investigation and hunt down the culprit."

About fifty people left in a hurry. The searchers divided the into four parties, each taking a distinct section of county to explore. The horsemen went to search in the outer parts of the county, and the men on foot the inner parts.

As some hours went by, most of the foot searchers returned, without any success. Late afternoon the horsemen also began to reappear, and by sunset the last of the searchers was back. They were all tired and disappointed, and believed that the murderer had escaped.

The Black Lion bar-room remained empty for several hours during these overwhelming events. Slade didn't make an appearance until after the crowd had dispersed. When he appeared on the stairs, he seemed organized and clean shaved, but I saw signs that he'd spent the previous night without sleep. His eyes were red and heavy, and his eyelids swollen. As he was coming downstairs, I came in from the entrance porch. He looked ashamed, and passed me by without speaking, only nodding to acknowledge me. I could see guilt mixing with anxiety and fear on his face. He'd a strong reason to believe he might get into trouble, for he'd been gambling in Green's room when the dreadful murder was committed.

"This is a sad affair," he said, when we came face to face half an hour later. He still wouldn't look me in the eye.

"Terrible." I replied. "To corrupt and impoverish a young man, and then kill him. There's no more sinister story to be found in the pages of history."

"It was an act of madness," said the publican, trying to justify Green. "Green didn't intend to kill him."

"Then why did he carry a knife in peaceful company? He had murder in his heart, sir," I replied.

"You speak boldly."

"Nothing is bolder than the facts," I replied. "He harboured murder in his heart from the beginning. His previous actions against Willy Hammond show this beyond dispute."

"Well, the devil wouldn't want to be in Green's shoes now," said the shaking publican. It was quite clear that the punishment was more terrifying to his eyes, than the crime itself.

"Oh! How I hope your intoxicating trade is doomed." I said. My words were so unpleasant for Slade, that he made a quick excuse to leave.

As it got late, the unsuccessful gambler-hunters began to congregate one by one, and within an hour the bar-room was overflowing with members of the disappointed mob. They were weary and calling out the most offensive oaths because they hadn't apprehended the culprit. They were all convinced that Green had managed to escape and the stronger that conviction, the greater their anger. They all knew that Green, Hammond, Judge Lyman, and Simon Slade were all in the room when the deed was done. As the mob had missed their prey, they were thirsting to take revenge on someone.

"Where's Slade?" shouted one from the middle of the bar-room. "Why does he hide away?"

"Yes? Where is he?" called out half a dozen others.

"Is he out looking for Green?" one asked.

"No, no. We don't believe he's doing that." said at least fifty.

"But the murder took place in his house, before his eyes."

"Yes. He was there, and he let it happen," several shouted with indignation.

"Where is Slade? Has anyone seen him tonight? Matthew, where's Simon Slade?"

"I don't think he's at home," replied the bar keeper. He looked afraid and intimidated.

"When did you last see him?"

"About two hours ago."

"Liar!" one shouted furiously.

"Who says I'm lying?"and he only said Matthew, getting angry.

"I do." said a strong, cruel looking man who rushed across the room to stand over him.

"What right do you have to say that?" asked Matthew, backing away.

"Because you are a liar." said the man, "you saw him less than half an hour ago, and you know it well. Now, if you don't want trouble, tell us the truth."

The crowd yelled out again. "Where's Slade?"

"I don't know", said Mathew, looking determined.

"Is he in the house?"

"He might be with the devil for all I know, but he's not in the house," said Mathew. "I know nothing more about him than you do."

"Will you help look him?"

Matthew went to the door and shouted for Frank.

"What's all this about?" Frank shouted downstairs. He sounded fearful.

"Is your father in the house?"

"I don't know," was his evasive reply.

"Send someone to bring Frank down to the bar room and we'll soon see if he's telling the truth," someone said.

EPISODE FOURTEEN

Two men slipped out of the bar, heading towards the room from where Frank's voice had come. They soon returned, gripping his arms, and dragging him like a naughty child into the bar-room. He looked white and ashen, and was clearly not enjoying this unwelcome assault on his freedom.

"There you are, boy." said one, as Frank was brought in, "We don't want to have to mess with anyone, so we advise you to answer our questions, and tell us the truth. Now, where's your father?"

"I think he's around the house somewhere", Frank said, sounding more humble in the face of the angry crowd.

"When did you last see him?"

"Not very long ago."

"Ten minutes?"

"No more like half an hour."

"Where was he then?"

"He was going upstairs."

"Go and tell him it would be better for him if he came down here, at once."

Frank left the room but came back about five minutes later saying he couldn't find his father.

"Where's he gone?" The crowd cried out in anguish.

"Indeed, gentlemen, I do not know." Frank said, his frightened look suggesting he was telling the truth.

"There's something wrong here," said one. "Why isn't Slade here? Why isn't he trying to help to catch the murderer, who he saw with his own eyes."

"Perhaps he's helping that murderer escape," said another, without so much as a single fact to substantiate his accusation.

"There's no doubting that!" said another, as reckless as the first. This was enough to stir up the mob's uncontrollable fury, in the manner of those who are always too hasty in their decisions, and rush on their way without seeking adequate facts, or heeding the voice of reason.

"Where is he? Where is he? Yes, Slade well knows where Green is," the mob shouted.

Two or three men were chosen to search the house, and several others went out to undertake a wider search outside.

I left the bar to go my room. I felt overwrought and tired. I wanted to lie down and try to sleep. I lit a candle, went upstairs to my room and locked the door. As I was about to lie down, I heard creeping footsteps moving back and forth along the passageways, and doors opening and closing. Then I thought I heard someone breathing in my room. I sat up, but decided it was just my own pumping heart.

"It's only imagination," I told myself, but I continued to sit up and listen until I satisfied myself that it was only imaginings. I lay down again, hoping to get to sleep. But before I could, once again I thought I heard the sound of someone moving in my room.

"It's just my imagination!" I told myself again, expecting that someone was passing the door. "My mind is agitated."

I lifted my head and cupped my ear with my hand and listened. I focused my attention on my room without listening to the more distant noises. I was about to drop my head back on the pillow, when I heard something so clearly that I couldn't mistake it. A faint cough came from under the bed. I jumped up, squatted down and looked for myself. The mystery was discovered. I could see a pair of fiery eyes glittering in the light of the candle.

Green was hiding under my bed. I looked at him for a few moments unable to say a word. He stared back at me furiously and boldly, and then I saw that he was clawing for his pistol.

Glaslwyn

Episode XV The Eighth Evening – Nov 17, 1859

The following month my business took me to America, to Washington, just before the time of the re-election of Congress. Judge Lyman's connection with the case of Green and young Hammond in Cedarville had destroyed his character and reduced his standing with all the States and their Representatives, and his party had insisted he stand down from the election. He claimed this was to allow him to defend his actions, but it was well known that he had offered strong opposition to the Temperance party and had prevented any Prohibition Laws being put before the Senate. In the light of the murder of Willy Hammond there had been a cooling of support for Judge Lyman back here in Washington.

I was sitting in the Fuller Hotel at noon, the day after I had arrived in Washington. I noticed a strangely familiar figure looking around as if he were searching for someone. While I was puzzling who it might be, I overheard a man beside me discussing the incomer.

"That's the problem. The strong parties often put unsuitable members in the house," the man said.

"Who?" said another.

"That guy over there, Judge Lyman," came the answer.

"Oh," said the other. "He doesn't matter. He adds nothing to the insight of that august body."

"But his vote is worth something, at least if there are important questions on the table."

"And what price does he charge for his vote?"

The man silently lifted his shoulders, raised his eyebrows.

"I'm serious," said the questioner. "Didn't you just imply that Lyman will sell his vote for the highest price?"

"That depends entirely on who offers. If they have something to lose as well as to win, then most members won't go against their party to serve outside interests. But the Judge has befriended many individuals who are called lobby members and is often seen in their company. No doubt, he's here, in this hotel rather than in the House, to meet such gentlemen. They pay well for votes."

"Surely this can't be what we expect of a legislator in the broadest sense, there must be a better way than this?"

"Yes, in the broadest sense. This man has fallen into deep moral humiliation, he isn't honouring the electorate, or his country."

"His presence here in Washington doesn't speak highly of the party or the people he represents."

"No. Yet, as things are now, we cannot judge the moral worth of the voting public from the type of man they send to the Senate. Delegates only demonstrate the strength of their parties."

"Lyman has sold out his country, just like Benedict Arnold once did. Why?"

"They both sold out, when the proposal offered paid out highly enough."

"You say he gambles, too?"

"Yes. It's his vocation to gamble. Of that I'm sure. Few nights pass without him visiting the gaming table."

I didn't hear any more. But I wasn't surprised by what I'd overheard. My previous knowledge of the man had prepared me to believe everything that had been said. During that week I was staying in Washington I had the chance to see Judge Lyman both in and out of the House. And he only went there when there some important measure was to be put to the vote, that would confer privileges on someone. Many times, I saw him so drunk that he would stagger when trying to walk through the lobby, and often he went back to sleep in his seat. And worse, he would be found dozing, when his name was called out to vote. He sometimes had to be shaken several times before he was awake enough to cast his vote.

Fortunately, this was to be his last foray into Washington. In the following election, a better man than he took his place.

Some two years later I found myself approaching the quiet village of Cedarville again. As the church spire came into sight, I saw the rows of houses with leafy woods, and green fields at their back. All the exciting events that took place at the time of my previous visits came back into my mind. I was still haunted by my memory of the deaths of Hammond and his devastated mother, who departed this life together. But oh, how the town had changed. Neglect and ruin were visible on every hand. Hedges were badly maintained and knocked down here and there. What had once been beautiful grass avenues were overgrown with weeds, and gardens, formerly rich as rainbows of roses, were now neglected deserts. Passing Judge Hammond's house, I saw the chimney broken, its bricks lying where they struck the floor, and the old roof almost falling in. The windows were closed, but the door was open, and as the carriage passed, I saw an old man sitting inside. He wasn't close enough to the door for me to see his face, but I recognized his long, white hair. I had no doubt it was Judge Hammond.

I arrived at the old Black Lion, and time here had also had a big impact. By the porch of the house were two or three old whisky casks. On one sat a grimy, filthy old man. He had his back against the wall, and his eyes followed my every step as I approached the house.

"Ah. There you are," he said, as I came closer to him. He spoke sloppily and stood up stiffly, but I just recognized him as Simon Slade. Looking more closely, I saw that the eye that I thought to be closed was ruptured. How quickly my imagination jumped back to recall the scenes I saw that night in the bar, when he had received that injury. How the barbarian mob, which he had fuelled with liquor, had fallen on Harvey Green and nearly killed him, along with Slade, when I told them where he was hiding.

"It's good to see you, boy! It's good to see you." Simon Slade said. "Yes. I'm still not right, as you see. But how are you, how are you?"

He shook my hand with a sort of halting drunken tenderness. I felt uncomfortable in his presence. How pitiable the man was. He was sliding down into that pit he had dug for others. He no longer had the strength to resist his fate. I tried to talk to him for a few minutes, but his mind was clouded and his answers wild and disconnected. I left him and went into the bar.

"Can I stay here for two days?" I asked the sluggish and inattentive creature that sat in the chair behind the desk.

"Yes, I think so", he said, remaining seated.

"I want a room please," I repeated, walking towards him.

The man got up slowly and placed his hand in the drawer of an old desk. Eventually, he pulled out a smelly looking guest book, and threw it on the counter. "Write your name in there," he said, without offering me a pen.

After searching in vain round the room, for pen and ink, I took my own pencil out of my pocket, and wrote my name on the greasy old page of the book. As I finished, Frank came in with a cigar in his mouth, and a thick cloud of smoke encircling his head. He'd grown into a big strong man since I saw him last. But I could detect little humanity in his face.

"How are you?" he said and offered me his hand.

"Peter," he said, "tell Jane to put room No. 11 in order for the gentleman without delay and take care to tell her to change the sheets."

"Things look a bit chaotic here," I said.

"Yes," he said, "But it always was a rather disorganized place."

"How's your mother?" I asked.

"No better", he replied, and a troubled look flitted over his face.

"Your mother is sick, is she?"

"Yes, and has been for quite some time," Frank said.

"Is she at home?" I asked

"No, sir." He was reluctant to say any more on the matter, so I didn't question him further. He took his chance to leave me.

The Black Lion bar-room had the same old furniture as before, but it was now far more shabby. Everything seemed out of place, and a general air of disturbing disorder overwhelmed the room. The floor was dirty and smelt unpleasant. I decided to go into the sitting-room, but the smell there wasn't much better. I could write my name in the filth encrusting the tables. In search of purer air, I headed out to the porch. Slade was still there, sitting with his back against the wall.

"It's a nice day," I said.

"Wonderful," he said, with an air of resignation.

"You don't seem to be doing as well as you were a while back." I said.

"No - you see - there is - it's those old tee-totals that are decimating everything." He mumbled.

"Is that so?" I said.

"Well, yes, you can see. Cedarville isn't the same as when you first came to the Black Lion. It's not been for a long time. There is… there is… what's it called? The curse of the old tee-totals is here. They have messed about with — everything."

"I guess…" he began and then stopped. He was muddling up his words in such a way as I couldn't make much sense of what he was saying so I set off into the town to attend to my business. I felt a heartfelt compassion for the pitiful object he had become.

During the afternoon I discovered that Mrs. Slade had been committed to the asylum. The terrible events of the day on which young Hammond was killed had devastated her. She'd never been happy since her husband had decided to leave the peaceful occupation of miller to keep a public house. When the news reached her ears that Willy and his mother were both dead, she gave a shriek, and fell into a faint. But her friends had long before noticed that she seemed to be losing her senses. Frank had been her ultimate favourite. He'd been an affectionate boy, and very loving before they moved to the pub. But I wasn't surprised to learn that he'd became estranged from her. Such a place as the Black Lion was enough to corrupt an angel. Soon her worst fears for her son were realized. The nature of the human heart is to indulge all evil, and Frank was encouraged in this by the wicked, and corrupt individuals he met every day in that bar-room. If his father had deliberately set out to create a plan to destroy him, he couldn't have done much better.

I heard that Flora had tried to appeal to Frank during their mother's troubled decline. Flora was fond of young Willy Hammond and his appalling end almost robbed her of her reason too. She never viewed her home in the same way after that dreadful incident. She and her mother no longer had any influence over her brother. Despite his mother's tears and the gentle tenderness of his sister, Frank went down and down, as he pursued his dreadful career. Her father's behaviour also caused Flora great distress. He'd been cheerful and tender, and as kind to his daughter as any father in the whole county. Now all he did was sit mumbling nonsense in the porch of the pub.

That evening I was once again back in the bar of the Black Lion. Old Slade was a bit more alert by now, having poured some strong beer down his throat after dinner.

There were two or three rough spoken persons drinking, but Frank was using the most deplorable language of any of them.

My attention was drawn to a young man called Ned, who, by the looks of him I thought was the son of the Mr. Hargrove that I had previously met in the bar of the Black Lion. After some lowly and scandalous talk about this, that and the other, Simon Slade spoke about the way that old Hargrove came to fetch Ned every night, as if he weren't able to take care of himself.

"If Ned were in the twentieth layer of hell, his father would be sure to find him," said Slade. "I hate seeing his stupid old face and hearing his delusional fantasies as he comes to fetch him."

"Send him home with a flea in his ear, Ned," said one fellow.

"That's just what I'll do next time," said Ned.

"Oh, yes, but that's what you've promised to do many times before."

"Well now's your chance. So, jump to it Ned," the fellows said, as the respectable old man, whom I had formerly met by the name of Mr. Hargrove came into the bar.

"Edward! Edward! come home my son." He said.

"Don't go," his bar companions said with one voice. But Ned didn't look as if he wanted to defy Mr. Hargrove to his face. I watched Ned, who sat completely still. He was clearly upset.

"Edward." said the gentle father once again. He spoke with an irresistible strength but was not over authoritative.

As Ned started to get up Frank Slade shouted at the old man. "Leave him alone! You're a sick old fool."

Mr. Hargrove stared boldly back at Frank but said nothing.

"Now look here," said Simon Slade, sounding indignant, "I'm tired of this every night. Why don't you keep Ned at home? Nobody wants you, or him, here."

"Don't sell liquor to him then," said Mr. Hargrove.

"Selling liquor is my job," said Slade, indignantly.

"It's a pity that you don't have a more honourable vocation," said Hargrove, in a sad tone.

"If you insult my father," said Frank, balling his fists and waving them towards the old man's head, "I'll – I'll..."

"It would have been better not to have torn down the dreadful old cottages that used to be here than build this place," said Mr. Hargrove. Frank rushed forward as if to grab him by the throat, but a well-built strong man stood in his way. I recognized him as being called Mr. Lyon.

"Wait, young man, it won't go well with you if you touch so much a hair on his head." Lyon said.

"Thank you for standing up for an old man," said Mr. Hargrove quietly. "But knowing that a place like this is bad for you, why do you still come here?"

"Yes, this is a bad place," Lyon said, "But custom and habit Mr. Hargrove, is the curse that brings me here. Let's get an Anti-Drink Law passed and then we'll have a chance to change things."

"Then why don't you vote with the tee-totallers to pass such a law?" said Hargrove.

"Why? I would vote for such a law, if you should ask me."

"I thought you'd vote against us," said Hargrove.

"I'd not vote against you. I'm not as blind to my own wellbeing as that. And if you knew the truth, I think that there isn't a man in this room tonight, except for Slade and his son, who wouldn't vote on the same side as you, sir."

"It's very peculiar then," said Mr. Hargrove, "with all these men on our side, our candidate lost the vote in the last election."

"You must blame the moderates for that, sir. They can see no danger, and always vote with their old party."

"Come outside, Mr. Lyon, I wish to speak to you," Hargrove said. Mr. Lyon got up and left with Mr. Hargrove and his son. As they were leaving the room Frank stood up.

"You're cursed hypocrite," he called after Lyon, but his father (acting a bit smarter this time), tried to silence him. A head-on quarrel quickly developed between the two.

I couldn't bear to stay any longer to listen to the swearing and cursing as they argued. It was the most tragic demonstration of the degradation of human nature that I had ever seen. I left the bar and went to my room, glad that I could escape the polluted atmosphere, and the horror of those appalling scenes.

Episode XVI The Ninth Evening – Dec 1, 1859

Neither Slade nor his son were to be seen at the breakfast table the following morning. But there were a few morning imbibers in the bar first thing. They looked like men of rotten constitution and murky faces, who couldn't face a day's work without downing hot toddy. They came in slowly, asked for what they wanted in quietly subdued voices, drank their liquor and left.

It was about nine o'clock when the publican made his appearance. He didn't take breakfast but went straight to the bar. He rushed to the brandy jar, poured himself half a pint of the fiery fluid, and drank it down in one. I noticed how his hand trembled, and how eager his gaze was as he lifted the glass to his mouth. There was such a harsh difference between the miller of ten years ago, and the innkeeper of today. Who would have thought him the same person?

As Slade was turning from the bar, a man entered. I saw Slade's expression take on a look of concern. The man took a letter from his bag and handed it to him. Slade's face turned pale as he opened it and read the contents. The man watched quietly. Slade was upset and looked at the man, seemingly lost for words. He tried to speak but couldn't. It was as if he swallowed every word that came to his mouth.

I later found out that the man was a Bailiff of the Court. He gave Slade one final, sober and official look, nodded formally to him and left. Slade went back to the bar.

"Trouble, trouble," said the innkeeper. His voice was low, yet loud enough for me to hear. It was almost as if he wanted me to ask him about his problem. However, I thought that wouldn't be the right thing to do.

"The bailiff has finally got his own back," I heard Wil, the servant who was tending the bar, say.

"What's the matter, Wil?" asked another man who was leaning on the bar. "Who's Jenkins the bailiff, after now?"

"He's after the old man," Wil said, in a voice that seemed to take pleasure in imparting the news.

"Surely not?"

"Yes, it's the absolute truth," said Wil, with a half-smile.

"What's to pay?" said the man.

"I don't know, and I don't care. He's lost his lawsuit against Judge Lyman."

"Has he?"

"Yes. And I heard the Judge swear that if ever anyone ever fell into his clutches, he'd sue them for everything they owned. And the Judge is a man of his word on these matters."

While the man was sipping his whisky, Wil used all his energy to elaborate on the extent of the trouble that was about to fall on the head of the "old man," as he called Slade. The customer was hanging on to every word of this elaborate saga of woe.

It seemed that this drinker had been cheated by Lyman over a long period of time. When he had objected to the fraud, Lyman had used old Slade to enforce his will. But the tide had run against Slade when he had to borrow a large amount from the Judge. And now the Judge had turned on his former collaborator.

Later that morning I went for a walk around Cedarville and reflected on how the town had changed. I couldn't help noticing the silence, stagnation, and general decay that had taken over the place.

I came to Mr. Harrison's house. He was the man who, about two years earlier, had understood the danger posed by the free sale of intoxicating liquor. I was in no doubt that he had suffered from its influence. As I was looking at the house, I saw a tall lady come out. She had a sad, intense look on her face. I recognized Mrs. Harrison.

Ah I said to myself, how many dear hopes that once filled her heart, are now scattered to the wind? I had heard that both her sons had fallen prey to their drunken lusts. Such an unhappy mother, I thought.

I continued my stroll through the village, seeing signs of disrepair in many other houses. In every case, it seemed their owners had neglected them to fall into decay. When I inquired who owned them, I found these disregarded houses were all occupied by regular customers at the Black Lion.

Ten years ago, Judge Hammond had been the richest man in the village. Now looking at the bare walls of his dwelling, I could see that the old home of Hammond and his fathers had completely fallen into disrepair. No life was visible. The door was closed, the windows barred, and no smoke rising from the chimney. In my imagination I restored the life, beauty and happiness, which had characterized that home a few years ago. The mother with her hopeful boy looking confidently into the future, the father proud of his family treasures, but not prudent. How he must regret that he opened his door to welcome predatory wolves into his world. But he had, and it had brought about this dreadful change. Now I saw a selfish and compulsive old judge in a decaying house, haunted by the shades of his murdered son and his wife fallen from madness into the grave.

And all, I said to myself, because one man was too lazy to pursue an honest occupation and was allowed to sell intoxicating spirits.

In the evening I returned to the Black Lion. Slade and his son were at the bar. They were both half-drunk, and there were five or six other rowdy customers in the same state. The circumstances of Slade's situation were being

EPISODE SIXTEEN

widely discussed, with general opinion agreeing that a large part of the blame should be laid at Frank's door.

It was nine o'clock, and some of the company were leaving, when I saw Frank Slade getting up for the third or fourth time to go behind the bar for more brandy. As he reached for the bottle his father went to him and grabbed his arm.

"Let go of me," said the young man furiously.

"No, you leave that bottle alone, you're drunk already."

"Don't mess with me old man. I'm not in the mood to take advice from you."

"You're a blind drunk and acting like a fool," said the old man, trying to pull the bottle out of Frank's grip. "Drop it!"

The boy was now so angry that he struck the old man with his fist about the head, with great force. His father fell to the floor. Slade was so angry that he got up and rushed madly at his son and tried to choke him.

"Stay away," Frank said, "stay away." And he grabbed the brandy bottle again. But his father, too far gone in drunken madness to be afraid, punched his son in the face.

The young man, exasperated by excess drink and evil feelings, threw the bottle directly at his father's head. And he hit his target. Down went the old man with blood pouring down his face and broken pieces of bottle deep in his skull.

I rushed over to him and tried to lift him up. He was making the most terrifying cries which struck fear into the heart of everyone watching. A ghastly look fell across his face, and I heard death's rattle in his throat. Within three minutes of the blow being struck his spirit had been called to account for the actions of his earthly body.

A cry went up. "Frank Slade, you've murdered your father."

Still being lost in a drunken rage, the young man took a while to understand the import of those words. When he eventually realized just what he had done, he uttered a terrible cry which echoed through the house. Within the hour Frank was a lonely prisoner in the local jail.

Do you, my reader need any more explanation of these terrible circumstances? I don't think so, and so I won't offer any.

Episode XVII The Tenth Evening – Dec 15, 1859

The following day a large poster, from the village barristers, was pinned to the door of the Black Lion. It announced that a public meeting was to take place that evening, in the pub, and Mr. Hargrove was to preside over it. I attended that meeting.

Mr. Hargrove opened the proceedings by inviting greetings from the participants to offer sentimental memories of the town from ten years ago. He then reviewed the changes that had taken place in the circumstances of the inhabitants and the attitude of the village over the time since.

"Ten years ago," he said, referring to an old grayling by his name, "you had two sons, affectionate, hopeful, and courageous boys. Where are they now? No answer needed. Their history and yours are too well known. Ten years ago, I had a family with a dear and kind son. Heaven knows how I tried to keep him and protect him. But he fell. The atmosphere of the village has been darkened by insensible arrows and dark skies, and who is safe? What's to be done? Is there no remedy?"

"Yes, yes. It can change," a large crowd of voices echoed throughout the room.

"Well, if it can, our task tonight is to make proper use of change, for our safety." said Mr. Hargrove. He then invited suggestions.

"There's only one medicine," said Joe Morgan. "The cursed trade must cease among us. Destroy the well; and the stream will perish. If you desire to save the young, the weak, and the innocent, you must protect them from temptation. Grandchildren, brothers, and fathers! For one who was near to being lost, and as one who trembles at the thought of the danger that is daily spread in his path, I beseech you to stop the fiery overflow that defiles everything that is good and beautiful among you. Whose rights or freedoms would be restricted if these measures were adopted? And indeed, who has the right to sow the seeds of disease and mortality in our town? Fathers all, for the sake of your loved ones put an end to this never-ending trade that instigates such horrific consequences. Look at Simon Slade, the happy and kind miller, and compare him to Simon Slade the innkeeper. Was he improved by the freedom to harm his neighbours? No, no! In the name of heaven, remove this evil trade."

Mr. Morgan then put forward a series of ways to bring about to that effect and suggested the means by which the village's views were to be expressed to the authorities, that the will of the people was to abolish the intoxicating trade. The meeting decided that the Black Lion would be closed from the next day, and the sale of all alcoholic drink to be forbidden from those premises. They vowed to sell the premises and to raise funds to compensate Slade's debtors.

As I expected there might be some issues raised about the propriety of taking such an important and impulsive step but after some thoughtful refinements, the people's sensibilities and morality proved overwhelming.

I was due to leave Cedarville the following morning, and when I took my seat on the top of the coach, I watched as the sign of the Black Lion, that for years had been drawing men to the centre of its devastating web of misery, fell to the ground, brought down by the powerful blows of the hammer of the old village carpenter. And with that last joyful sight my carriage drove away.

DENG NOSWAITH YN Y 'BLACK LION'

[1859]

[Cwyna llawer nad ydyw y wasg yn gwneyd ei rhan yn ddyladwy gyda'r achos Dirwestol yn y dyddiau hyn, –nad ydyw yn dywedyd dim braidd drosto, er fod meddwdod yn dyfod yn fwy cyffredinol, a'i effeithiau gwenwynig yn llesteirio cyn cynnydd mewn masnach, gwladyddiaeth, addysg, a chrefydd. Y mae rhai cymdeithasau galluog a llafurus dros ben yn Lloegr ac Ysgotland yn ymosod o ddifrif yn erbyn y fasnach feddwol — o'r cyfryw y mae y naill a'r llall o'r cymdeithasau hyn wedi cyhoeddi lluaws o bamphletau a thraethodau gwasanaethgar i'r achos, a dywedir eu bod yn dra llwyddiannus i wneyd daioni aruthrol yn mysg y werin. Bwriadwn wneyd defnydd o un o'r traethodau a gyhoeddwyd yn ddiweddar gan y "S. T. League," yr hwn sydd ar ffurf chwedl, trwy ei gyhoeddi yn y"London Temperance League" a'r "Scottish Temperance League" ac ei nodi yn dra blaenllaw yn benodau bychain, fel y caniata ein gofod, gan obeithio y bydd iddynt wneyd lles hefyd yng Nghymru.]

Pennod I – Y Noswaith Gyntaf. -Mawrth 12

Oddeutu deng mlynedd yn ol, yr oedd fy masnach yn galw am i mi fyned i Cedarville. Yr oedd yn hwyr brydnawn pan gyrhaeddodd y cerbyd y *Black Lion*," tafarn newydd ei hagor, mewn tŷ newydd a adeiladwyd i'r pwrpas i dderbyn a diwallu dyn ac anifail. Wedi disgyn ac ymysgwyd o'r llwch oedd hyd fy nillad, ac yn teimlo fy hun yn lled luddedig ar ôl fy nhaith, yr oedd gwyneb llawen croesawgar Simon Slade, y tafarnwr, yn olygfa ddymunol i mi - yr oedd yn gymwynasau i gyd, a gwasgai fy llaw fel hen gyfaill cywirgalon.

Wedi fy arwain i ystafell lân, brydferth, wedi ei dodrefnu yn y modd gore, yr oeddwn yn teimlo yn falch fy mod wedi taro ar le mor hapus i orphwyso a bwrw fy lludded, "Wel yn siwr y mae hon wedi ei gosod allan yn dda," meddwn gan edrych o amgylch yr ysblenydd - y nenfwd cyn wyned a'r eira, a'r llawrleni yn ysblenydd. "Welais i ddim lle i fyny a hwn eto. Er's pa bryd yr ydych wedi agor?"

"Does ond ychydig fisoedd," atebai'r tafarnwr. "Ond nid ydym eto wedi cael pobpeth i drefn dda. Y mae yn gofyn amser, fel y gwyddoch, i gael pobpeth i'w flurf briodol. A ydych chwi wedi ciniawa, Syr?"

"Naddo. Yr oedd pobpeth yn edrych mor fudr yn y dafarn yr oedd y cerbyd yn stopio bryd ciniaw, fel nad oedd genyf fi chwaeth i fwyta yno. Pa bryd y bydd eich swper yn barod?"

"Yn mhen awr," oedd yr ateb.

"Gwnaiff hyny'r tro. Paratowch i mi ychydig o beef steaks, ac anghofiaf fy ngholled o giniaw yn fuan."

"Chwi a'i cewch, wedi ei goginio yn fit i frenin hefyd," ebai'r tafarnwr. "Yr wyf yn galw fy ngwraig y gogyddes oreu yn Cedarville."

Tra yr oedd yn siarad daeth geneth hardd, deg oddeutu un-ar-bymtheg oed i mewn. Wedi cael ei neges aeth ymaith yn ddiaros.

"Fy merch yw hi, syr," meddai'r tafarnwr, mor fuan ag y gwelodd ei chefn yn myned trwy'r drws. Yr oedd rhywbeth yn llais ac edrychiad y tad pan ddywedodd "fy merch," yn peri i mi gredu fod ganddo feddwl mawr o honi, a'i bod yn agos iawn at ei galon.

"Yr ydych yn ddyn hapus fod genych y fath angyles yn blentyn i chwi," meddwn inau.

"Ydwyf, yr ydwyf yn ddyn hapus," atebai'r tafarnwr, gan wenu'n siriol. Ychydig o ôl gofalon a gofidiau'r byd oedd arno, yr oedd ei wyneb yn deg ac yn llawn. Ychwanegai "Yr wyf fi yn wastad yn hapus. Byddaf fi yn cymeryd y byd fel y daw, ac yn ei gymeryd yn esmwyth. "Fy mab, syr," meddai am fachgenyn deuddeg oed a ddaeth i'r ystafell. "Siaradwch a'r gwr boneddig."

Cododd y bachgen bâr o lygaid gleision mawrion, tuagataf, yn y rhai yr oedd diniweidrwydd yn nofio, ac estynai i mi ei law, a gofynai yn foesgar "Sut yr ydych chwi, syr?" Yr oedd golwg cyflym a chwareugar y bachgen yn tynu fy sylw yn fawr.

"Beth yw eich enw," gofynais.

"Frank, syr."

"Frank ydyw ei enw," meddai ei dad, "galwasom ef felly yn ôl enw ei ewythr. Frank a Flora—ie, dyna enwau ein plant ni, syr.

"Frank, mae yna rhywun wrth y bar. Gallwch chwi dendio arno cystal a minau."

Cyflymodd y bachgen o'r ystafell mewn ufudddod parod.

"Bachgen sharp yw ê 'nyna syr, sharp iawn. Y mae cystal yn y bar ag un dyn. Cymysgu toddy neu punch cystal a minau."

"Ond onid oes lle i chwi ofni wrth roi un mor ieuanc yn y fath le temtiedig."

"Lle temtiedig!" Disgynodd aeliau Simon Slade wrth fy nghlywed.

"Nac ydwyf fi ddim yn ofni y fath beth," meddai, gyda phwyslais neillduol. "Yr wyf yn cyfrif fy arian mor ddiogel dan ei ofal ef a nebun. Y mae y bachgen yn dyfod o rieni gonest. Ddarfu Simon Slade dwyllo neb o ffyrling erioed."

"O! meddwn inau yn brysur," ydych wedi fy ngham ddeall i yn hollol. "Nid oeddwn yn cyfeirio at yr arian, ond at y ddiod."

Adfeddianodd wyneb y tafarnwr ei wenau llongar eilwaith.

"'Does dim i'w ofni oddiwrth hyny, gallaf eich sicrhau. Does gan Frank ddim chwaeth at wirod; ni welodd neb mohono yn eu harchwaethu er pan ydym yma. 'Does dim i'w ofni oddiwrth hyny, syr, dim."

Yr oeddwn yn gweled na buasai sylwadau pellach yn y ffordd hon yn boddio dim ar y tafarnwr, felly tewais. Daeth galwad ar Simon Slade i fyned at ryw deithiwr oedd yn dyfod i mewn. Yr oedd fy ystafell yn ymyl y 'bar', ac yr oeddwn yn gallu gweled trwy y ddor agored y dyn ag yr oedd y bachgen yn ei dendio. Bachgen ieuanc trwsiadus ydoedd - oddeutu un-ar-bymtheg oed - o edrychiad talentog a hawddgar. Codai ei wydriad at ei enau yn awchus, ac yfai ef ar un dracht gydag aidd a chyflymder.

"Just y peth," meddai, gan daflu chwechcheiniog i'r gwirod -werthydd ieuanc. "Yr ydych yn un campus am brandy-toddy. Yfais i mo ei well yn fy mywyd."

Dangosai wyneb siriol Frank fod y ganmoliaeth yn felus ganddo. Ond yr oedd yr olygfa i mi yn un dra phoenus - oblegid gwelwn fod y bachgen ieuanc mewn lle peryglus.

"Pwy yw y gwr ieuanc yna sydd yn y bar?" gofynais i'r tafarnwr mor fuan ag y dychweloedd.

"O! mab ydyw i'r Barnwr Hammond, yr hwn sydd yn byw yn y palasdy oeddych yn basio ar eich dyfodiad i mewn i'r dref. Willy Hammond, fel yr ydym oll yn arfer ei alw, ydyw y gwr ieuanc hawddgaraf yn y wlad, oes dim yn uchel a balch o'i ddeutu — er fod ei dad yn farnwr, ac yn meddu cyfoeth mawr. Y mae pawb — tlawd a chyfoethog - yn hoffi Willy Hammond.

"Mr. Slade," bloeddiai rhywun o ffrynt y tŷ; felly gadawodd y tafarnwr fi i fyned i wylio rhyw newydd - ddyfodiad. Aethym inau i'r *bar-room* er mwyn cael golwg fanylach ar Willy Hammond, yn yr hwn yr oeddwn eisoes yn teimlo cryn ddiddordeb. Aeth yn ymgom ddyrus rhwng Hammond a rhyw ffarmwr. Cyn hir deallais yn well paham y canmolai y tafarnwr gymaint ar Hammond ieuanc.

"Gymerwch chwi wydriaid o brandy-toddy Mr. H-------" gofynai Willy. "Wel, gadewch i mi ei gael," atebai y ffarmwr.

"Yn awr, Frank, 'machgen i, gadewch i ni gael eich gore i gyd."

"Dau wydriad o brandy-toddy ddywedasoch chwi, syr," gofynai Frank yn bur hen ffasiwn.

"Iê siwr, dyna'r hyn elwais amdano, bydded iddynt fod yn rhagori ar nectar ddydd Iau."

Wedi ei foddio gan ffraethineb a rhyddfrydedd Hammond, prysurai Frank i gymysgu y toddy.

Dyna'r glasieidiau ar y cownter. "Yn awr," meddai Willy, "os na chyfrifwch chwi hwn yn gampus, rhaid i mi ddyweyd nad ydych chwi yn farnydd" - ac estynai un ohonynt i'r ffarmwr. Canmolai'r ffarmwr y toddy yn fawr. Yfodd Willy, fel y nodais o'r blaen, yn awchus iawn, fel un mewn syched mawr.

Gwaghaodd y *bar-room* yn fuan wedi hyn, aethym inau gyda'r tafarnwr oddeutu'r buarthau a'r 'stablau, gan wrando arno yn canmol pobpeth.

"Pa beth bynag fyddaf fi yn ei wneyd, byddaf yn hoffi ei wneyd yn iawn," meddai.

"Ddygwyd mo honof fi i fyny yn dafarnwr, deallwch; ond yr wyf yn un all droi ei law at beth fynoch chwi braidd."

"Beth oedd eich busnes?" gofynais.

"Melinydd oeddwn, syr," atebai, "a gwell melinydd na mi, er mai fi sydd yn dyweyd, nis gallasech ei gael yn swydd Bolton. Dilynais yr alwedigaeth o felinvdd trwy yr ugain mlynedd diweddaf, a chesglais dipyn o arian. Ond blinais ar weithio yn galed, a meddyliais am gael byd mwy esmwyth; ac felly gwerthais y felin, ac adeiledais tŷ hwn gyda'r arian. Yr oeddwn yn wastad yn meddwl y buaswn yn hoffi tafarn. Bywyd esmwyth ydyw; ac os gofelir am y busnes, yr ydych yn siwr o wneyd arian gydag ef."

"Yr oeddech hyd y diwedd yn para i wneyd yn dda gyda'r felin?"

"'O! oeddwn, pa beth bynag a wnaf yr wyf yn ei wneyd yn iawn, atebai."

"Y flwyddyn ddiweddaf, rhoddais heibio, wedi talu pob costau, 500p. Nid drwg iawn oedd hyny oddiwrth felin mewn gwlad fel hon."

"Os daw y melinydd presennol drwodd yn ddi-ddyled, fe ddaw yn dda."

"Pa fodd hyny?"

"O! 'dyw ê ddim yn felinydd. Rhoddwch iddo y gwenith gore sy'n tyfu, y mae yn ei ddyfetha yn llwyr?"

"Dylasai elw o 500p. mewn masnach mor ddefnyddiol eich boddloni," meddwn inau.

"Dyna lle'r ydych chwi a minau yn gwahaniaethu," atebai'r tafarnwr.

"Y mae dyn yn dymuno gwneyd cymaint fyth ag a fedr o arian, a hyny ar cyn lleied fyth fydd bosibl o lafar. Yr wyf yn dysgwyl gwneyd 1,000p. yn flynyddol, ar ôl talu pob costau, gyda'r dafarn. Y mae yn naturiol i ddyn gyda gwraig a phlant wneyd ei oreu ar eu rhan."

"Gwir iawn; ond a fydd hyny cystal i chwi a phe buasech yn aros yn y felin ? "

"Mil o bunnau yn erbyn pum cant! Lle mae eich ffigyrau chwi, ddyn ?"

"Wel,ïe, ond y mae rhywbeth heblaw arian i'w gymeryd i ystyriaeth," meddwn inau.

"Beth?" gofynai Slade.

"Ystyriwch y gwahaniaeth parch a dylanwad sydd i'r ddwy alwedigaeth mewn cymdeithas."

"Wel, ewch ymlaen."

"A fydd eich plant mor ddiogel rhag temtasiynau yma, ag y buasent yn eu hen gartref?"

"Yr un fath yn union," oedd yr ateb, "paham lai?"

Yr oeddwn yn meddwl cyfeirio at ymddygiadau Frank yn y bar, ond wrth gofio fy mod braidd wedi digio Slade gyda hyny o'r blaen, a'i weled yn lled gynhyrfus yn awr meddyliais na byddai hyny yn ateb un dyben.

"Y mae tafarnwr," meddai Slade, "mor anrhydeddus bob tipyn a melinydd; yn wir, byddai yn arfer fy ngalw yn'Simon o'r Siaced Wen,' ond yn awr. Mr Slade,' ac yn ymddwyn tuagataf yn fwy anrhydeddus nag erioed."

"I'r cyfnewidiadau yn eich bywyd y mae i chwi gyfrif hyny," meddwn i. "Y mae dynion yn bur chwanog i dalu gwarogaeth i'r arianog. Wedi i chwithau adeiladu y tŷ yma, a'i osod i fyny mor wych, y daeth y bobl, o bosibl, i ddeall eich bod mor gyfoethog."

"Nid dyna'r cwbl," meddai'r tafarnwr. "Yr achos yw, fy mod yn cadw tŷ da, ac y bydd hyny yn sicr o fod yn fanteisiol i lwyddiant Cedarville."

"Mantais i lwyddiant Cedarville! yn mha fodd?" Nid oeddwn yn deall pa beth a feddyliai.

"Y mae tafarn dda yn wastad yn tynu llawer o bobl lle y bydd; pryd y mae tafarndau isel, budron, a didrefn, fel y rhai oedd genym ni yma gynt, yn eu cadw draw. Gallwch yn gyffredin ddywedyd cyflwr tref wrth yr olwg fydd ar ei thafarnau. Os byddant yn cael eu cadw yn dda, ac yn gwneyd llawer o fusnes, gellwch benderfynu fod y dref yn llwyddo. Er pan adeiledais y *Black Lion* y mae eiddo yn Cedarville wedi codi eu gwerth ugain punt y cant. Adeiladwyd yma bump o dai newyddion ar ôl hyny."

"Rhaid i chwi briodoli hyny i rywbeth heblaw i agoriad tafarn newydd."

"Nid wyf fi yn gwybod am un achos arall. Dywedai y Barnwr Hammond wrthyf y dydd o'r blaen fod Cedarville o dan ddyled mawr i mi am fy ngwaith yn agor y tŷ hwn."

Ataliwyd ein hymddyddan ar hyn trwy i ni gael ein galw i swper. Pan yn myned i mewn i'r ystafell gwelais Mrs. Slade am y waith gyntaf. Dynes hardd, olygus. Eisteddai sirioldeb a thalwelwch ar ei gwedd; yr oedd arwyddion o synwyr da a thymerau rhadlon yn prydferthu ei hedrychiad yn fawr.

Pennod II – Y Noswaith Gyntaf - Mawrth 26

Ni bum yn hir yn fy ystafell gyda'r newyddiaduron cyn clywed swn a therfysg mawr yn y *bar-room*, ac aethum yno i weled beth oedd yn myned yn mlaen. Y person cyntaf a welais yno ydoedd Willy Hammond; siaradai gyda dyn arall, yr hwn oedd yn henach o flynyddoedd nag efe. Yr oedd gwahaniaeth mawr yn edrychiad y naill a'r llall — nid ymddangosai i mi fod yno un gronyn o gydweddiad rhyngddynt. Tra yr oedd haelrydedd, rhadlonrwydd, a sirioldeb ar wedd Hammond, gorseddai llechwriaeth a hunanoldeb ar wyneb yr hwn a siaradai ag ef. Nis gallai dau mor wahanol byth wneyd cyfeillion â'u gilydd yn unman ond mewn tafarn. Deallais mai enw y dyn hwn ydoedd Harvey Green, a'i fod yn arfer ymweled yn achlysurol â Cedarville.

Yn atebiad i gwestiynau a ofynais i Simon Slade ynghylch y dyn hwn, dywedodd, "Y mae un peth ynddo sydd yn bur ddymunol gennyf fi — y mae ganddo ddigon o arian, ac y mae yn bur ffri i'w gwario. Arfera ddyfod yma, unwaith neu ddwy yn y flwyddyn, er's blynyddoedd: ond ni byddai yn aros fawr yma, oblegid fod y dafarn lle yr arferai aros mor aflêr ac anghyfforddus. Ond yn awr y mae wedi cymeryd un o'n hystafelloedd gore, am yr hon y mae wedi setlo i dalu swm mawr yn flyneddol. Nid ydyw yn gwario dim llai na 100p. yn ein pentref bob tro y mae yn dyfod yma. Dyna i chwi un esiampl i ddangos gwerth tafarn dda."

"Beth ydyw ei fusnes?" gofynais. " A oes ganddo ran mewn ryw weithiau y ffordd hon?"

Cododd y tafarnwr ei ysgwyddau ac ysgydwodd ei ben, ymddangosai mewn penbleth, nid oedd yn leicio'r cwestiwn; ond o'r diwedd dywedodd, —

"Ni byddaf yn arfer holi yn nghylch busnes neb. Fy musnes i ydyw rhoddi i bawb yr hyn a ofynant os talant amdanynt. Fel melinydd ni byddwn yn gofyn i'm cwsmer pa un ai tyfu, neu brynu, neu ladrata ei wenith a ddarfu — fy ngwaith i oedd ei falu. Felly gyda thafarn, fy nyledswydd i yw meindio fy musnes fy hunan."

Heblaw Hammond a Green yr oedd yno bedwar arall yn y *bar room*. Un ohonynt oedd y Barnwr Lyman — felly y gelwid ef — dyn rhwng deugain a hanner cant oed, yr hwn yn ddiweddar oedd wedi ei ddewis dros y Weiriniaeth yn aelod o'r Wladgynghorfa. Yr oedd yn bur siariadus, yr oedd yn medru cadw digon o ddyddordeb a bywyd yn y gymdeithas. Ym mysg ereill o destynau eu hymddanion yr ocdd agoriad y dafarn newydd.

"Yr hyn sydd yn rhyfedd genyf fi," meddai Barnwr Lyman, "yw, na buasai rhywun wedi gweled cyn hyn y priodoldeb o gael tafarn dda yn Cedarville, a digon o blyc i'w chodi. Yr wyf fi yn barod i roi y flaenoriaeth i'n cyfaill Slade arnom oll — y mae yn gweled yn mhellach na'r un o honom; meindiwch chwi yr hyn ydwyf yn ddyweyd yn awr, Slade fydd y cyfoethocaf yn Cedarville ddeng mlynedd i heddiw — ïe, nid yn Cedarville yn unig, ond yn yr holl Sir."

"*Nonsense*—ho! ho!" meddai Simon Slade, gan chwerthin yn harti "Y dyn cyfoethocaf! Yr ydych wedi anghofio Barnwr Hammond."

"Nac ydwyf ddim yn anghofio Barnwr Hammond, gyda phob parch i'n cyfaill serchog Willy," meddai Lyman, gan wenu ar y bachgen.

"Os aiff ef yn gyfoethocach rhaid y bydd rhywun yn dlotach," ebai rhyw lais newydd yn yr ymgom —nid oedd y dyn a ddywedodd hyn wedi siarad o'r blaen. Sylwais fod gwedd Slade wedi cyfnewid, yr oedd ei nwydau wedi eu cyffroi i raddau. Ond ni chymerodd neb sylw o'r hyn a ddywedodd y dyn, ond parodd hyn osteg am ychydig, ac ymddangosai y dyn fel yn mwynhau yr effaith a gafodd ei ddywediad. Yn mhen ychydig, aeth yr ymddyddan eilwaith ymlaen.

"Os na bydd ein cyfaill parchus Mr. Slade y dyn cyfoethocaf yn Cedarville yn mhen deng mlynedd," ebai Harvey Green, "geill ymfalchio y bydd wedi gwneyd ei dref yn gyfoethocach."

"Gwir ydych yn ddyweyd," ebai Lyman. "Y fath le marw a difywyd oedd Cedarville hyd o fewn yr wythnosau diweddaf. Yr oedd ein holl fasnach wedi sefyll, ond yn awr yr ydym yn myned rhagom i lwyddiant."

"Ac i'r fonwent hefyd," ebai yr un llais ag â'u rhwystrodd o'r blaen. "Dowch, Simon" meddai wedyn, gan godi a chroesi y llawr tuag ato,"rhowch i mi lasiad da o *whisky-punch* poeth; a dyna i chwi chwe cheiniog arall at wneyd eich *fortune*. Dyna y chwechyn diweddaf feddwn — nid oes genyf ddimai eto yn fy mhoced," ac yna trodd ei bocedau tu chwith allan."

"Yr wyf yn ei anfon i gadw cwmpeini i'r pedwar chwech arall a gawsoch genyf heddyw; byddai y pethau bychain yn anghyfforddus heb gwmpeini eu cyfaill hwn eto."

Yr oedd y *whisky* yn barod yn union; ac aeth y dyn gydag ef i gwr arall o'r ystafell. Aeth wedi hyn yn fwy rhydd a pharod i daflu gair i mewn i ymddyddan y cwmpeini; a byddai pob gair a ddywedai yn drysu ac yn tramgwyddo y boneddigion yn fawr. O'r diwedd collodd Slade ei amynedd gydag ef, a dywedodd yn lled ddigofus:

"Gwrando, Jo Morgan, os na fedri di bihafio, gwell i ti fyn'd i rywle arall, a pheidio ag *insultio* y boneddigion."

"Ha! mi gawsoch fy chwech cheiniog diweddaf onito?" meddai Morgan, gan droi ei bocedau tu chwith allan eto. "Does gynnoch chwi ddim eisio fy ngwel'd i yma eto heno. Dyna ffordd y byd. Mor fuan y daeth ein cyfaill y Siaced Wen yn 'sgolar yn ei ysgol newydd! Wel yr oedd yn felinydd da — 'does neb fedr wadu hyny; ac y mae yn ddigon eglur ei fod yn meddwl am fod yn dafarnwr da. Yr oeddwn yn meddwl y buasai ei galon yn rhy dyner i fod yn dafarnwr da - ond y fath gynnydd y mae wedi ei wneyd! Os na bydd ei galon yn saith galetach na'r un o'i hen feini malu cyn pen deng mlynedd, nid ydyw Jo Morgan yn broffwyd. O! ddylech chwi ddim gostwng eich aeliau fel yna, fy hen gyfaill Simon: yr yden ni yn hen ffrindiau, ac y mae yn iawn i hen ffrindiau gael siarad yn blaen."

"Dymunwn i chwi fyned adre. Dydych chwi ddim fel chwi eich hunan heno", meddai'r tafarnwr, mewn tôn dyner — oblegid gwelai nad enillai ddim wrth gweryla a Jo. "Gallai fod fy nghalon yn myned yn galetach," ychwanegai, mewn natur radlon, "ond hwyrach ei bod yn amser. Clywais chwi yn dyweyd lawer gwaith fy mod yn rhy galon feddal."

"'Does dim perygl oddiwrth hyny yn awr," meddai Morgan.

Ar hyn, dyma y drws oddiallan yn cael ei wrathio yn agored yn araf, a dyna wyneb bychan, gwelw yn edrych i mewn, a phâr o lygaid gleision treiddgar yn edrych o amgylch yr ystafell. Ataliwyd pob ymddyddan yn ebrwydd, ac edrychai pawb yn llawen gan edrych ar y plentyn, yr hwn erbyn hyn oedd wedi dyfod i mewn. Genethig ydoedd, o dan ddeg oed; Ond yr oedd yn ddigon i hollti calon undyn i edrych ar ei gwyneb gwelw, a'i hedrychiad tlawd.

"Nhad," ebai yr eneth. Ni chlywais erioed mor gair "tad" yn cael ei ddyweyd gyda chymaint o deimlad - yr oedd yn llawn o gariad gofidus. Rhedodd y lodes ar draws yr ystafell at Jo Morgan, gafaelodd yn ei fraich, a chododd ei llygaid i'w wyneb, y rhai a ymddangosent fel ar ollwng ffrwd o ddagrau dros ei gwyneb.

"Dowch bach, dowch adre," meddai. Yr wyf yn dychymygu fy mod yn clywed ei llais y funud hon. Druan bach! Y fath gysgodion tywyll sydd yn gorchuddio awyrgylch bore oes angyles fechan!

Cododd Morgan, ac aeth gyda'i blentyn ymaith. Bu gosteg am funud yn yr ystafell ar ôl iddynt fyned, ond yn fuan dywedodd Harvey Green, mewn llais oer a dideimlad.

"Po bawn i yn eich lle chwi, Mr. Slade, na giciwn i y gwr yna allan y tro cyntaf y cynnygia ddyfod yma eto. "Does ganddo ddim busnes yma, yn y lle cyntaf; ac, yn nesaf, nid yw yn gwybod pa fodd i ymddwyn mewn cwmpeini anrhydeddus."

"Dymunwn yn fawr pe cadwai i ffwrdd," meddai Slade, mewn llais gofidus.

"Mi wnawn i iddo sefyll i ffwrdd," atebai Green.

"Mae hynyna yn haws i'w ddyweyd na'i wneyd," sylwai Barnwr Lyman. "Y mae ein cyfaill yn cadw tŷ cyhoeddus; ac nis gellir dyweyd pwy gaiff ddyfod i mewn a phwy ni chaiff."

"Ond nid oes gan greadur fel yna fusnes yma. Nid yw ei sort yn dda i ddim. Pe bawn i yn dafarnwr, gwrthodwn i werthu iddo."

"Gallech wneyd hyny" ebai Lyman, "a phe b'ai ein cyfaill Mr. Slade yn gwneyd hyny, ni byddai yn golled yn y byd iddo."

"Fe fyn Morgan wirod tra y gall rywfodd gael arian i'w prynu," ebai rhywun o'r cwmpeini; "ac nis gallaf fi wel'd paham na chaiff Mr. Slade yr elw o werthu iddo cystal a rhywun arall. Y mae Jo yn o dafodrydd weithiau, ond nis gall neb ddywedyd ei fod yn un cwerylgar, yr ydych chwi yn ei gymeryd fel y gwelsoch ef heno; dyna'r cwbl."

"Yr wyf fi yn un," meddai Harvey Green, yn lled gynhyrfus, "na byddaf yn cymeryd i fyny â neb os na byddant yn gwybod sut i actio mewn cwmpeini. Pe bawn i yn lle Mr. Slade, fel y dywedais o'r blaen, mi giciwn i y gwr yna allan y tro cyntaf y daw i'r tŷ eto."

"Na wnaech os byddwn i yn agos," atebai y llall, yn bur ddidaro.

Neidlodd Green ar ei draed mewn munud; a fflachiai ai lygaid mileinig, ac aeth rhagddo gam neu ddau at y dyn, a gofynai yn wyllt.

"Beth oeddych yn ei ddyweyd, syr?"

Yr oedd y person yn erbyn yr hwn yr oedd ei lid wedi codi mor sydyn mewn gwisg blaen; edrychai yn debyg i weithiwr. Yr oedd o gyfansoddiad cryf, caled, ac esgyrniog.

"Yr wyf yn meddwl i chwi glywed fy ngeiriau. Siaredais yn eithaf eglur," atebodd y dyn, heb symud na chyflroi o'r lle yr eisteddai.

"Yr ydych yn greadur dwl ac ymyrgar; yr wyf wedi hanner fy nhemtio i'ch taro."

Ni chafodd Green ond prin orphen siarad cyn ei fod yn gorwedd ar ei lawn hyd ar y llawr! Neidiodd y dyn arno fel teigar, a chydag un dyrnod tarodd ef nes oedd yn rhuglio'r llawr. Bu Green ar y llawr am funud mewn syfrdra ond toc, gan roddi allan y waedd fwyaf bwystfilaidd a glywais erioed, tynodd gyllell allan o'i logell a chynnygiodd sticio ei wrthwynebydd; ond methodd yn ei gais llofruddiol, oblegid gwelodd y dyn ei fwrıad a neidiodd ato, tarawodd ef ar ei fraich nes ei diffrwytho, a neidiodd y gyllell o'i law i ben pella yr ystafell.

"Am 'chydig na thynwn i dy ben di oddiar dy gorff," meddai y dyn, enw yr hwn oedd Lyon. Yr oedd erbyn hyn wedi cynhyrfu yn fawr, a llindagodd Green nes oedd ei wyneb can ddued a glöyn. "tynu eich cyllell ataf fi, a? Y llofrudd milain!" a gwasgai ef yn dynach.

Daeth y Barnwr Lyman a Slade ymlaen yn awr i geisio eu rhwystro; cawşant y ddau oddiwrth eu gilydd. Aeth Lyman a Green a Willy Hammond o'r *bar-room*, ac aethant i un o'r ystafelloedd uchaf; felly cefais fy ngadael yn unig gyda Lyon yn y *bar-room*, ac aeth yn ymgom rhyngom; a chefais ganddo lawer o hanes Jo Morgan.

"Druan o Jo!" meddai. "Y mae yn hen gyfaill i Simon Slade; yr oeddynt yn brentisiaid gyda'u gilydd yn yr un felin, ac y maent wedi bod gyda'u gilydd trwy eu hoes. Tad Jo Morgan oedd bia'r felin; ac wedi iddo farw daeth y felin yn eiddo i Jo. Aeth Jo i gryn gostau i'w hadgyweirio, ac aeth i beth dyled wrth hyny. Yr oedd Morgan wedi cymeryd Slade ato i weithio. Yn fuan wedi hyny cafodd Slade arian ar ôl ewythr iddo; a thrwy ei fod mor gyfeillgar a Morgan, yr hwn oedd mor awyddus am gael clirio y ddyled oedd arno, fe werthodd Jo ran o'r felin i Slade. Modd bynag aeth Morgan yn ddisylw o'i fusnes — gadawai y cwbl yn llaw Simon Slade, yr hwn, rhaid iddo gael y gwir, oedd yn bur ofalus amdano — byddai efe yn wastad yn y felin, ond am Morgan, ni wyddid pa le i'w gael. Wrth i bethau fyned ymlaen fel hyn, aeth y felin i gyd oll yn eiddo i Slade cyn pen deng mlynedd. Ond er hyn i gyd y mae rhywbeth yn Jo sydd yn peri i bawb ei hoffi — y mae yn bur gymydogol a chymwynasgar."

"Oddeutu dwy flynedd cyn colli ei hawl yn y felin fe briododd Morgan un o'r genethod harddaf yn y wlad — Fanny Ellis oedd ei henw cyn priodi — gallasai yn hawdd gael ei dewis o ŵyr ieuainc gore yr ardaloedd. Synai llawer iddi gymeryd Morgan, eto ar ryw olwg nid oedd yn rhyfedd yn y byd, oblegid yr oedd o yn fachgen mor serchiadol — efe oedd y reit dyn i enill calon lodes fel Fanny."

"Wel, y mae dyddiau helbul a thlodi wedi ei dal erbyn heddyw druan. Ac eto fe ddywedir na ddywedodd hi erioed air croes wrth ei gwr — na ddangosodd hi ddim ond cariad ato, a'r gofal mwyaf amdano. Ac y mae Jo, er ei holl feddwdod, yn ei charu hithau; yr wyf yn sicr na ddywedodd o air croes wrthi yn ei feddwdod erioed. Pe buasai yn ymddwyn felly yr wyf yn sicr y buasai Fanny yn ei bedd cyn hyn. Druan o Jo! Ond 'rwyf yn teimlo dros Fanny! Y fath ddinystr ydyw y meddwi yma onide!"

Yr oedd y dyn wedi twymo drwyddo gan ei deimladau, a siaradai yn hyawdl dros ben.

Yn fuan ar ôl i'r Barnwr Lyman, Harvey Green, a Willy Hammond adael y *bar-room*, aeth Slade ar eu holau, ac ni welais ef mwy nes ydoedd yn hwyr y nos. Ei fachgen, Frank, oedd yn tendio'r bar.

Pan oedd Lyon yn myned dros hanes Jo Morgan wrthyf sylwais ar un peth a barodd ofid imi. Daeth un dyn at y bâr a galwodd am lasied o toddy — yfodd ychydig ohono, a gadawodd y rhelyw yn y *gias* ac aeth ymaith. Sylwais ar Frank yn codi hwnnw at ei enau ac yn ei yfed mewn brys, fel pe buasai arno ofn i neb ei weled.

Erbyn deg o'r gloch yr oeddwn wedi cael fy ngadael yn unig yn y bar, ac ymollyngais i adfeddwl am y pethau a welais yn ystod y noswaith. O bobpeth y meddyliwn amdano, yr hyn a effeithiai yn fwyaf arnaf oedd geneth Jo Morgan. O! yr wyf yn dychymygu y funud hon fod ei gwyneb gwelw o flaen fy llygaid, a thybiaf fy mod yn clywed ei gair — "Nhad"— yn swnio ar fy nghlustiau.

Willy Hammond hefyd! Yr oedd yr hyn a welais ac a glywais amdano yn peri i'm calon ddychrynu wrth feddwl am y peryglon yr oedd ynddynt. O! gymaint o hudoliaethau oedd yn ei gylchynu. Y mae o'i flaen gyfoeth, anrhydedd, a digonolrwydd llawnder bywyd uchel ac anrhydeddus; ond yn awr y mae gelyn yn ym osod arno, yr hwn, os na ffy efo oddiwrth y ddiod, a'i hamddifada o'r cwbl a fedd.

Tra'n meddwl am y pethau hyn, clywwn ddrws y *bar-room* yn cael ei agor, daeth ymlaen ddyn oedranus, ei wyneb ag ol llafur a gofal arno, a'i wallt yn wyn; yr oedd golwg hynod o barchus a boneddigaidd arno. Wedi edrych o amgylch yr ystafell a gweled nad oedd yno ond fy hunan, gofynodd —

"A ydyw Mr. Slade i mewn?"

Wedi i mi ei ateb yn nacaol, daeth Mrs. Slade i mewn trwy y drws arall, a safodd tu ôl i'r cownter.

"Mrs. Slade, noswaith dda i chwi, ma'm," meddai.

"Noswaith dda, Barnwr Hammond," atebwyd.

"A ydyw Mr. Slade i mewn?"

"Rwy'n meddwl ei fod," ebai Mrs. Slade.

"Rhaid ei fod yn rhywle yn agos."

"Gofynwch iddo ddyfod yma am funud,wnewch chwi?"

Aeth Mrs. Slade allan. Yn mhen oddeutu pum munud daeth Slade i mewn. Yr oedd ei wyneb wedi colli ei sirioldeb a'i foddhad arferol —ymddangosai mewn dryswch, methai edrych yn llygaid y Barnwr Hammond, yr hwn a ofynodd iddo, mewn llais isel a gofidus, a oedd ei fab wedi bod yno yn ystod y nos.

"Do fe fu yma," meddai Slade,

"Pa bryd?"

"Daeth yma ychydig wedi iddi dywyllu, ac arosodd yma oddeutu awr feallai"

"Fu o ddim yma ar ôl hyny?"

"Y mae yn agos i ddwy awr er pan adawodd o'r *barroom*" ebai'r tafarnwr.

Ymddangosai Barnwr Hammond yn bur ddryslyd — yr oedd yn gweled fod Slade mewn rhyw benbleth. Gofynodd drachefn,

"Fu Barnwr Lyman yma heno?"

"Do, fe fu yntau yma."

"Aeth Willy ac yntau allan gyda'u gilydd?"

Daeth y cwestiwn yna yn hollol annysgwyliadwy i Slade — ni wyddai yn iawn pa fodd i ateb.

"Wn i – yr ydw i'n meddwl iddynt fyned."

"O! felly! Hwyrach ei fod yn nhŷ Barnwr Lyman. Galwaf yno."

Aeth Barnwr Hammond ymaith.

"Ddymunech chwi fyned i orphwys," ebai'r tafarnwr, gan droi ataf fi, a cheisio fforsio gwen ar ei wyneb,

"Os gwelwch yn dda," atebais.

Goleuodd ganwyll a daeth i'm danfon i'm hystafell. Yng nghanol fy meddyliau am helyntion yr hwyr ymollyngais i gysgu yn fuan.

Aethum i ffwrdd drannoeth heb weled yr un o'r personau y bu cymaint o'u helynt yn y *bar-room*.

Pennod III Yr Ail Noswaith – Ebrill 9

Yn mhen blwyddyn yr oedd fy musnes am i mi fyned i Cedarville drachefn; cefais yr un croesaw siriol ar fy nerbyniad eto y waith hon yn y *Black Lion*. Ar yr olwg gyntaf nid oeddwn yn gweled nemawr wahaniaeth yn mhryd a gwedd Simon Slade, y tafarnwr. Gydag ef yr oedd y flwyddyn wedi pasio megys diwrnod hafaidd. Yr oedd ei wyneb yn wridgoch a llawn boddlonrwydd a thymher dda yn cartrefu ar ei edrychiad. Yr oedd pobpeth o'i ddeutu fel yn dyweyd—Y mae yn all right gyda mi.

Cefais fy hun unwaith drachefn yn yr ystafell brydferth, ddodrefnus, y bum ynddi pan yno o'r blaen. Ha! meddwn wrthyf fy hun, pa sawl gwaith y meddyliais i gyda gofid am Jo Morgan, Willy Hammond, â Frank, er pan y bum yma o'r blaen! Y fath demtasiynau yr oeddynt ynddynt. Ni chefais ond prin ddechreu meddwl am y pethau hyn cyn clywed Simon Slade yn bloeddio wrth y drws.

"Yr unig ddyn yr oeddwn yn meddlwl amdano."

"Mae hen ddywediad yn bur wir," atebai rhyw lais yr oeddwn yn adnabod debygwn i.

"Ydych chwi yn cyfeirio at yr hen Harri?" ebai Slade.

"Ydwyf."

"Ydyw yn wir llyth'renol, y tro yma," rneddai'r tafarnwr, "os nad y d – l ei hun ydych, nis gallwch fod yn un perthynas pellach na brawd iddo."

Dilynwyd hyn gan chwerthin mawr; ni chlywais chwerthin mor annaturiol — mor annhebyg i chwerthiniad dyn erioed; yr oedd yn debycach o lawer i ebychiadau bwystfilod.

Pwy allai fod yn siarad â Slade tybed, ymsyniwn — yr oeddwn yn cofio ei lais. Aethum i'r *bar-room*, a gwelwn wrth borth y tŷ wyneb anhawddgar Harvey Green.

Daeth Green ymlaen at y bar, aethum inau i'r porth at Simon Slade.

"Sut y mae y *Black Lion* yn dyfod ymlaen?" gofynais.

"Da iawn," oedd yr ateb — "campus."

"Cystal ag yr oeddych yn disgwyl?"

"Gwell."

"Yr ydych yn foddlon ar eich bywyd?"

"Yn berffaith; allech chwi mo nghael i yn ôl i'r hen felin pe gwnaech anrheg o honi i mi."

"Beth am y felin? Sut y mae y melinydd newydd yn dyfod yn mlaen?"

"Just fel yr oeddwn yn disgwyl."

"Dim yn gwneyd yn dda?"

"Sut y gellid dysgwyl hyny tra nad ydyw y dyn yn gwybod sut i falu un peced o yd. Y cwbl amdani yw hyn, — rhaid iddo roi y busnes i fyny, a gwerthu y felin gyda cholled drom.'

"Pwy pia hi?"?

"Barnwr Hammond yw y perchenog."

"Ei rhentu hi a wneiff o wedyn mae'n debyg."

"Na, 'rwyf yn credu ei fod yn meddwl ei throi yn ddistyllty. Mae y wlad hon, fel y gwyddoch, yn cynnyrchu grawn rhagorol. Os try efe hi yn ddistyllty y mae yn sicr o'i gwneyd hi yn gampus. Y mae grawn wedi bod yn rhy isel ei bris yma drwy'r blynyddoedd, y mae y ffarmwyr yn teimlo hyny, ac y maent yn cael eu boddio yn fawr yn y drychfeddwl. Yr oeddwn i yn meddwl yn wastad fod fy melin i yn help fawr i'r ffarmwyr, ond beth oedd fy melin i i'w chymharu a distyllty mawr —dim."

"Y mae Barnwr Hammond yn un o'ch dynion cyfoethocaf onid ydyw?"

"Ydyw, efe yw y cyfoethocaf yn y Sir; a chware teg, y mae yn un sydd yn gweled ymhell - gwŷr sut i ddyblu ei gyfoeth?"

"Sut y mae ei fâb, Willy, yn dyfod ymlaen?"

"O! campus."

"Beth yw ei oed yn awr?"

"Y mae yn ugain."

"Oed peryglus iawn."

"Felly y mae pobl yn dyweyd; ond 'dy'wi ddim yn gwel'd hyny," meddai Slade.

"Iè, hwyrach eich bod chwi yn yr oed hwnw yn gorfod gweithio yn galed bob dydd."

"Oeddwn wir, yn galed iawn hefyd."

"Wel y mae hyny yn wahanol iawn i un yn cael ei holl amser i fyned i'r lle myno. Gwaith da iawn yw rhoi dynion ieuainc at ei oed ef mewn sefyllfa ag y cant ddigon o waith, y mae hyny yn eu cadw rhag miloedd o demtasiynau peryglus.

"Fedra i ddweud dim am hyny," ebai'r tafarnwr; gan ysgwyd ei ysgwyddau, a sobri ei wyneb. "Ond nid wyf fi yn gweled fod Willy Hammond mewn unrhyw berygl neillduol, Y mae yn ddyn ieuanc a llawer o gyfeillion ganddo a phawb yn ei garu, ac y mae ganddo ddigon o synwyr i ymgadw oddiwrth bobpeth a allai ei niweidio."

Ar hyn daeth rhyw ddyn heibio, a chafodd Simon Slade gyfle i dori yr ymddyddan oedd erbyn hyn mor annymunol ganddo. Wedi iddo fy ngadael aethum i'r *bar-room*. Yr oedd Frank yn brysur wrth y bar. Yr oedd wedi tyfu llawer er's blwyddyn; ac o fod yn fachgen lled deneu a gwylaidd, yr oedd wedi myned yn stout a hyf a beiddgar. Yr oedd Green yn sefyll yn ei ymyl yn siarad ag ef, ac ymddangosai Frank fel yn mwynhau ei sylwadau a'i iaith isel. Daeth Flora, chwaer Frank, boneddiges hardd a golygus dros ben, i mewn i nol rhywbeth o'r bar. Siaradodd Green a hi yn hyf a digywilydd, ac atebodd Flora ef mor fyred ag y gallai, tra gwridai ei gwyneb prydferth.

"Geneth hardd ydyw y chwaer yna sydd genych Frank! Geneth neis iawn!" meddai Green, wedi i Flora fyned ymaith — siaradai amdani yn union fel pe buasai yn siarad am geffyl neu gi.

Chwarddodd Frank wedi ei foddio yn fawr!

"Rhaid i mi dreio ei chael yn wraig, Frank. Synwn i ddim na chymerai hi fi."

"Well i chwi ofyn iddi," ebai Frank, dan chwerthin.

"Mi wnawn i, pe meddyliwn fod rhyw chance i mi."

"Does dim byd tebyg i dreio."

"Wneiff calon ofnus byth enill serch geneth deg," meddai Frank, fel pe buasai yn bump ar hugain oed. Mor fuan yr oedd wedi yfed addysg y dafarn!

"By George", ebai Green, "Frank, yr ydych yn tyfu i fyny yn rhy ffast! Rhaid i mi siarad â'ch tad yn eich cylch. Ha! ha! ha! rhy ffast, rhy ffast."

Wedi i'r fit chwerthin fyned drosodd; gadawodd Green y *bar-room*.

"Fynwch chwi rywbeth i yfed?" gofynodd Frank i mi, mewn dull hynod hyf ac anfoesgar. Dywedais na fynwn.

"Dyma i chwi bapyr newydd," meddai drachefn.

Cymerais y papyr, nid i ddarllen ond i eistedd ac ymofidio oblegid yr hyn a welais ac a glywais. Yr oedd yn rhyfedd genyf feddwl os oedd yn bosibl fod y tafarnwr yn dyfod yn mlaen yn gampus ac yn cael ei foddloni yn berffaith yn y dafarn. Beth os ydyw yn enill llawer o arian, beth yw hyny gogyfer ag i'w fachgen golli pob gronyn o ledneisrwydd a moesau da, ac iddo fod yn y fan hon i ymwneyd a chymeriadau aflan, llygredig, dioglyd a meddwol ! Dyfod yn mlaen yn gampus! Na! na! y mae hyny yn anmhosibl; y mae y dyn yn ddall i bobpeth ond i gasglu arian. Arian! arian! aed ei deulu i berygl. Tra yr oeddwn yn meddwl y pethau hyn, daeth Slade i'm galw i swper.

Pennod IV Yr Ail Noswaith -Ebrill 23

Yr oeddwn yn teimlo cymaint o ddyddordeb yn y personau a welais yn y *bar-room* fel yr oeddwn yn awyddus i wybod sut yr oeddynt yn dyfod yn mlaen — pa effaith oedd y dafarn yn ei gael arnynt. Wedi swpera, aethum i'r *bar-room* i weled sut olwg a gawn arnynt yn treulio y noson honno.

Llanwyd y *bar-room* yn fuan; — yr oedd y busnes wedi cynnyddu llawer mewn blwyddyn. Yr hyn a'm gofidiai yn fawr oedd gweled cymaint o ieuenctid yn dyfod i mewn ac yn yfed yn awchus. Ha! pwy all draethu y fath ddinystr ydyw tafarn mewn cymydogaeth? Gydag i mi gymeryd eisteddle, daeth hen ŵr parchus a difrifol yr olwg i mewn, - yr oedd yn hawdd darllen ar ei wynebpryd fod rhywbeth yn ei ofidio yn dost. O! y pryder a'r galar oedd yn argraffedig ar ei wedd! Rhaid bod awyrgylch feddwol y tafarnau yn yspeilio dynion o bob gronyn o barch a theimladau anrhydeddus cyn y gallent edrych mor ddiystyrllyd ac ymddwyn mor giaidd at henafgwr parchus fel hwn; buasai dynion â rhyw ychydig o rinweddau y ddynoliaeth ynddynt yn talu gwarogaeth o barch ac anrhydedd i un oedranus o'i fath, sydd yn amlwg fod ei benwyn mewn cofid, a'i ruddiau yn wlybion gan ddagrau ei henaint. Ond nid felly yn y dafarn; na, na, ni ŵyr mynychwyr y gyfeddach am deimladau felly; bwriwyd ymaith o honynt hwy bob rhinwedd, er rhoddi lle i anwydau diaflaidd ac ysbrydion melldigedig! Gwelwn y dyn wedi dyfod i mewn yn edrych o amgylch yr ystafell — yr oedd yn edrych am rywun. Sylwais fod llygaid pawb yn yr ystafell yn edrych ar un dyn ieuanc oedd yn mhen draw yr ystafell gyda'i gyfaill yn chware dominoes. O'r diwedd troes yntau ei lygaid ar yr un person, a chyda llais toddedig gan dristwch a gofid clywn ef yn dyweyd —

"Edward!" Cynhyrfodd y gwr ieuanc yn fawr pan glywodd ei lais ef; ni ddywedodd ddim mewn atebiad.

"Edward, fy mab!" meddai drachefn. Nid oedd Edward eto wedi caledu i'r fath raddau nad oedd llais cwynfanus ei dad yn cael un effaith arno; ond yr oedd ar y ffordd i fyned felly yn gyflym. Cododd y bachgen heb ddywedyd gair, ac aeth allan efo'i dad.

"Ddyweda' i chwi beth," meddai y bachgen oedd yn cydchware ag ef, yr hwn, nid oedd yn ugain oed. "pe buasai yr hen ŵr acw yn gwneyd ffwl o hono ei hun fel yna, trwy ddyfod i lechian ar fy ôl i hyd y tafarnau, ni chawsai ond trafferth am ei boen. Faswn i yn leicio i weld o yn treio! Dyna lle base helynt o honi hi! Mi faswn i yn mynd efo fo fel oen, mi wn! Ha! Ha! Ha!"

"Pwy oedd y dyn yna?" gofynais iddo.

"Mr Hargrove ydyw ei enw."

"Ei fab oedd hwnyna aeth gydag ef?"

"Ie; piti na buasai mwy o blyc na hynyna yno fo."

"Beth ydyw ei oed?"

"Oddeutu ugain."

"O! nid yw ond ieuanc eto."

"Mae o'n ddigon hen i fod yn feistr iddo'i hun."

"Mae y gyfraith yn dywedyd yn wahanol," meddwn inau. Yn atebiad i hynyna, troes y dyn ieuanc i regi y gyfraith yn ofhadwy.

"Wel," ebe finnau, "chwi addefwch na wnai Edward Hargrove ddangos y synwyr gore pe yr ai i'r man y mynai, a phe gwnelai bobpeth fel yr ewyllysiai." "Na ni addefaf fi y fath beth. Pa niwed all fod mewn chwareu game o dominoes? — doedden ni ddim yn giamblo."

Pwyntiais innau at y glasied cwrw oedd Hargrove wedi ei adael ar ei ol. "Yn hwnyna y mae y perygl mawr. Pe na buasai ond glasied o gwrw a game o dominoes - ni buasai yn gymaint; ond nid ydyw yn stopio gyda hyny; ac felly y gwyr tad Edward Hargrove yn dda."

147

"Efallai y gwŷr," ebai rhyw ddyn oedd yn eistedd yn ymyl, yr hwn oedd oddeutu deugain oed. "Yr wyf yn ei gofio ef o'r gore pan oedd ef at oed Edward, ac andros o fachgen oedd o hefyd. Ni buasai ef yn stopio ar un glasiad, na dau chwaith; na choelies i fawr, gwelais ef cyn feddwed a mochyn lawer gwaith, a llawer gwaith y gwelais ef mewn rhedegfeydd ceffylau, ac yn ymladd ceiliogod. Nid oeddwn i ond plentyn y pryd hwnnw, ond gallaf ddyweyd wrthych chwi nad oedd yr hen Hargrove yn sant."

"Nid wyf fi yn rhyfeddu felly ei fod mor ofnus yng nghylch ei fab," meddwn innau. "Y mae yn gwybod hyny am y peryglon y mae ei fab ynddynt."

"Nid wyf yn gweled fod hyny wedi gwneyd llawer o niwed iddo. Cafodd ef fwynhau pleserau ei ieuenctid ac yna priododd, a dechreuodd ar fusnes, a daeth ymlaen yn eitha'. Paham na adawai efe i'w fab gael yr un mwynhad? Na, na, dydi o ddim yn ymddwyn yn iawn, syr. Piti na buasai Ned wedi dangos mwy o blyc, a'i yrru o adre o gwmpas ei fusnes."

"Hyny faswn i yn ei wneyd dase yr hen ddyn acw yn dwad i edrych amdana i, ydw'i i'n siwr," meddai rhyw sgogyn bychan arall o'r ysgol felldithiol hon.

"Y mae yn gwybod yn well nag y buasai yn gwneyd hyny," ebai un arall.

"Debyg iawn. Ceisiodd wneyd hyny unwaith neu ddwy, ond buan y gwelodd ei ffolineb."

"Gwrando, Jo Morgan!" clywwn lais Simon Slade yn adsain dros yr ystafell — "Dos o "ngolwg i!"

Nid oeddwn wedi gweled Morgan yn dyfod i mewn. Yr oedd yn sefyll wrth y bar, a glass gwag yn ei law. Nid oeddwn yn gwybod beth oedd wedi ei ddywedyd i gynhyrfu Slade, ond yr oedd gwyneb y tafarnwr wedi myned fel tan, a'i lygaid yn fflamio yn ei ben; ond nid oedd Jo yn teimlo dim, nac yn ysgogi i roddi yr lleiaf iddo.

"Dos ymaith," meddaf eto; "a phaid a dangos dŷ wyneb yma byth! Chaiff blagiard o dy fath di ddim dyfod yn agos i nhŷ fi. Gan na fedri dl ymddwyn yn weddus, cadw oddiyma."

"Tafarnwr yn son am weddusrwydd — ha! ha!" chwarddai Jo Morgan. "Pw! ba! Chwi fuoch yn ddyn symol gweddus unwaith, ac yn felinydd da yn y fargen; ac mae yr amser hwnw wedi darfod. Ond pan aethoch yn dafarnwr, collasoch bob gronyn o weddusrwydd."

"Gweddusrwydd wir! twt! twt! Sut y medrwch chwi siarad am y fath beth, ddyn! fel pe bae gwerthu cwrw yn fwy gweddus na'i yfed o."

Wedi clywed Morgan yn siarad mor blaen, â Slade ei hunan wedi yfed ar y mwyaf, efe a afaelodd mewn glass gwag oedd yn ei ymyl, a chyda holl nerth ei fraich chwyrnellodd ef at ben Jo Morgan. Ni wnaeth y glass ond prin basio ei arlais, a chyda hyny dyna waedd farwol rhyw blentyn wrth y drws, yr hyn a atebwyd gan waedd a dychrynfeydd pawb oedd yn yr ystafell.

"Plentyn Jo Morgan! Y mae wedi ei ladd! Y nefoedd fawr!" Dyna a glywid drwy y fan. Yr oeddwn yn un o'r rhai cyntaf a gyrhaeddodd y drws lle yr oedd yr eneth yn gorwedd yn farw, a'r glass wedi suddo yn ei phen, a'i gwaed yn llifo. Codais hi yn fy mreichiau tra yr oedd Morgan yn sefyll yn fy ymyl wedi ei syfrdanu, heb wybod yn iawn beth i'w wneud.

"Beth ydi'r mater! O! beth ydi'r mater!" gwaeddai rhyw ferch ddychrynedig.

"Dim byd! dim byd! ewch i'r tŷ, Ann; ewch!" clywais y tafarnwr yn ateb.

Ond ni fynai Mrs. Slade — gwelais mai hi oedd yno — ni fynai hi fyned ymaith — yr oedd wedi clywed gwaedd farwol y plentyn, a mynodd ymwasgu i'r lle i weled pwy a anafwyd, Cyn gynted ag y gwelodd hi y plentyn, archodd i Frank redeg i nol Dr. Green. O! yr olwg frawychus oedd arni!

Daeth Frank o gwmpas y cownter gan feddwl cychwyn, ond rhwystrodd ei dad ef. Wrth ei weled yn ymarhoi, rhoes y fam orchymyn sharp iddo drachefn i fyned ar ffrwst gwyllt.

"Pam na redwch chwi, y rasgal brwnt !" ebai Harvey Green." Fe fydd y plentyn farw cyn y cyrhaedda y doctor yma."

Ni arosodd Frank yn hwy, — rhedodd at y doctor.

"Ow! druan bach "meddai Mrs Slade, gan gymeryd y plentyn o fy mreichiau. "Sut y bu hyn? Pwy t'rawodd hi?"

"Pwy? Lladder ef ! Pwy ond Simon Slade?" atebodd Jo Morgan, gan wasgu ei ddanedd mewn mileindra.

O! yr olwg gynhyrfus, ofidus, a daflodd Mrs. Slade at ei phriod pan ddeallodd hyny, - ni anghofiaf yr olwg hono byth!

"O Simon, Simon! ac y mae hi wedi dyfod i hyn, yn barod?" Y fath fyd o feddwl sydd yn yr ymadrodd yna? "I hyn yn barod!" Ha! mor gyflym y cyrhaeddir gwaelodion adfyd a phrofedigaethau!

"Dowch â phiseraid o ddŵr a llian i mi mewn munud," meddai Mrs. Slade.

Daeth a dŵr i mewn, a golchwyd wyneb y plentyn oddiwrth y gwaed oedd hyd-ddo, ac attaliwyd i'w gwaed redeg; ond O! Yr olwg oedd arni, druan! Yr oedd yn gwbl fel corff marw. Cyrhaeddodd y doctor. Gyda'i fod yn rhoddi y pwyth diweddaf yn yr archoll cythryblwyd pawb drwy y lle gan ysgrechfeydd rhyw ddynes a ruthrodd i mewn i'r tŷ. O y fath ddrych oedd arni — ei gwyneb cyn wyned a'r calch, a'i llygaid yn rhythu yn wylltion, a chyffro a dychryn fel ar rwygo ei chyfansoddiad.

"Jo! Jo! Beth ydi'r mater? Lle mae Mary? Ydi hi wedi ei lladd?" dyna oedd ei gofynion cyffrous.

"Nag ydyw, Fanny," atebodd Jo Morgan, gan godi i fyny oddiar ei liniau oddiwrth ei blentyn, a myned at ei briod; "Y mae hi yn well yn awr. Weles i 'rioed fath anlwc? ond mae y doctor yn dyweyd nad oes dim perygl. O! ngeneth anwyl i!"

Trodd gwyneb Fanny Morgan yn wynach, methai gael ei hanadl, syrthiodd mewn llewyg i freichiau ei gwr! O! olygfa galonrwygol O! ofnadwyaeth trueni meddwdod! Beth fuasai sefyllfa y ddau greadur yna sydd yn awr yn nyfnder gwae a dinystr pe na buasai diodydd meddwol? Pwy draetha ofid y dyner a'r hawddgar Mrs. Morgan pan ar ambell funud y bydd yn adgofio llawnder a dedwyddwch bore ei hoes? Cofiwch ferched Cymru mai rhan yw hyn o phiol chwerw gwraig y meddwyn. Cyn hir iawn adfywiodd y wraig o'i llewyg, a chofleidiodd ei phlentyn.

Aeth Jo Morgan ymaith gan gario ei blentyn, ac aeth ei briod i' w ganlyn. Byddai yr eneth, fel y deallais, yn arfer dyfod i'w nol bob amser os ai hi yn hwyr cyn iddo ddyfod adref. Nid ai hi byth i'w gwely cyn gweled ei thad wedi dyfod i'r tŷ. Wedi iddynt fyned ymaith aethum i'r *bar-room* at Simon Slade i edrych sut yr oedd efe yn teimlo erbyn hyn.

"Mae wedi bod yn anffodus iawn yma heno," meddai. "Yr wyf yn ddig wrthyf fy hun, ac y mae yn ddrwg genyf dros y plentyn. Ond 'does ganddi ddim busnes i ddyfod yma. O ran Jo Morgan, y mae yn amhosibl i sant ei ddioddef. O fe fyddai yn dda genyf pe cadwai i ffwrdd, - 'does yma neb eisieu ei weled. O! bobl annwyl!"

Pennod V Y Drydedd Noswaith – Mai 7

Y Noswaith ddilynol i'r hon y cymerodd yr olygfa boenus a chynhyrfus gyda phlentyn Jo Morgan le, yr oedd Green yn lledorwedd yn y bar, ac yn ymddyddan gyda Simon Slade.

"Nid wyf yn gweled eich cyfaill hoffus Jo Morgan yma heno," ebe Green.

"Nag ydi," oedd yr ateb — a dilynwyd gwaedd a rhegfa arswydus; "ac os ceidw o'n nhŷ i gall fyn'd i g------ cyn ffastied ag y myno: mae wedi profi fy 'mynedd tuhwnt i bobpeth, ac 'rwyf wedi penderfynu na chaiff ddyferyn o ddiod byth yma eto. 'Rwyf wedi diodde ei dafod drwg ddigon o hyd – ond nid wyf am ei ddiodde ddim chwaneg. Ac 'roedd neithiwr yn waeth na'r cwbl. Beth pe buaswn wedi lladd ei blentyn?"

"Wel, mi fasech mewn digon o helynt yn siwr i chi."

"Baswn. Yn mhellach y bo'i gwyneb! Pa fusnes sy' gyni hi i hel ei hunan yma bob nos?"

"Rhaid bod gyni hi fam neis," ebai Green, gyda gwen ddiystyrllyd.

"Wn i ddim beth ydi hi 'rwan," atebai Slade — ac ymddangosai fel yn teimlo ychydig; "y mae wedi tori ei chalon mae'n debyg; dallwn i ddim edrych arni neithiwr — 'roedd yn fy ngwneyd i'n sal. Ond fe fu amser pan oedd Ffanny Morgan y ddynes ore a'r harddaf yn Cedarville. Mi ddeudaf hyny byth. O! y fath fywyd annghysurus y mae ei gwr wedi ei dwyn iddo!"

"Fydde'n dda dae o wedi marw, ac allan o'r ffordd," ebe Green.

"Fydde'n yn dda gan fy nghalon i pe tore fo'i wddw ryw noswaith; fe fydde'n fendith fawr i'w deulu," atebai Slade.

"Ac i chwi, yn neillduol," ebai Green, dan chwerthin.

"Gellych fod yn siwr o hyny," meddai Slade, yn ddigyffro.

Gadewch i ni yn awr adael *bar-room* y *Black Lion*, a'r triganwyr dideimlad, i gymeryd cipolwg ar deulu Jo Morgan, ac edrych pa fath olygfa a gawn yn nghartref y meddwyn tlawd. Ni a draws-symudwn ar 'darawiad llygad.

"Jo!" Mae llaw deneu, wen Mrs. Morgan yn cydio yn afaelgar yn mraich ei gwr , yr hwn sydd wedi cyfodi yn sydyn, ac yn sefyll wrth y drws hanner agored. "O! peidiwch a myn'd allan heno, Jo, peidiwch Jo anwyl!"

"Nhad!" y mae llais gwanaidd a thyner yn galw o gongl yr ystafell lle mae Mary fach yn gorwedd, a'i phen briwiedig wedi ei rwymo.

"Wel, nid af ynte," medd Jo, mewn tôn hynaws, wedi ei orchfygu gan ddylanwad ei ferch.

"Eisteddwch yn f'ochor, nhad." Mor denau ac eto mor effeithiol, yw ei llais isel, ond peraidd.

"Gwnaf, cariad."

"Cydiwch yn fy llaw, nhad." Mae Jo yn gafael yn llaw Mary fach, mae hithau yn cydio yn dyn yn ei un yntau.

"Ewch chwi ddim i ffwrdd a ngadael i heno ewch chwi nhad?"

"Mor boeth yw eich llaw, f'anwylyd. A oes cur yn eich pen?"

"Tipyn bach; ond mi ddaw yn well yn union."

Y mae llygaid gleision a threiddgar y plentyn yn syllu yn ddifrifol ar wyneb hagr a chwyddedig ei thad.

"O, nhad anwyl!"

"Beth sydd, fy mhlentyn?"

"O mi leiciwn i chwi addo rhywbeth?"

"Beth ydi hwnw, Mary?"

"Newch chi addo nhad?"

"Wel, wn i ddim nes clywed beth ydi o. Os medraf mi wnaf."

"O! mi fedrwch—mi fedrwch, fy nhad!"

"Beth ydio, Mary?"

"Nad ewch byth i dŷ Simon Slade."

Mae y plentyn trwy boen yn hanner cyfodi ac yn dyfod yn agosach at ei thad. Mae Jo yn ysgwyd ei ben, ac mae Mary druan yn ymollwng yn ôl ar ei gobenydd gydag ochenaid drom. Mae ei llygaid yn cau, â'u hamrant-flew hirion yn gorphwys ar ei gruddiau gwelw.

"Wel, nid af yno heno. Peidiwch a gofidio."

Mae Mary yn ail agor ei llygaid, ac mae dau ddeigryn gloyw yn cael eu gollwng o'u carchar, ac yn treiglo yn araf dros ei gwyneb.

"Diolch i chwi, nhad — diolch i chwi. Mor falch fydd fy mam."

Ceuodd ei llygaid drachefn; a symudai y tad yn ôl a blaen yn gynhyrfus. Yr oedd ei galon wedi ei chlwyfo. Mae rhyw ymdrech ofnadwy oddimewn iddo. Mae bron a dyweyd – "Nid af i'r *Black Lion* i yfed byth eto." Ond nid yw ei benderfyniad yn ddigon cryf i roddi caniatad i'w wefusau Iefaru.

"Nhad!"

"Wel, cariad!"

"Nid wyf yn meddwl y medraf fyn'd allan am dri neu bedwar diwrnod. Yr ydych yn gwybod i'r doctor ordro i mi fod yn llonydd am fod y fever yn drwm."

"Do, d'wedodd felly, Mary."

"Rwan 'newch chwi addo un peth i mi? "

"Beth, fanwylyd? "

"Peidio myn'd allan y nos nes i mi fendio."

Mae Jo yn petruso.

"G'newch addo, nhad. Fyddai ddim yn hir. Mi fendiaf yn union."

Ni fedr Jo Morgan lai nag ufuddhau i'w herfyniadau — y mae yn addaw.

"'Rwyf yn addo Mary. Gan hynny treiwch gysgu - 'rwyf yn ofni i'r fever fyn'd yn waeth."

"O! mae'n dda gen i — mae'n dda gen i!"

Nid yw Mrs. Morgan wedi bod yn dyst difater o'r ymddyddan yma; ond yn gwybod y dylanwad a feddai y plentyn ar ei thad, ni anturiodd i ddyweyd gair. Yn awr y mae hi yn nesu atynt, a chan roddi ei llaw ar ysgwydd ei gwr, dywed —

"Yr ydych yn teimlo yn well oherwydd yr addewid yna; 'rwyn siwr eich bod."

Mae Jo yn edrych arni ac yn gwenu. Y mae yn teimlo yn well, ond nid yw yn ewyllysgar i gydnabod hyny.

Yn fuan wedi hyn y mae Mary yn syrthio i gysgu. Mae Mrs. Morgan yn sylwi fod ei gwr yn dechreu anesmwytho, oblegid y mae yn neidio ar ei draed 'nawr ac eilwaith, gan gerdded yn gyflym ar draws yr ystafell, fel pe byddai wedi colli rhywbeth. Yna y mae yn eistedd i lawr - yn ocheneidio - yn ystwyrian— dywed, "O dear." Pa beth a wna iddo? A fydd ei chwant anniwall am y ddiod i gael ei lonyddu? Dyna yw yr ymofyniadau sydd yn ymgynnyg i feddwl Mrs. Morgan. Druan o Jo! Y mae ei wraig yn deall ei gyflwr yn dda, ac yn tosturio trosto. Ond pa beth a all hi wneyd iddo? Myned allan i ymofyn diod iddo? O! na — byth! Y mae awr wedi treulio, ac mae anesmwythder Jo yn cynyddu. Pa beth sydd i'w wneyd? Yn awr mae Mrs Morgan wedi gadael yr ystafell; y mae wedi penderfynu gwneyd rhywbeth, oblegid ni all fod fel hyn yn hir. A! dyma hi yn dyfod, ar ôl absennoldeb o bum munud, a chwpanaid o goffi cryf yn ei llaw.

"A! yr oeddych yn bur dda, Ffanny," medd Morgan, gyda gwen siriol wrth gymeryd y cwpan. Ond y mae ei law yn crynu, fel y mae peth o gynnwysiad y cwpan yn colli wrth iddo ei gyfodi at ei wefusau. O! y fath effeithiau dychrynllyd y mae y gwirodydd wedi eu cynnyrchu ar ei gyfansoddiad! Yn awr y mae llaw ei wraig yn cynnal y cwpan wrth ei enau, ac yntau yn drachdio yn awchus.

Ffrydia y dagrau yn ddiarbed o lygaid Mrs. Morgan. Y mae ei gwr eisoes wedi ei oddiweddyd ddwywaith a gwallgofrwydd y meddwyn; a chenfydd Mrs. Morgan fod yr ymataliad byr yn sicr o gael ei ddilyn ag ymosodiad arall o'r clefyd peryglus hwn. I liniaru y boen y mae wedi rhoddi iddo y coffi, ac mae hwn am yr amser wedi cynnyrchu yr effaith ddymunol. Mae yr anesmwythder yn peidio, a llonyddwch corff a meddwl yn canlyn.

Nid oes eisieu ond dyweyd y gair, ac y mae yn myned i'w wely. Ar ôl bod yn y gwely am ychydig funudau, mae cwsg yn syrthio arno, a dywed ei anadliad trwm ei fod ym myd y breuddwydion.

Ar hyn y mae y drws yn cael ei guro.

"Dowch i mewn," yw yr ateb.

Gwthid y drws yn agored, ac mae gwraig Simon Slade yn gwneyd ei hymddangosiad.

"Mrs. Slade!"

"Ffanny, sut yr ydych chwi heno?"

"Canolig, diolch i chwi."

Mae y ddwy yn ysgwyd dwylaw yn garedig, ac am ychydig eiliadau yn syllu yn wynebau eu gilydd.

"Sut mae Mary fach heno?"

"Nid cystal 'rwy'n ofni; mae y fever arni'n dost."

"Yn wir! O, mae'n ddrwg geni glywed. Druan o Mary! O, Ffanny! wyddoch chwi ddim fel mae y peth wedi mlino i. Yr oeddwn yn meddwl drwy y dydd dyfod i edrych amdani, ond fedrwn i ddim hyd y munud yma."

"Do, bu agos iddi gael ei lladd," medd Mrs. Morgan.

"Trugaredd Duw a'i hachubodd," medd Mrs. Slade, gan gymeryd cadair ac eistedd yn ochr y gwely bychan lle y gorweddai Mary druan.

Mae Mrs. Slade yn syllu yn ddifrifol ar wyneb y plentyn, ac yn canfod fod ei gwefusau yn symud. Deallir ei bod yn siarad rhywbeth yn ei chwsg. Sonia am Simon Slade — am ei thad — ac am ei nol adref.

Mae ei gwyneb yn awr yn gwrido — mae yn cwynfan - ac yn taflu ei breichiau oddiamgylch yn aflonydd.

Siariada eilwaith. Dywed fod Mr. Slade yn edrych yn ddig arni. Nad oedd un amser felly pan yn cadw y felin— nad oedd yn ei chymeryd ar ei liniau yn awr gan dynu ei law ar hyd ei gwallt, fel yr arferai wneyd. Dywed y dymunai pe nad elai ei thad i dŷ Mr. Slade — yna gwaedda mewn llais cyffrous – "Peidiwch, peidiwch, Mr. Slade; O! O! fy mhen! fy mhen!"

Dilyna ychydig o ebychiadau mewn tôn gwynfanus; yna anadla y plentyn yn esmwyth drachefn. Ond nid yw y gwridwch yn ymdael a'i gruddiau — a phan y rhydd Mrs. Slade (o lygaid yr hon y treigla y dagrau yn barhaus) ei llaw yn ysgafn ar ei hwyneb, y mae hi yn ei gael yn boeth gan y dwymyn.

"A welodd y doctor hi heddiw, Ffanny?"

"Naddo, ma'am."

"Dylai ei gweled ar unwaith. Mi af i'w nol;" a chyfyd Mrs. Slade yn frysiog gan adael yr ystafell.

Yn mhen ychydig funudau, dychwela, Dr. Green gyda hi, yr hwn a eistedd i lawr gan syllu ar wyneb y plentyn gyda gwedd feddylgar. Yna y mae yn teimlo ei gwaed— ysgydwa ei ben, gan edrych yn fwy difrifol fyth.

"Er's pa faint o amser y mae wedi cael y fever?" ofyna.

"Trwy y dydd, syr."

"Dylasech fod wedi anfon am danaf yn gynt."

"O, doctor oes dim perygl gobeithio?"

Mae Mrs. Morgan yn ymddangos fel wedi cael dychryn.

"Mae hi'n bur sâl – pur sâl Mrs. Morgan."

Siarada y plentyn eto, — "yr ydych wedi addo, nhad; nid wyf wedi mendio eto, Peidiwch a myn'd, nhad— peidiwch. Dyna fo wedi myn'd! Wel! wel! Rhaid i mi fyn'd yno. O dear! Mor wan ydw i wedi myn'd ! nhad ! nhad !" Neidia y plentyn i fyny, gan edrych yn gyffrous.

"O, mam! chwi sy' yne?" Ymollynga ar ei gobenydd eilwaith, gan edrych yn ymofyngar o'r naill wyneb i'r llall.

"Nhad — ple mae nhad?" gofyna.

"Yn cysgu, cariad."

"O! y mae o? mae yn dda gen i."

Ceua ei llygaid yn flinedig.

"A ydych yn teimlo poen, Mary?" gofyna y doctor.

"Ydwyf,yn fy mhen—mae'n boenus iawn."

Mae y waedd "nhad" wedi cyrhaedd clustiau Morgan, yr hwn sydd yn cysgu yn yr ystafell nesaf. Mae yn adnabod llais y doctor, "A ydych yn teimlo poen?" Mae wedi clywed y cwestiwn yn eglur, a'r atebiad gwanaidd hefyd. Mae yn ddigon sobr i'w ofnau gael eu cynhyrfu ar unwaith. Nid oes dim yn y byd mor hoff ganddo na'i blentyn. Neidia i'r llawr, a rhydd ei ddillad am dano cyn gynted ag y gall — symbylir ei ewynau gweiniaid gan ei bryder.

"O, nhad!" Mae clyw craffus Mary wedi cael allan ei ddyfodiad i'r ystafell — a chroesawa ef gyda gwen siriol.

"A ydyw hi yn wael iawn, doctor?" gofyna Jo, a llais pryderus.

"Mae hi'n bur wael, syr. Dylasech fod wedi gyru am danaf yn gynt." Siarada y doctor yn sarug, a theimla Morgan ei gerydd i'r byw.

Ar ôl chwilio achos ychydig yn fanylach, darpara y doctor ryw feddyginiaeth; a chan addo galw yn gynnar boreu drannoeth,aeth ymaith. Yn fuan y mae Mrs Slade yn ei ddilyn; — ond cyn ymadael a Morgan, rhydd rhywbeth yn ei law, yr hwn, er syndod i'r olaf a dry allan yn gyfwerth a deg dolar. Saetha y dagrau i'w llygaid, a cheidw y trysor yn ei mynwes gan sibrwd "Duw a'i bendithio."

Gweithred o ad-daliad yw hon yn Mrs. Slade, yn tarddu oddiar ddynoliaeth yn ogystal a chyfiawnder. Gydag un llaw y mae ei gwr wedi cymeryd bara teulu ei hen gyfaill, ac mae hithau fel hyn gyda'r llaw arall yn eu hadfer.

Pennod VI Y Drydedd Noswaith – Mai 21

Yn awr y mae Morgan a'i wraig yn unig gyda'u plentyn claf. Gwaethygu wnaiff y fever, ac mae gorphwysedd mewn rhan yn cymeryd meddiant o Mary. Siarada bron yn ddibaid. Mae ei holl flinder yng nghylch ei thad. Cyfeiria yn barhaus at yr addewid a wnaeth.

"Ni 'newch anghofio'ch addewid, nhad, 'newch chwi?"

"Na wnaf, f'anwylyd — ni wnaf anghofio," medd.

"Ni wnewch fyn'd allan y nos nes i mi fendio?"

"Na wnaf, cariad."

"Nhad!"

"Beth, f'anwylyd?"

"Dowch yn nes — nid wyf eisio i mam glywed."

Gostynga y tad ei glust i ymyl ei gwefusau. O, fel y cyffroa ac y dychryna! Beth a ddywedodd hi wrtho?—dim ond y geiriau byrion hyn— "Ni wnaf fendio, nhad — 'rwyf yn myn'd i farw!" Mae ei ruddfanau anataladwy wedi cyffroi ei wraig nes gwneyd iddi frysio i ochr y gwely. "Beth ydi'r mater, Jo?" gofyna yn bryderus. "Peidiwch a deud, nhad. Ewch i ffwrdd, mam; mae genych chwi ddigon o flinder, beth bynag. Peidiwch a deyd wrth fy nhad."

Ond yr oedd y geiriau wedi dyfod ato fel prophwydoliaeth, ac wedi effeithio y fath bangfeydd o ofnau yn nghalon Jo Morgan fel yr oedd yn anmhosibl iddo ymattal heb ddangos arwyddion o boen. Am foment edrychai yn ngwyneb ei wraig, yna claddai ei wyneb yn nillad y gwely ac wylai yn chwerw.

Fflachiai y gwirionedd, erbyn hyn, trwy feddwl Mrs, Morgan, gan achosi cryndod trwy ei chyfansoddiad oll. Cyn iddi ddadebru yr oedd llais isel a sonairus Mary wedi tori ar ddystawrwydd yr ystafell a chanai –

Iesu ar dŷ fynwes di
Rwy'f yn rhoddi pwys fy mhen;
Yn freichiau 'hedeg wnaf,
Byth i fyw i'r nefoedd wen.

Yn fuan aeth Mary i gysgu drachefn.

"Jo," ebai Mrs. Morgan, wedi enyd o ddystawrwydd a chasglu ychydig nerth — "Jo, os bydd Mary farw ni wnewch anghofio yr achos o'i marwolaeth?"

"O, Ffanny! Ffanny -"

"Na'r llaw a'i tarawodd?"

"Anghofio? Byth! Ac os maddeuaf i Simon Slade — "

"Na'r tŷ lle y cafodd y tarawiad?" ebai Mrs. Morgan, cyn iddo orphen y frawddeg.

"Nhad! nhad annwyl!" Agorai Mary ei llygaid gan ofyn am ei thad yn awyddus.

"Dyma fi, cariad. Beth sydd?" a symudai Jo Morgan yn nes at y gwely.

"O! ydych chwi yne, nhad? Yr oeddwn yn breuddwydio eich bod wedi myn'd allan; ond ewch chwi ddim, ewch chwi, nhad?"

"Nag af, cariad—nag af."

Chwareuai gwen siriol ar wyneb y plentyn, a cheuodd ei llygaid, gan syrthio i gwsg esmwythach drachefn.

"Rwy'n meddwl ei bod yn well," ebai Morgan, fel y crymai i wrandaw ei hanadliad esmwyth.

"Mae hi'n edrych felly," ebai Mrs. Morgan.

"Rwan Jo, ewch i'ch gwely. Mi orweddiaf fi yma hefo Mary i fod yn barod os bydd eisieu rhywbeth."

"Does geni ddim eisio cysgu. 'Rwy'n siwr na fedraf gau fy llygaid. Gan hyny, gadewch i mi aros i fyny hefo Mary — yr ydych chwi wedi blino."

Edrychai Mrs. Morgan yn graffus yn ngwyneb ei gwr. Yr oedd ei lygaid yn ddisglaer anarferol — a chanfyddai rhyw nervousness o gylch ei wefusau.

"Mae'n rhaid i chwi fyn'd i ch gwely, Jo," siaradai yn benderfynol. "Ni chewch aros i fyny hefo Mary. Gan hyny, ewch y foment yma."

A thynai ef braidd trwy orfod i'r ystafell nesaf.

"Dydi ddim use, Ffanny. 'Does yr un winc o gwsg yn fy llygaid. Rhaid i mi fod yn effro. Gan hyny, cysgwch chwi dipyn."

Hyd yn nod pan y siaradai yr oedd rhyw ofn i'w weled yn ysgydwad ei freichiau a'i ysgwyddau, ac fel yr elai i mewn i'r ystafell — trwy orfodaeth ei wraig — dywedai, "Beth ydi nyni?"

"Yn m'hle?" gofynai Mrs. Morgan. "O, 'rwy'n gwel'd - dim byd. Dim ond un o fy hen fotasen. Yr oeddwn yn meddwl cloben o gath ddu oedd yne."

O! y fath arswyd a ddaliai galon ei wraig anhapus. Yr oedd yn adnabod yn rhy dda yr arwyddion o'r gwallgofrwydd dychrynllyd yr hwn a oddiweddasai ei gwr ddwywaith o'r blaen.

"Ewch i'ch gwely, Jo - ewch gynted ag y medroch."

Yr oedd Morgan, erbyn hyn, yn oddefgar yn nwylaw ei wraig, ac ufuddhai iddi bron fel plentyn. Yr oedd wedi agor dillad y gwely, ac ar fedr myn'd iddo, pan y neidiai yn ei ôl yn frawychus.

"Does dim yne, Jo. Beth ydi'r mater hefo chwi?"

Wel, wn i ddim yn siwr, Ffanny," a thrystiai ei ddannedd yn en gilydd pan y siaradai. "Yr oeddwn yn meddwl fod clamp o lyffant dan y dillad."

"Mor ffol yr ydych!" eto yr oedd dagrau yu dallu ei llygaid wrth ddywedyd. "Dydi o ddim ond dychymyg. Ewch i'ch gwely a cheuwch eich llygaid. Gwnaf gwpanaid arall o goffi cryf i chwi. Hwyrach y gwna hwnw ddaioni i chwi. Nid ydych ond ychydig yn ofnus. Mae saldra Mary wedi eich cynhyrfu."

Edrychai Jo yn wyliadwrus wrth wthio ei draed i'r gwely.

"Yr ydych yn gwybod nad oes dim yn eich gwely — edrychwch!"

A thaflai Mrs. Morgan holl ddillad y gwely gydag un ysgytiad i'r llawr,

"Rwan! edrychwch eich hunan. Ceuwch eich llygaid," ychwanegai, fel y taenai y dillad trosto ar ôl iddo orwedd. Ceuwch nhw'n dyn, a chedwch nhw felly nes i mi ddod hefo'r coffi i chwi. Gwyddoch cystal a minnau nad ydi o ddim byd ond dychymyg.

Ceuodd Morgan ei lygaid yn dyn — a thynodd y dillad dros ei ben.

"Byddaf yn f'ol mewn ychydig funudau," ebai Mrs. Morgan, gan fyned yn frysiog tua'r drws. Ond cyn iddi adael yr ystafell trodd ei phen ac edrychodd yn ol. Dyna lle yr eisteddai ei gwr yn unionsyth gan edrych yn frawychus.

"Peidiwch, Ffanny! peidiwch myn'd i ffwrdd !" gwaeddai yn ddychrynedlg.

"Jo! Jo! P'am y byddwch mor ffol? Gwnewch orwedd a chau eich llygaid. Dyna! 'rwan!" ebai Mrs. Morgan, gan roddi ei llaw ar ei ben a'i wasgu yn din.

"Fase dda gen i dase Doctor Green yma," ebai Morgan. "Medrai ef roi rhywbeth i mi."

"A gaf fi fyn'd i'w nol?"

"Ewch, Ffanny! Brysiwch."

"Ond 'newch chwi ddim aros yn eich gwely."

"Gwnaf, mi wnaf, 'rwan," gan dynnnu y dillad tros ei wyneb. "Mi 'rosaf fel hyn nes dowch chwi yn ol. Rhedwch, Ffanny, a pheidiwch ac aros munud."

Heb aros dim aeth Mrs. Morgan allan o'r ystafell, a chan gymeryd hen shawl dros ei phen, rhedodd yn gyflym i dŷ Doctor Green, yr hwn nid oedd yn mhell oddi yno. Deallodd y doctor ar un gair sefyllfa alarus ei gwr, ac addawodd ddyfod yno yn ebrwydd. Rhedodd yn ei hol yn gyflymach nag y daethai — a'i chalon yn curo gan bryder. Oh! y fath waedd ofnadwy gyrhaeddodd ei chlustiau pan ydoedd o fewn ychydig latheni i'w thy. Adwaenai y llais — a bu agos iddi lewygu. Rhoddodd un rhuthr — a'r foment nesaf yr oedd yn yr ystafell lle y gadawsai ei gwr. Ond nid oedd efe yno ! A'i hanadl yn ei gwddf aeth i'r ystafell lle y gorweddai Mary bach. Ddim yma!

"Jo! Jo!" galwai mewn llais gwanaidd. "Dyma fo, mam!" Yn awr gwelai fod Jo wedi dringo i'r gwely tu ôl i'r eneth glaf, ac fod ei llaw hithau wedi ei thynu yn dyn am ei wddf.

"'Newch chwi ddim gadael iddyn nhw fy niweidio — 'newch, cariad," meddai y dyn truenus.

"Ddaw dim byd i chwi nhad," atebai Mary mewn tôn a ddangosai fod ei meddwl yn glir, ac yn berffaith ymwybodol o gyflwr drwg ei thad.

"O! f'angyles — f'angyles Mary," meddai mewn llais crynedig. "Gweddiwch trosta i, fy mhlentyn. Oh! gofynwch i'ch Tad yn y nefoedd am fy ngwared i rhag y creaduriaid ofnadwy yna. Cedwch allan!" meddai gan edrych tua'r drws. "Ewch i ffwrdd ! Chewch chwi ddim dod i mewn yma!"

"Fy nhad anwyl!" meddai y plentyn, gan roddi ei dwylaw o amgylch ei wddf, "chaiff dim dd'od atoch chwi."

Ymhen ychydig funudau yr oedd pobpeth yn ddistaw. A phan nesaodd Mrs. Morgan i ymyl y gwely deallodd ei fod yn cysgu. O, gwsg cryf! Mor daer y gweddiodd mewn amser a basiodd, am iddo gael cysgu, aeth cwsg ato am oriau —ie, diwrnodiau, er rhoddi iddo gwsg-gyfferiau cryfion—nes oedd natur wedi ei dyhysbyddu, ac yna y cai cwsg ymdrechfa galed gyda marwolaeth. Ond, yr oedd yn cysgu! O, y fath ddiolch i Dduw gwresog a esgynai o galon ei anhapus wraig.

Yn fuan, clywai Mrs. Morgan droediad agosaol y doctor; a chyfarfyddodd ef wrth y drws. Hysbysodd iddo fod ei gwr yn cysgu.

"Mae hyny'n dda, os gwnaiff ddal i gysgu," ebai y doctor yn galonog.

"Ydych chwi'n meddwl y gwnaiff o, doctor?" gofynai yn bryderus.

"Fe all. Ond allwn ni ddim gobeithio yn rhy gryf. Fe fyddai yn rhywbeth pur anarferol."

Aeth y ddau yn ddistaw i ystafell y cleifion. Yr oedd Morgan yn cysgu fyth, ac yr oedd yn eglur wrth ei anadliad dwys ei fod yn cysgu yn drwm. Yr oedd Mary hefyd yn cysgu, a'i gwyneb ar wyneb ei thad, a'i dwylaw fyth am ei wddf. Cyffyrddodd yr olygfa hyd yn nod galon y doctor, a goleuodd ei lygaid. Arhosodd y doctor am yn agos i haner awr; a chan y parhai Morgan i gysgu, aeth ymaith gan adael cyfferi i'w rhoddi iddo yn uniongyrchol — ac addawai alw bore drannoeth.

Mae y cloc wedi taraw haner nos, ac ni a adawn y wyliadyddes unig a phruddaidd gyda'r rhai claf.

***

Yr oeddwn yn eistedd a phapyr newydd yn fy llaw, nid yn darllen ond yn myfyrio, yn y *Black Lion*, yn hwyr y prydnawn y cymerodd y digwyddiadau a ddarluniwyd le.

"P'le mae'ch mam?" clywais Simon Slade yn gofyn yn yr ystafell nesaf.

"Mae hi wedi myn'd allan i rywle," atebai ei ferch Flora.

"Wn i ddim."

"Er's faint mae hi ffwrdd?"

"Er's dros awr."

"A wyddoch chwi ddim i b'le mae hi wedi myn'd?"

"'Na wn, syr."

Ni ddywedwyd dim ychwaneg, ond yr oeddwn yn clywed y tafarnwr yn cerdded yn drwm yn ôl a blaen ar draws yr ystafell am rai munudau.

"Wel, Ann! lle yr ydych chwi wedi bod?" Yr oedd drws yr ystafell wedi agor ac wedi cau.

"Lle y b'aswn yn leicio i chwi fod hefo mi," ebai Mrs. Slade yn sarug.

"Yn lle?"

"Hefo Jo Morgan."

"Hym!" Ni gyrhaeddodd ond yr ysgogiad hwn fy nghlustiau. Ond yr oeddwn yn clywed Simon yn rhuo rhywbeth yn ei gorn, i'r hyn yr atebai Mrs. Slade yn uchel—

"Os na fydd gwaed y plentyn yna yn glynu wrth eich dwylaw trwy eich oes, gellwch fod yn ddiolchgar."

"Beth ydych yn feddwl?" gofynai yn gyflym.

"Yr hyn a ddywedais. Mae Mary fach yn bur sal?"

"Wel, beth am hyny?"

"Llawer. Mae y doctor yn dywedyd ei bod mewn perygl mawr. Mae y toriad ar ei phen wedi ei thaflu i fever drom, ac mac hi allan o'i phwyll, O, Simon! pe buasech wedi clywed yr hyn a glywais i heno."

"Beth?" ofynai mewn tôn duchanllyd.

"Mae hi o'i phwyll, fel y dywedais, ac yn siarad llawer am danoch chwi."

"Am dana i! Wel, beth oedd gyni hi i'w ddyweyd?"

"O! d'wed'odd mor pitiful — Mi leiciwn dae Mr Slade yn peidio edrych mor ddig arna i. Doedd o ddim felly pan oeddwn i 'n myn'd i'r felin. Dydi o ddim yn y nghym'yd i ar ei lin 'rwan, ac yn rhoi law ar y mhen i."

"Ddywedodd hi felly?" gofynai Slade yn gynhyrfol.

"Do, a llawer iawn 'chwaneg. Gwaeddodd allan unwaith, 'O peidiwch, Mr. Slade! peidiwch! Fy mhen ! fy mhen!' O, yr oedd yn gwneyd i fy nghalon waedu! Na' i byth ei anghofio, Simon — beth pe bae hi'n marw?"

Bu dystawrwydd hir.

"Dae ni'n ôl yn y felin;" ebai Mrs. Slade.

"Dyna chwi! Ydw i ddim eisio clywed nyne eto," ebai Slade yn gyffrous. "Yr wyf wedi gwneyd slave ohonaf fy hun ddigon o hyd."

"Yr oedd genych gydwybod glir beth bynag," ebai el wraig.

"Tewch, 'newch chwi l" ebai Slade yn ddigllon.

"Mi 'nae rywun feddwl wrth y'ch clywed chwi'n siarad mod i wedi tori pob gorchymyn yn y gyfraith."

"Mi 'newch dori calonau yn gystal a gorchymynion os ewch chwi'n ymlaen fel yr ydych wedi dechre."

Siaradai Mrs. Slade yn ddigyffro, ond gyda llymder digyffelyb. Atebodd Simon hi gyda rhegfa, a gadawodd yr ystafell gan glepian y drws ar ei ol. Yn y dystawrwydd a ganlyn, ymneillduais i'm hystafell, a gorweddais am awr yn effro yn myfyrio ar yr hyn yr oeddwn newydd ei glywed. Y fath fyd o ddadguddiad oedd yn yr ymddyddan fer rhwng y tafarnwr a'i wraig!

Pennod VII Y Bedwaredd Noswaith – Mehefin 18

"I b'le yr ydych yn myn'd, Ann?" gofynai y tafarnwr. [Amser — ychydig wedi iddi dywyllu]

"Rwy'n myn'd i edrych am Mr. Morgan," atebai ei wraig.

"I beth?"

"Rwy'n dymuno myn'd," atebwyd.

"Wel, dydw i ddim yn dymuno i chwi fyn'd," ebai Slade, yn benderfynol.

"Does gen i ddim help am hyny, Simon. Mae Mary bron a marw, ac mae Jo mewn sefyllfa ofnadwy. Mi ddylwn fyn'd yno, ac fe ddylech chwithau hefyd, o ran hyny. Fe fu amser pe base gair yn dod atoch fod Morgan neu ei deulu mewn trallod."

"Tewch, 'newch chwi?" ebai y tafarnwr, yn ddigllon. "Fyna i ddim i chwi bregethu i mi fel hyn o hyd."

"O, wel, ynte; peidiwch ag ymyraeth dim hefo fi, Simon; dyna sy' gen i iw ddyweyd."

"Fe ddylwn fyn'd fel y d'wedais, - ac 'rwyf am fyn'd."

Trodd Simon ei gefn arni, gan ruo yn ei gorn. Daeth ychydig gamrau brysiog â Mrs. Slade yn fuan at gartref truenus y meddwyn tlawd, gwraig yr hwn a'i cyfarfu wrth y drws.

"Sut mae Mary?" oedd gofyniad difrifol yr ymwelyddes.

Ceisiodd Mrs. Morgan ei hateb, ond er y symudai ei gwefusau ni ddeuai dim swn allan. Gwasgodd Mrs, Slade ei llaw yn serchog, ac aeth gyda hi i'r ystafell lle y gorweddai y plentyn.

Yr oedd un tremiad ar ei gruddiau gwelw yn ddigon i ddarbwyllo Mrs. Slade fod angau eisoes wedi gosod ei fysedd oerion ar ei chyfansoddiad.

"Sut yr ydyeh chwi, cariad?" gofynai, fel y gwyrai trosti, gan ei chusanu.

"Gwell, diolch i chwi," sisialai Mary.

Yna sefydlai ei llygaid ar wyneb ei mham, gan edrych yn ofyngar.

"Beth sydd, cariad?"

"Ydi nhad ddim wedi deffro eto?"

"Nag ydi, calon."

"Neiff o ddim deffro yn fuan?"

"Mae o 'n cysgu yn bur drwm. Dydw i ddim yn leicio ei ddeffro."

"O, na, peidiwch a'i ddeffro. Yr oeddwn yn meddwl ei fod wedi deffro."

Yna caeodd ei hamrantau yn flinedig. Bu distawrwydd am ennyd; yna dywedai Mrs. Morgan wrth Mrs. Slade mewn llais isel, —

"O, ni gawsom helynt garw hefo Jo druan, neithiwr. Bu raid i mi nol y doctor ato, a'i adael ei hunan; ac erbyn i mi ddod yn f'ol yr oedd wedi myn'd at Mary i'w gwely, a hithau druan bach, a'i dwylaw am ei wddf, yn treio ei gysuro. Ac fel hyn fe gysgodd am hir amser. Wedi i'r doctor ddwad a'i gael yn cysgu, gadawodd rhywbeth iddo i'w gymeryd, ac aeth i ffwrdd. Yr oeddwn yn gobeithio y buasai yn para i gysgu; — ond oddeutu haner y nos dyma fo yn deffro, ac yn neidio o'r gwely mewn dychryn mawr, gan waeddi yn arswydus. Deffrôdd hyn Mary druan, a dychrynodd yn fawr. Mae hi wedi myn'd yn waeth byth ar ôl hyny, Mrs. Slade."

"Fel yr oedd yn rhuthro tua'r drws, delais ef â'm holl nerth gerfydd ei fraich. Gwaeddodd Mary arno, gan dreio ei berswadio i ddod yn ol. Nid heb helynt fawr y cafodd ef i ddod yn ôl i'r gwely.

"Heb aros moment rhoddais iddo yr hyn a adawodd Doctor Green. Cymerodd ef yn rhwydd. Ond buom mewn helynt mawr hefo fo trwy y nos. Cododd chwe gwaith o'i wely, a pherswadiodd Mary ef i ddod yn ôl bob tro. Yr oeddwn yn parhau i roi y morphine iddo fel y gorchymynodd y doctor, ac erbyn y bore yr oedd wedi gwneyd ei effaith arno. Aeth i gysgu yn drwm, ac mae'n cysgu byth er hyny; - ac 'rwy'n dechreu teimlo yn anestmwyth rhag ofn na wnaiff o byth ddeffro. Clywais am y fath beth wedi digwydd."

"Edrychwch ydi nhad wedi deffro," ebai Mary, gan godi ei phen oddiar y gobenydd. Nid oedd wedi clywed yr ymddyddan rhwng ei mham â Mrs. Slade oblegid yr oeddynt yn siarad yn lled isel.

Aeth Mrs. Morgan at y drws, ac edrychodd i'r ystafell lle y gorweddai ei gwr.

"Mae o'n cysgu o hyd, cariad," meddai, wrth ddychwelyd at y gwely.

"O! mi leiciwn iddo ddeffro. Mi leiciwn ei weled. 'Newch chwi mo'i alw fo, mam?"

"Rwyf wedi ei alw lawer gwaith. Ond mae y doctor wedi rhoi rhywbeth iddo i gysgu. Fedr o ddim deffro yn fuan."

"Mae o 'n cysgu yn hir iawn; — ydych chwi ddim yn meddwl hynny, mam?"

"Ydi, Mary; ond gore oll iddo fo. Fe fydd yn well ar ôl deffro."

Cauodd Mary ei llygaid eilwaith. Mor welw oedd ei gruddiau — mor ddwfn yr oedd ei llygaid wedi suddo — y fath gyfnewidiad oedd yn ei holl wynebpryd.

"Rwyf wedi ei rhoi i fyny, Mrs. Slade," sisialai Mrs. Morgan, wedi ei gorchfygu gan deimlad.

"Rwyf wedi ei rhoi i fyny! Mae y gwaethaf trosodd: ond O! mae fy nghalon yn hollti. Fy mhlentyn anwyl! Yn fy holl helynt yr oedd hi yn fy nghysuro ac yn help i mi."

"Nhad! nhad!" gwaeddai Mary yn gyffrous.

Trodd Mrs. Morgan at y gwely, a chan roddi ei llaw ar ei braich, dweda. ---

"Mae o'n cysgu'n drwm o hyd, cariad."

"Nag ydi o ddim mam. Mi clywais o'n symud. Ewch i edrych a ydi o ddim yn ddeffro."

Er mwyn ei boddloni, aeth y fam allan o'r ystafell, ac er ei syndod gwelai ei gwr yn eistedd a'i lygaid yn llydan agored.

"Beth mae Mary eisio gen i?" gofynai.

"Mae hi eisio eich gweled. Galwodd arnoch lawer gwaith. A gaf fi dd'od a hi yma?"

"Na, mi wisgaf amdanaf."

"Gwell i chwi beidio. Yr ydych wedi bod yn sâl."

"O, na, dydw i ddim yn teimlo fy hun yn sâl."

Gwisgodd Morgan amdano, a thrwy gymorth ei wraig, llusgodd ei gorff clynedig i'r ystafell lle y gorweddai Mary.

"O, nhad!" Y fath sirioldeb ddeuai dros ei hwynebpryd! – "'Rwyf wedi bod yn disgwyl amdanoch cyhyd. Yr oeddwn yn meddwl na chaech chwi byth ddeffro. Cusanwch fi, nhad."

"Beth alla' i neud i chwi?" gofynai Morgan fel y gosodai ei wyneb ar y gobenydd wrth ei hochr.

"Dim, nhad. Dydw i eisio dim. 'Doedd gen i ond eisie eich gweled."

"O, nhad anwyl! yr ydych yn wastad wedi bod mor dda wrtha i," ebai y plentyn, yn dyner, gan roddi ei llaw fechan ar ei wyneb.

"O, naddo! Fu'm i erioed yn dda wrth neb," ebai Morgan yn dorcalonus fel y codai ei hunan oddiar y gobenydd.

O! fel y teimlai Mrs. Slade pan eisteddai yn dyst ddistaw o'r olygfa hon!

"Dydech chwi ddim wedi bod yn dda wrthych eich hunan, nhad; ond yr ydych wedi bod yn dda wrthom ni'n wastad."

"Peidiwch, Mary, peidiwch a son am hyny," ebai Morgan. "Dywedwch mod i wedi bod yn ddrwg — yn ddrwg iawn. O, Mary anwyl! pe b'aswn mor dda a chwi, b'aswn yn leicio marw a gadael yr hen fyd drwg yma. O! na f'asai yma ddim licar i'w yfed — dim tafarnau — dim barrooms! O, dear! na bawn i wedi marw!"

Dododd y dyn truenus ei wyneb drachefn yn nillad y gwely, ac wylodd yn chwerw.

Y fath ddystawrwydd llethol am ennyd a deyrnasai tros yr ystafell.

"Nhad!" Torrwyd y dystawrwydd gan Mary. Yr oedd ei llais yn glir a chroew. "Nhad, mae gen i eisio dyweyd rhywbeth wrtha chi."

"Beth ydi o, Mary?"

"Fydd neb i'ch nol chwi adref, nhad." Erbyn hyn crynai ei gwefusau, a llanwai y dagrau ei llygaid.

"Peidiwch a siarad am hyny, Mary. Dydw i ddim am fyn'd allan nes i chwi fendio, Ydych chwi ddim yn cofio i mi addo.

"Ond nhad" - petrusai.

"Beth, cariad?"

"Rwy'n myn'd i ffwrdd a gadael fy mam a chwithau."

"O, na, Mary, peidiwch a d'eyd hyny! Fedrwn ni ddim gadael i chwi fyn'd, cariad," ebai Morgan, newn llais toddedig.

"Mae Duw wedi ngalw i."

Dywed y geiriau yn dra difrifol, a throai ei llygaid i fyny.

"O, na fase o yn fy ngalw ina! O, mi ddymunwn iddo fy ngalw i," gruddfanai Morgan gan guddio ei wyneb rhwng ei ddwylaw.

"Pa beth i chwi fyn'd? O, dear!"

"Nhad," siaradai Mary yn dawel drachefn. "Dydych chwi ddim yn barod i fynd eto. Fe 'neiff Duw adal i chwi fyw yn hwy i chwi 'neud eich hunan yn barod."

"Sut y medraf 'neud fy hunan yn barod heb i chwi fy helpio i, Mary?"

"Rwy' wedi treio eich helpu, nhad, — do lawer gwaith," ebai Mary.

"Do, do, yr oeddych yn treio fy helpu'n wastad. Ond, 'doedd o ddim use. Yr oeddych yn myn'd allan, ac yn myn'd i'r dafarn fel pe b'asech yn methu peidio myn'd."

Gruddfanai Morgan yn yr ysbryd.

"Hwyrach y medraf eich helpu yn well ar ol i mi farw, nhad. 'Rwy'n eich caru gymaint fel rwy'n siwr y gwneiff Duw adael i mi dd'wad atoch, ac aros hefo chwi i'ch gwylio. Ydych chwi ddim yn meddwl y gwneiff o, mam?"

Ond yr oedd calon Mrs. Morgan yn rhy lawn. Ni ddarfu gymaint a cheisio ateb, ond eisteddai, â'i dagrau yn rhedeg yn afonydd o'i llygaid, gan syllu ar wyneb ei phlentyn.

"Nhad, yr oeddwn yn breuddwydio rhywbeth amdanoch pan oeddwn yn cysgu heddiw."

"Beth oedd o, Mary?"

"Yr oeddwn yn meddwl ei bod yn nos, a mod inau o hyd yn sal. Yr oeddych wedi addo nad aech allan nes i mi fendio. Ond mi aethoch allan; ac yr oeddwn yn meddwl eich bod wedi myn'd i dafarn Mr. Slade."

"Ar ôl imi wybod hyn teimlais fy hunan mor gryf a phan oeddwn yn iach, a chodais i fyny, gwisgais amdanaf, a chychwynais ar eich hol. Ond cyn i mi fyn'd ymhell, cyfarfyddais a chi mawr Mr. Slade - Nero - a chwyrnodd arna i mor ddychrynllyd nes i mi ddychrynu, a rhedeg yn f'ol gartref. Ond cychwynais wedyn, ac eis o gwmpas tŷ Mr. Mason. Ond yr oedd Nero ar y ffordd, a'r tro yma neidiodd i fy nillad, a rhwygodd nhw'n arw. Rhedais yn f'ol wedyn, a rhedodd yntau ar f'ol hyd y ffordd gartref. Ar ôl i mi ddwad at y drws edrychais o'm cwmpas, a dyna lle'r oedd Mr. Slade yn hysio Nero arna i. Gynted y gwelais Mr. Slade — er ei fod yn edrych yn ddig arna i — collais fy holl ofn, a cherddais heibio i Nero, ac yntau yn dangos ei ddanedd, ac yn chwyrnu yn dost o hyd, ond ddaru o mo mrathu i. Treiodd Mr. Slade fy stopio, ond rhedais heibio iddo, nes i mi ddwad at y dafarn, a lle'r oeddych chwi yn sefyll yn y drws. Yr oeddych wedi gwisgo amdanoch mor hardd. Yr oedd genych het a chot newydd, a boots newydd wedi eu polishio fel rhai Mr. Hammond. D'wedais, O nhad! chwi ydi hwn? 'Ie, Mary,' medde chwithau, gan fy nghymeryd yn eich breichiau. 'Nid yr hen Jo Morgan, ond Mr. Morgan 'rwan?' Yr oedd pobpeth mor rhyfedd! Yr oedd llond y bar room o goods. Yr oedd sein y *Black Lion* wedi ei thynu i lawr, ac uwch ben y drws yr oeddwn yn darllen eich henw chwi, nhad. O! yr oeddwn mor falch nes i mi ddeffro; ac ar ôl y cwbl 'doedd o ond breuddwyd!"

Siaradai y plentyn y geiriau diweddaf yn ddwys a theimladol. Dilynodd cyfwng arall o ddwfn ddistawrwydd — ni thraethai y gwrandawyr prudd yr hyn oedd ar eu calonau. Yr oedd eu teimladau yn rhy ddwys i'w hymadrodd. Llithrodd agos i bum munud heibio; ac yna sisialai Mary enw ei thad, ond heb agor ei llygaid.

Atebodd Morgan, a gostyngodd ei glust.

"Fydd yna neb hefo chwi ond fy mam," ebai Mary — "neb ond fy mam. A mae hi yn crïo'n wastad pan fyddwch chwi i ffwrdd."

"Wnai mo'i gadael hi, Mary ond pan fydda i hefo ngwaith," ebai Morgan. "Nid af byth allan yn y nos eto."

"Yr ydych wedi addo hyny."

"Mi wnaf addo mwy."

"Beth, nhad?"

"Peidio byth myn'd i dafarn eto."

"Byth!"

"Nag af byth. Ac mi wnaf addo mwy eto."

"Nhad?"

"Peidio yfed dyferyn o liquor tra byddaf fyw."

"O, nhad, anwyl, anwyl!" Gyda banllef o lawenydd taflodd ei hunan ar ei fynwes. Cofleidiodd Morgan hi yn gynnes, ac eisteddai a'i wefusau yn seiliedig ar ei boch fechan, a hithau yn gorwedd yn ei freichiau cyn llonydded a marwolaeth. A marwolaeth! Ie, oblegid pan lacaodd

Morgan ei freichiau, yr oedd ysbryd ei blentyn yn canu yn nghanol angelion!

Pennod VIII – Y Bedwaredd Noswaith – Gorffennaf 2

Y bedwaredd noswaith oedd hi i fod yn bar room y *Black Lion*. Nid oedd y cwmni yn lluosog, nac mewn ysbryd pur fywiog ychwaith. Yr oedd pawb wedi clywed am saldra Mary Morgan, yr hwn a ddilynodd mor fuan ar ôl y tarawiad a gafodd gan Simon Slade, fel na phetrusai neb gysylltu y naill gyda'r llall. Mor gyson ydoedd ymweliadau y plentyn wedi bod — ac mor dyner — eto mor nerthol oedd ei dylanwad ar ei thad, fel yr oedd y rhan fwyaf o fynychwyr y *Black Lion* wedi cymeryd fod ynddi ddawn arbennig; ac yr oedd y driniaeth greulon a dderbyniodd, - a'r saldra a ganlynodd, - wedi mwyhau y diddordeb hwy i raddau mawr.

"Dydi Jo Morgan ddim wedi dwad i fyny heno," ebai un.

"A dydi o ddim yn debyg o ddwad chwaith," atebwyd.

"Ië, pam?" gofynai y cyntaf.

"Mae 'nhw'n d'eud fod y dyn hefo'r procar ar ei ôl o."

"O, bobol! Mae hyny'n ddychrynllyd. Dyma'r ail neu'r drydedd waith iddo fod ar ei ôl o, onide?"

"Ië,"

"Mae o'n ddigon tebyg o'i ddal o y tro yma."

"'Nawn i ddim synnu."

"Y d---- drwg, fydde fo fater yn y byd. Fe fyddai ei deulu yn llawer gwell hebddo fo."

"Y scamp meddw!" ebai Harvey Green. Yr oedd hwn yn bresennol. "Dydio ddim ond yn ffordd pawb. Gore po cynta y bydd o'r ffordd."

Ni ddywedodd y tafarnwr air. Lled orweddai ar y bar, gan edrych yn fwy difrifol nag arferol.

"Tro go anlwcus i chwi oedd hwnyna, Simon. Mae nhw'n d'eud fod y plentyn yn agos i farw."

"Pwy sy'n d'eud hyny?" Cynhyrfodd Simon, a thaflodd drem ddigofus ar y siaradydd.

"Doctor Green."

"Nonsense! Ddeudodd Doctor Green erioed y fath beth."

"Do mi ddaru."

"Pwy clywodd o?"

"Y fi."

"Iê? Doedd o ddim o ddifri?" Gwelwodd gwynebpryd y tafarnwr.

"Oedd, yr oedd o. Fe gawsom fyd garw yno neithiwr."

"Yn mhle?"

"Yn nhŷ Morgan. Mae Jo yn wallgof - â neb ond Mrs. Morgan druan ei hunan gyda fo a'i phlentyn claf trwy'r nos."

"Mae o yn ei haeddu hi; dyna sy' gen i i'w dd'eyd." Ceisiai Slade ymddangos yn ddifater.

"Mae hynyna yn siarad go galed," ebai un o'r cwmni.

"Dydw i ddim yn hidio os ydi o. Mae o'n wir. Beth arall allasai fo ddysgwyl."

"Mae dyn fel Jo i dosturio wrtho," ebai un arall.

"'Rydw i yn tosturio wrth ei deulu o," ebai Slade.

"Yn enwedig wrth Mary fach," ebai un yn watwarus — ac achosodd foddhad mawr trwy y *bar-room*.

Cynhyrfodd Slade, a chychwynodd o'r fan lle yr oedd yn sefyll, gan sibrwd nad oedd wedi deall dim a ddywedwyd.

"Gwyliwch, Simon, mi glywais siarad go gry' yn swyddfa y cyfreithiwr Phillips heddiw'r bore."

Trodd Slade ei lygad ar y siaradydd.

"Os bydd y plentyn yna farw, mae'n debyg y bydd raid i chwi sefyll treial am ddyn-laddiad."

"Na, geneth-laddiad" ebe Harvey Green gyda chwerthiniad oer.

"Ond yr wyf yn siarad yn ddifrifol," ebai y llall. "Dywedodd Mr. Phillips y gellid gwneyd achos o hono."

"Doedd hi ddim ond damwain — ac fedr holl gyfreithwyr y byd ei 'neud o yn ddim arall," sylwai Green, gan gymeryd plaid y tafarnwr.

"Nid damwain yn gwbl."

"Cheisiodd o ddim taro yr eneth."

"Dydi hyny o bwys yn y byd. Fe daflodd y glass at ben ei thad. Yr oedd bwriad i wneyd niwed; wnaiff y gyfraith fawr o wahaniaeth yn nghylch y person a dderbyniodd y niwed. Peth arall, pwy sydd yn barod i ddyweyd nad oedd yn ceisio taro yr eneth?"

"Pwy bynag a ddyweyd fy mod wedi ceisio mae o'n gnaf celwyddog," ebai y tafarnwr, wedi moni drwy-ddo.

"Thaflaf i yr un glass at eich pen chwi Simon," ebai y dyn yn ddigyffro. "Dydw ddim yn ei hystyried hi yn ffordd dda o ymresymu, er ei bod yn ffordd dda iawn gan rai dynion i benderfynu cwestiwn pan fyddont wedi eu gwasgu i gongl. Yn awr, o barch i'n cyfaill y tafarnwr, mae'n ddrwg genyf ddyweyd nad yw ei fusnes newydd wedi gwella llawer ar ei foesau na'i dymer. Mae cryn wahaniaeth ynddo yrwan na phan oedd yn felinydd. Dydi o'n hidio dim byd yrwan am regi a thyngu, a thaflu gwydrau at benau pobl, a phobpeth bron. 'Rwyf yn ofni ei fod yn cymeryd ei wersi mewn ysgol go ddrwg."

"Dydw i ddim yn meddwl fod genych chwi hawl i sarhau dyn yn ei dŷ ei hun," ebai Slade, mewn tôn ychydig yn blaen.

"Doedd gen i 'run bwriad i'ch sarhau chwi," ebai y llall. "Doeddwn i ond siarad ar antur, gyda golwg ar eich sefyllfa pe dygid chwi i sefyll eich treial am ddyn-laddiad, a phan ddywedais nad allai neb ei brofi. A oeddych yn ceisio taro yr eneth?"

"Wel, doeddwn i ddim yn meddwl taro yr eneth; a dydw i ddim yn meddwl fod yna un dyn yn y *bar-room* heno yn meddwl hyny."

"Dydw i ddim yn meddwl hyny, yn sicr," atebai y person yr oedd mewn dadl ag ef.

"Na finnau. - Na finnau," meddai pawb yn eu tro.

"Ond fel yr oeddwn yn dymuno dangos," ychwanegwyd, "ni fydd yr achos mor hawdd ei benderfynu yn y cwrt, pan fydd deuddeg o ddynion — a rheini efallai oll yn ddieithriaid i chwi — yn eistedd mewn barn ar y weithred. Fe all y dryswch lleiaf yn y tystiolaethau achosi pethau i edrych mor ddu fel ag i'ch gadael heb ond ychydig iawn o chance. 'Rwyf yn meddwl, o'm rhan fy hun, os bydd y plentyn farw, deg i un na fyddwch yn ngharchar y sir."

Yr oeddwn yn sylwi ar y dyn yn barhaus tra y siariadai, ond nid allwn wneyd allan a oedd yn ddifrifol, neu ynte ai ceisio dychrynu Slade yr oedd. Ei fod yn llwyddiannus yn nghynyrchiad yr olaf, oedd yn ddigon amlwg; oblegid newidiai y tafarnwr liw ei wyneb yn barhaus, ac yr oedd wedi ei lenwi a dychryn.

"Mae hi'n edrych yn ddu, yn ddigon difrif" ebai un.

"Ië, mae hi? Safwn i ddim yn ei esgidiau o am ei gôt," ebai un arall.

"Am ei gôt? 'Nawn i ddim am ei holl ddillad a'r *Black Lion* yn y fargen," ebai y trydydd.

"Ma'n eglur fod yr achos yn ddynladdiad. Beth yw y gosbedigaeth?"

"O ddwy i ddeng mlynedd yn y carchar-dy," atebwyd yn union.

"Wel, efallai y caiff Slade bump."

"Na, chaiff o ddim mwy na dwy. Fe fydd yn anhawdd profi fod drwg-fwriad ganddo."

"Wn i mo hyny. Mi clywais i o yn rhegi ac yn bygwth yr eneth lawer gwaith, Chlywsoch chi mono?"

"Do, do," ebai bron bawb yn yr ystafell.

"Well i chwi fy nghrogi i ar unwaith," meddai Slade, gan geisio chwerthin.

Y foment hon agorwyd y drws oedd o'r tu ôl i Slade, a gwelwn wyneb pryderus ei wraig yn ymwthio i mewn am foment. Dywedodd rywbeth wrth ei gwr, ac ymddangosai yntau fel yn synnu yn ddirfawr, a gadawodd yr ystafell.

"Beth yw y mater 'rwan?" gofynai y naill i'r llall.

"Synwn i ddim nid ydi Mary Morgan wedi marw," sylwai un.

"Mi clywais hi yn dweyd marw," ebai un arall, yr hwn oedd yn sefyll yn lled agos i'r drws.

"Beth yw y mater Frank?" gofynai amryw fel y deuai mab y tafarnwr i'r ystafell.

"Mae Mary Morgan wedi marw!" atebai y bachgen.

"Druan o hi! druan o hi!" ocheneidiau un mewn gwir ofid. "Mae ei phoen drosodd."

Nid oedd gymaint ag un yn yr ystafell ond Harvey Green heb sibrwd rhyw air o gydymdeimlad ar dderbyniad y newydd galarus.

"Yn awr gyfeillion," ebai un o'r cwmni, "a allwn ni ddim gwneyd rhywbeth i Mrs Morgan. "A fedrwn ni ddim rhoi pwrs iddi hi?

"Dyma fo," atebwyd yn union. "Mi roddaf fi ddeg swllt, a dyna nhw," gan dynnu allan yr arian, a'i dodi ar y bwrdd.

"A dyna ddeg swllt atynt." atebais inau, gan eu rhoddi yn ochr y rhodd gyntaf. Ac felly yr aeth y casgliad ymlaen nes ei wneyd yn wyth bunt.

"I bwy yr ymddiriedwn yr arian?" oedd y gofynfiad nesaf.

"Gadewch i mi gynnig Mrs Slade," meddwn inau.

"Yn fy ngwybodaeth y mae wedi bod gyda Mrs Morgan heno. Yr wyf yn gwybod ei bod yn teimlo didddordeb mawr yn achos Mrs Morgan."

Boddlonodd pawb o'r cwmni dewisiad Mrs Slade fel un gymwys i drosglwyddo yr arian. Gwnaed ymofyniad â Frank am ei fam, ac atebodd y gallem ei gweled yn yr ystafell nesaf, ac i'r hon yr aethont. Sylwais fod ei llygaid yn glwyfus, a'i hwynebpryd yn dangos gofid dirfawr.

"Yr ydym newydd glywed," ebai un ohonom, "fod Mary Morgan wedi marw."

"Ydyw, y mae hyn yn wir," atebai Mrs Slade, yn ofidus. "Yr wyf newydd ddwad oddi yno, Druan ohoni, mae hi wedi gadael yr hen fyd drwg yma."

"Drwg a fu iddi hi," sylwyd.

"Da, y dywedasoch," ebai Mrs Slade, yn ofidus. "ei gair olaf wrth farw oedd am ei hanhapus dad. Buasai hi yn marw er ei fwyn unrhyw amser."

"Mae yn rhaid bod ei mham bron torri ei chalon. Mary oedd y ddiweddaf o'i phlant."

"Ac eto fe all marwoleath y plentyn fod o fendith iddi."

"Sut felly?"

"Wel, fe addawodd Jo wrth ei blentyn yn ei munudau olaf — do addawodd yn ddifrifol nad yfai ddiferyn o liquor byth. Dyna oedd holl flinder Mary. Ond fe symudodd Jo hwn, a bu hithau farw yn esmwyth a'i phen ar ei fynwes. O, foneddigion! yr oedd yr olygfa yr un fwyaf effeithiol a welais erioed."

Ymddangosai pawb fel wedi eu cynhyrfu yn fawr.

"Maent yn bur dlawd a thruenus," ebai Mrs. Slade.

"Yr ydym newydd fod yn gwneyd casgliad i Mrs Morgan. Dyma yr arian, Mrs Slade — wyth bunt. Yr ydym yn eu hymddiried yn eich llaw chwi — gwnewch a hwynt fel y gweloch yn oreu er llesiant Mrs Morgan."

"O, foneddigion! 'rwyf yn diolch chwi o waelod fy nghalon dros Mrs Morgan am y weithred haelionus a charedig hon. I chwi nid yw yr aberth ond bychan — iddi hi fe fydd o les dirfawr, yn wir. 'Rwyf yn hyderu y gwnaiff ei gwr droi dalen newydd, ac fe fydd y cynnorthwy amserol hwn yn rhywbeth i ymorphwys arno nes y caiff ryw sefyllfa well nag sydd ganddo yn bresennol. O, foneddigion! gwnewch ymdrechu yn ffafr Jo Morgan. Mae ei ddybenion yn awr yn dda. Mae yn penderfynu cadw addewid ei blentyn, a diwygio ei fywyd. Bydded i'r hyn â'ch cynhyrfodd i wneyd y drugaredd hon yn eich cymell i'w wylio, ac os gwelwch ef yn cyfeiliorni, i'w arwain i'r iawn lwybr. O! na fydded i un o honech ei annog i yfed! Ond yn hytrach cymerwch y gwydryn o'i law, ac arferwch eich holl ddylanwad i'w arwain o le y demtasiwn.

"Maddeuwch fy hyfder yn dweud cymaint," ychwanegai Mrs Slade, gan wrido'n ddwys. "Rwyf yn cael fy arwain gan fy nheimladau."

Cymerodd yr arian oddiar y bwrdd a chychwynodd tua r 'drws. "Chwi a ddywedasoch yn dda," atebwyd. "Ac yr ydym yn diolch i chwi o'n hadgoffa o'n dyledswydd."

"Un gair yn rhagor, maddeuwch i mi am ddweyd hyn," ebai Mrs Slade, mewn llais crynedig!" Gwneweh bob ymdrech i achub Jo Morgan, a gwyliwch nad elo un ohonoch i gerdded y llwybr y cerddodd Jo ynddo.

Llithrodd Mrs Slade allan o'r ystafell, a cheuodd y drws ar ei hol.

"Wn i ddim beth fase ei gwr yn ddweyd am hyn yna," sylwai un ar ôl enyd o ddistawrwydd.

"Dydw i ddim yn hidio beth fase fo yn ddweyd, ond mi ddeuda i chwi beth a ddywedaf fi," atebwyd gan un oedd yn gydnabyddus i mi fel un tra hoff o'r gwydryn. "Mae'r hen foneddiges wedi rhoi cynghor da i ni, ac 'rwyf fi fel un am ei gymeryd. 'Rwyf am geisio achub Jo, ac achub fy hunan hefyd. 'Rwyf wedi dechreu cerdded y llwybr y cyfeiriodd ato; ond yr wyf am droi yn f'ol. Gan hyny nos dda i chwi oll; ac os na chaiff Simon Slade chwaneg o fy chwecheiniogau, geill diolch i'w wraig am hyny: Duw a'i bendithio hi!"

Tynnodd y dyn ei het gyda herc dros ei dalcen, a gadawodd yr ystafell.

Ymddangosai hyn fel arwydd o chwaliad. Ymneillduodd pawb i'w gartref ei hun. Yn fuan ceuwyd drws y bar room, a theyrnasai distawrwydd dros yr holl dy. Ni welais mo Slade mwy y noson hono. Yn blygeiniol bore drannoeth gadewais Cedarville. Edrychai y tafarnwr yn lled brudd wrth ganu yn iach a mi a dymuno siwrnai gysurus i mi.

Pennod IX – Y Bumed Noswaith – Gorffennaf 14

Llthrodd agos i bum mlynedd heibio cyn i'm gorchwyliaeth fy ngalw i Cedarville drachefn. Ni wyddwn ond ychydig am yr hyn a gymerodd le yno yn yr yspaid yna — ond yn unig ddarfod i Simon Slade gael ei gyhuddo o ddynladdiad trwy achosion marwolaeth plentyn Jo Morgan. Ond, fodd bynag, trwy ddylanwnd llwyddiannus y Barnwr Lyman, fe ddiddymwyd y cyhuddiad ac ni orfu iddo sefyll ei brawf. Dywedid gan rai pobl ddarfod i'r Barnwr arfer pob dyfais anghyfiawn er mwyn rhyddhau Slade o'r cyhuddiad. Nid oedd yr argraff a wnaed ar fy meddwl gan y Barnwr Lyman yn un ffafriol o gwbl. Ymddangosai yn ddyn oer, hunanol, a bydol. Gwelais ar unwaith, wrth ei ymddyddanion gyda'r cyffredin bobl a ddeuai i'r *bar-room*, nad oedd ond gwleidyddwr gwael, arwynebol, a dibrofiad.

Fel y treiglai y cerbyd yn mlaen canfyddwn fod cryn gyfnewidiad wedi cymeryd lle mewn amryw wrthddrychau oedd yn dra adnabyddus i mi. Yr oedd ein ffordd yn myned heibio preswylfod y Barnwr Hammond — y gwychaf a'r mwyaf diwylliedig yn Cedarville; o leiaf, dyna fel yr ystyried ef yn amser fy ymweliad blaenorol. Ond y foment y syrthiodd fy llygaid ar y lle, a'r amgylchedd, canfyddais olygfa dra gwahanol. Ai amser yn unig a ddygodd hyn oddiamgylch? Neu ynte fy ngynefindra i a gwrthddrychau gwychach a achosai y gwrthdarawiad? Neu a oedd llaw diwylliad wedi sefyll yn wironeddol?

Y cyfryw oedd yr ymofyniadau yn fy meddwl pan y gwelwn ddyn yn y pillporth eang a berthynai i'r adeilad. Safai a'i gefn yn erbyn un o'r colofnau — ei het oddiar ei ben — a'i wallt hirwyn wedi ei daflu yn ysgafn ar ei wddf a'i ysgwyddau. Yr oedd ei ben yn blygedig ar ei fynwes, ac ymddangosai fel mewn dwfn fyfyrdod. Fel yr elai y cerbyd heibio, edrychodd i fyny, ac yn y wedd newidiedig adnabum y Barnwr Hammond. Yr oedd ei brydwedd yn para o hyd yn llewyrchus, ond yr oedd ei wyneb yn deneu ai lygaid yn suddedig. Yr oedd helbul yn argraffedig ar ei wynebpryd.

Helbul! Mor annigonol y cyflea y gair yr ystyr! Ah! ar y tremiad cyntaf y fath fyd o flinder a agorid o flaen llygad yr edrychydd. Nid yn ysgafn y troediodd amser yna, fel ar wely o flodau, ond cadarn a haiarnaidd. Gan fod y cerbyd yn rhedeg yn gyflym collais olwg ar y dyn cyfoethocaf yn Cedarville yn fuan. Yn mhen ychydig funudau yr oeddym o flaen y *Black Lion*, ac fel y disgynwn oddiar y cerbyd, daeth ataf ddyn braenllyd a gwynebgoch, ac ymafaelodd yn fy llaw — ni ddeallais mai Simon Slade ydoedd nes iddo siarad. Nid allwn lai na gwrthgyferbynu ei ymddangosiad presennol a'r hyn ydoedd pan welais ef gyntaf, rhyw chwe blwyddyn yn flaenorol; na helpio dyweyd ynof fy hunan, — "Wel dyma beth ydyw cadw tafarn?"

Yr oedd popeth wedi cyfnewid oddifewn ac oddi allan i'r *Black Lion* a hyny nid er gwell, ond er gwaeth. Yn lle bod pobpeth yn lân a phydferth fel cynt, yr oeddynt yn fudr ac annhrefnus. Yn y bar room yr oedd Gwyddel ieuanc gwisgi, ac estynodd i mi y llyfr yr arferai teithwyr ysgrifenu eu henwau ynddo. Wedi i mi ysgrifenu fy enw, gorchymynodd ar i fy nghoffi gael ei gludo i'r ystafell y bwriedid i mi ei chymeryd yn ystod fy arhosiad. Dilynais y gwas, yr hwn a'm harweiniodd i'r ystafell a feddianaswn yn ystod fy ymweliad blaenorol. Yma hefyd yr oedd cryn gyfnewidiad, ond nid er gwell. Yr oedd yn llychlyd a budr, a'r arogl yn ffiaidd a drewllyd. Wedi i mi dynu y llwch oddiar fy nillad ac ymolchi, prysurais i lawr, a chymerais gadair ac eisteddais yn y porth. Yno yr oedd amryw segurwyr, dynion iach a chryf, ond dioglyd, y rhai, os oedd ganddynt rywbeth i'w wneyd, yr oedd yn well ganddynt ddiogi na gweithio. Siglai un o honynt ei hunan yn ôl a blaen mewn cadair gan hymio "Old Folks at Home." Gorweddai un arall ar ei wyneb, a'i gorff a'i ysbryd yn rhy ddiog i ysgwyd nac i ganu. Yr oedd y trydydd wedi llithro ei hunan yn ei gadair, a'i draed yn uwch na i ben yn cael eu cynnal gan un o'r colofnau; tra y cysgai pedwerydd ar ei gyhyd ar fainc, a'i het am ei wyneb er attal brathiadau y pryfaid.

Er i bob un obonynt ond y cysgwr fy llygadu pan gymerais fy eisteddle yn eu canol, ni ddarfu i gymaint ag un ohonynt newid yn y gradd lleiaf ei agwedd. Ni ddangosai symudiadau y llygad ond ychydig o lafur iddynt, a buont oll yn fodlon ar yr ymdrech hwn.

"Helo!' pwy oedd dyn yna?" gwaeddai un o'r segurwyr yn sydyn, fel y cyflymai dyn mewn cerbyd ysgafn heibio; a neidiodd ar ei draed gan geisio syllu trwy y cwmwl llwch a gyfodasai yr olwynion a'r carnau.

"Welais i mono," ebai y cysgadur, gan rwbio ei lygaid cheisio deffro ei hunan.

"Pwy oedd o, Mathew?"

Safai y Gwyddel, sef ceidwad y bar, erbyn hyn yn y drws.

"Willy Hammond," atebai Mathew.

"Yn wir! Ai dyna ei geffyl newydd trigain punt o?"

"Ië."

"Gafr! un iawn ydi o!"

"Onite? Mae o cyn ffastied a'i feistr ieuanc."

"Wn i mo hyny," ebai un o'r dynion, dan chwerthin.

"Dydw i ddim yn meddwl fod dim yn y greadigaeth fedr guro Hammond. Mae o cyn gyflymed a dim welais i."

"Ië, mae o. Ond er y cwbl mae o'n eitha' bachgen, ac yn haelionus i bawb."

"Fe wna ei hen dad gytuno a thi yn y peth ola yna," ebai Mathew.

"Dydw i ddim yn ame, achos y fo sy'n gorfod sefyll y bills," atebwyd.

"'Rwyf braidd yn meddwl fod Willy wedi cael y llaw ucha' arno."

"Hammond a'i Fab, ydi hi yn felin a'r dystyllfa."

"'Rwyf yn gwybod. Ond beth am hyny?"

"Wel, fe wnaed Willy yn oruchwyliwr; felly tybiai yr hen ŵr iddo deimlo y cyfrifoldeb, a'i ddofi ychydig."

"Dofi Willy! Fe gymer fwy na hynyna i'w ddofi o. Mae y creadur wedi ei gymwyso yn rhy ddiweddar."

"Ydi, ac fe ŵyr yr hen ŵr hyny erbyn hyn yn eitha da, 'rwyf yn meddwl, er ei ofid."

"Dydi o byth yn dwad yma 'rwan ai ydi o, Mathew?"

"Pwy?"

"Y Barnwr Hammond."

"O bobl! nag ydi. Fe i Slade ac ynte yn ffraeo flwyddyn yn ol, a th'wllodd o byth mo'r drws wedyn."

"Rhywbeth yn nghylch Willy a—" Ni ddywedodd y siaradydd yr enw, ond winciodd yn ddeallgar; ac amneidiodd a'i ben tua'r drws, gan arwyddo rhywun o deulu Slade.

"'Rwyf yn deall felly."

"Wyt ti'n meddwl fod Willy yn hoff o honi?"

Ysgydwodd Mathew ei ysgwyddai, ond ni atebodd.

"Geneth hardd ydi hi," sylwyd, mewn tôn isel.

"Mae hi yn ddigon da i fab Hammond unrhyw ddiwrnod; er pe base hi yn ferch i mi fe fase yn well gen i ei gwel'd yn Jericho nag yn hoff o'i gwmni o."

"Fe fydd ganddo ddigon o arian iddi. Mi geiff fyw fel brenines."

"Am faint o amser?"

"Taw," ebai Mathew yn ddistaw. "Dyna hi 'rwan."

Edrychais i fyny, a gwelswn foneddiges ieuanc a thlos yn agoshau at y tŷ. Deallais ar unwaith wrth ei gwyneb rhadlon a gwylaidd mai Flora Slade ydoedd. O ran teleidrwydd a phrydfferthwch corfforol, yr oedd pum mlynedd wedi gwneyd cynnydd anhygoel arni. Fel yr elai heibio i'r lle yr eisteddwn i'r tŷ, sylwais fod llawer o ôl meddwl a chystudd ar ei hwynebpryd, yr hyn a wnai ond pwysleisio ei phrydferthweb. Cefais fawr foddhad wrth weled y parch a ddangosai y segurwyr iddi pan yr elai heibio.

"Mewn difri', geneth dlos ydi hi." ebai un, mor gynted ag yr aeth i'r tŷ.

"Mae hi'n rhy dda i Willy Hammond, beth bynag," ebai Mathew, "er mor hael a chlyfar y geilw pobol o."

"Dyna fy meddwl inau" atebwyd. - "Mae hi mor dda a phur ag angyles; ac yntau? — pw! mae o cyn waethed ag y meder dyn fod agos."

Rhoddodd ymddangosiad Slade derfyn ar yr ymgom. Ni wnaeth yr ail olwg arno argraff fwy ffafriol ar fy meddwl na'r gyntaf. Yr oedd ei wyneb yn hagr, a phan gymerodd gadair ei fod wedi myn'd yn yfwr trwm."

"Welsoch chwi Frank y prydnawn yma?" gofnai i Mathew, ar ôl i ni ymddyddan ychydig,

"Naddo," oedd atebiad ceidwad y bar.

"Mi gwelais i o gyda Tom Wilkins pan oeddwn yn dywad yma," ebai un o'r dynion yn eistedd yn y porth.

"Beth oedd o'n wneyd hefo Tom Wilkins?" gofynai Slade mewn tôn ofidus.

"Dydi o ddim yn mieindio llawer pwy fydd ei gwmni."

"Saethu."

"Saethu!"

"Iê. Yr oedd gan bob un o honynt wn adar. Doeddwn i ddim yn ddigon agos atynt i ofyn i b'le yr oedda nhw'n myn'd."

Cynhyrfodd Slade yn fawr wrth y newydd. Wedi iddo sibrwd rhywbeth rhyngddo ag ef ei hun, cyfododd ac aeth i'r tŷ.

"Gallaswn ddeud llawer chwaneg am Frank wrth yr hen law." ychwanegai y dyn, "ond waeth tewi."

"Wyr Slade mo haner ei hanes," sylwai Mathew, "y fo ydi y bachgen tosta a welais i erioed."

"Bachgen! Fe fydde yn o arw gan Frank eich clywed yn ei alw yn fachgen."

"Fydda i un amser yn siarad hefo fo, o ran hyny," atebai Mathew, "oblegid pe bae o minau yn myn'd i ffraeo fe fydde yne helynt iawn — ddaliai yr un tŷ mo'no ni wedyn."

"Rwyf yn synu na wnai ei dad ymorol am ryw fusnes iddo. Mae y bywyd dioglyd y mae yn ei gael yn siwr o'i ddinystrio."

"Fe fu tu ôl i'r bâr am flwddyn neu ddwy."

"Do; ac un iawn oedd o am gymysgu gwydriad - ond -."

"Yr oedd yn gwsmer rhy dda ei hunan?"

"Gwir. Fe feddwodd fel ffwl cyn cyrhaedd ei bymtheg oed."

"Bobl anwyl!"

"Mae o'n ddigon gwir, syr," ebai y dyn, gan droi ataf.

"Ac nid dyna'r cwbl. Chwi wyddoch nad ydi ymddyddanion y *bar-room* o'r chwaeth oreu bob amser. Fe gymrodd Frank ei ddysg yn fuan; a chyn pen ychydig amser yr oedd yn gystal rhegwr ag un o honynt. Dydw i ddim yn sant fy hunan; ond rwyf wedi teimlo fy ngwaed yn rhedeg yn oer lawer gwaith wrth ei glywed yn rhegi."

"Yr wyf yn tosturio tros ei fam," sylwais; oblegid rhedodd fy meddwl yn union at Mrs Slade.

"Chwi ellwch," atebwyd. "Rwyf yn meddwl nad oes neb a chalon bruddach yn Cedarville. Diwrnod du oedd o iddi hi pan roddodd Simon Slade y felin i fyny; ac adeiladu tafarn. Yr oedd hi yn erbyn hyny o'r dechreuad."

"Yr wyf yn deall felly."

"Rwyf yn ei wybod," ebai y dyn. "Mae fy ngwraig wedi bod yn gydnabyddus a hi am flynyddoedd. 'Rwyf yn cofio yn dda pan werthwyd y felin iddi ddod i'n tŷ ni ac wylo fel plentyn. Ond fe fynai Slade fod yn dafarnwr. Ac nid wyf yn meddwl i mi weled gwen wironeddol ar wyneb Mrs Slade byth wedyn, syr."

"Yr oedd hyny yn llawer i ddyn i'w golli," meddwn.

"Beth?" gofynai, heb fy neall yn glir.

"Gwyneb siriol ei wraig," atebais.

"Nid oedd y gwyneb ond dangoseg o'r galon," ebai yntau.

"Gwaethaf oll."

"Digon gwir, yr oedd yn llawer i'w golli."

"Ond beth mae o wedi enill i wneyd i fyny am hyn?"

Ysgydwodd y dyn ei ysgwyddau.

"Ië, beth mae o wedi enill?" gofynais eilwaith.

"Fedrwch chwi ddywedyd i mi?"

"Wel un peth, y mae yn gyfoethocach."

"Ac yn hapusach?"

Ysgydwodd y dyn ei ysgwyddau drachefn. "Ah! allwn i ddim dywedyd hyny."

"Wel faint cyfoethocach?" gofynais.

"Oh! llawer. Yr oedd rhywun yn dyweyd ddoe ei fod yn werth pum mil o bunnau."

"Yn wir? cymmaint a hyny!"

"Ydi."

"Pa fodd y casglodd y fath gyfoeth mor fuan?"

"Mae ei fusnes yn fawr yn y bar," atebai. "A chwi wyddoch fod hwnw yn talu yn dda."

"Rhaid ei fod wedi gwerthu llawer o liquor mewn chwe mlynedd."

"Y mae felly. Dydw i ddlm yn meddwl y byddwn yn mhell o fy lle pe d'wedwn fod cymaint o liquor wedi ei yfed yn Cedarville yn y chwe mlynedd diweddaf ag yfwyd yn yr ugain mlynedd blaenorol, cyn agor y *Black Lion*."

"Dwedwch ddeugain," ebai un oedd yn gwrandaw ar yr ymddyddan.

"Wel, d'wedwn ddeugain ynte," atebai y dynion.

"Pa fodd y mae hyn?" gofynais. "Yr oedd genych dafarn yma cyn i'r *Black Lion* gael ei hagor."

"Oedd; a llawer man arall lle y gwerthid liquor. Ond yr oedd pawb yn mhell ac yn agos yn 'nabod Simon Slade y Melinydd, a phawb yn hoff o hono. Yr oedd yn felinydd da, ac yn ddyn llawen a digrif bob amser. Fe adeiladodd Slade y dafarn, ac fe'i gosododd hi allan yn harddach nag un oedd yma o'r blaen. Cefnogwyd ei anturiaeth ar unwaith gan y Barnwr Hammond, y Barnwr Lyman, a'r Cyfreithiwr Wilson, a chan holl grach-foneddigion y lle; ac wrth gwrs gwnaeth pawb yr un fath. Felly chwi ellwch yn hawdd roddi cyfrif am ei gyfoeth."

"Fe feddylid yn y dechrau," meddwn, "fod y dafarn newydd yn mynd i wneyd rhyfeddodau i Cedarville."

"Do;" atebia y dyn dan chwerthin, "ac felly mae wedi gwneyd."

"Yn mha fodd?"

"Oh! mewn llawer modd. Mae hi wedi gwneyd rhai dynion yn gyfoethog, a rhai yn dlotach?"

"Pwy mae hi wedi wneyd yn dlotach?"

"Dwsiniau o bobol. Gellwch gymeryd yn ganiataol, os gwelwch dafarnwr a busnes da ganddo, ac yn myn'd yn gyfoethog, fod llawer o bobl yn myn'd yn dlawd."

"Sut felly? Yr oeddwn yn dymuno clywed pa fodd yr oedd y dyn — yr hwn yr oedd yn hawdd canfod oedd yn gwsmer da yn ymresymu ar y pwnc."

"Dydi'r tafarnwr ddim yn chwanegu cyfoeth neb. Mae yn cymeryd arian ei gwsmeriaid, ond yn rhoi dim o werth yn ôl — dim a ellir ei gyfrif yn elw personol. Mae o yn gygfoethocach a hwythau yn dlotach, onid felly y mae hi?"

Cydsyniai yn gwbl a'r hyn a ddywedai, ac yghwanegais:

"Pwy yn neilldduol sydd yn dlotach?"

"Y Barnwr Hammond, fel un."

"Ydi y mae yn dlotach o lawer."

"Beth sydd wedi achosi i'r Barnwr fyn'd yn dlotach?"

"Agoriad y dafarn yna, fel y d'wedais."

"Yn mha fodd yr effeithiodd y peth arno?"

"Yr oedd yn un o gefnogwyr gwresocaf Slade. I ddangos ei gefnogaeth yr oedd yn dyfod yma bob dydd ac yn cymeryd ei wydriad o frandi, ac yn annog pawb ereill i wneyd yr un modd. Yn mhlith y rhai a ddilynodd ei esiampl yr oedd ei fab Willy. Nid oedd am ugain milldir o gwmpas ddyn ieuanc mwy gobeithiol na Willy, cyn agor y trap dynol yma" — gostyngodd y dyn ei lais wrth roddi yr enw yna i dafarn Slade. "Ond yn awr," ychwanegai, "nid oes un yn rhuthro i ddinystr yn gyflymach nag ydi Willy. Pan yn rhy ddiweddar, fe welodd ei dad fod ei fab wedi llygru, ac fod y cwmni a gadwai o gymeriad peryglus. Fe brynodd hen felin Slade oherwydd dau reswm — yn gyntaf er mwyn enill swm mawr o arian, fel y tybiai, — ac yn ail er cadw Willy mewn busnes, a'i gadw oddiwrth gwmni drwg. Er mwyn gwneyd yr olaf yn fwy sicr, yn annoeth, ymddiriedodd ef yn brif reolwr y gwaith. Ond y mae yn anturiaeth sydd wedi troi yn fethiant. Clywais ddoe fod y felin i gael ei chau i fyny a'i chynnig ar werth."

"Onid ydyw cadw melin orchwyl mor enillgar ag y tybid el fod?"

"Nag ydi; o dan reolaeth Willy Hammond. Yr oedd ganddo ormod o gyfeillion drwg — dynion oedd yn glynu wrtho am fod ganddo ddigon o arian, ac yn eu gwario fel dŵr. Yr oedd haner ei amser o'r felin, ac yn dra esgeulus o'i fusnes. Clywais ddywed ei fod wedi gwastraffu ei dair mil o bunau a chwaneg i'w canlyn."

"Sut, mae hyny yn bosibl?"

"Wel, mae pobol yn siarad, ac nid bob amser ar antur. Mae yma ddyn wedi bod yn aros yma y rhan fwyaf o'i amser yn y pum mlynedd diweddaf o'r enw Green. Dydio'n gwneyd dim — ŵyr neb o b'le 'daeth o - a does ganddo ddim cyfeillion yn y gym'dogaeth. Wel, fe ddaeth y dyn yma yn gydnabyddus a Willy, trwy ei fod yn arfer myn'd i'r bâr — ac mae nhw'n gyfeillion sownd byth er hyny. Fe ddywedir, syr, fod y Green yma yn gambliwr; a rwy i yn credu hyny fy hun. Os felly, mae'n ddigon hawdd gweled lle mae arian Willy wedi myn'd."

Cydsyniais ag ef yn yr hyn a ddywedai.

"Wel, gan fod Green yn gambliwr," meddwn, "y mae ef yn gyfoethocach ar ôl agoriad y dafarn newydd yn Cedarville."

"Ydi, ac mae Cedarville yn gymaint yn dlotach; achos ni chlywais i erioed el fod wedi prynu modfedd o dir, na rhoi un geiniog at un gymdeitlias ddaionus. Dydi o ond sugnwr gwaed."

"Nid yn unig y mae yn eu hysbeilio o'u arian," sylwais, "ond y mae yn llygru y rhai y mae a wnelo efe a hwy."

"Gwir,"

"Efallai mai nid Willy Hammond yn unig y mae wedi ei lygru," sylwais.

"O, nage, syr! Rwyf wedi arfer dwad yma bob nos er's llawer o flynyddoedd, fel mae mwya' c'wilydd," ychwanegai, "ond felly mae hi'n bod. 'Rwyf wedi sylwi ar bobpeth o ngwmpas. Ymhlith yr ymwelwyr cyson, y mae o leiaf haner dwsin o ddynion ieuainc sydd yn perthyn i'r teuluoedd goreu yn yr ardal. Maent oll yn ddiarwybod i'w cyfeillion â'u perthynasau nad ydynt yn yfed llawer — ond rhyw lasiad neu ddau bob un. Oddeutu naw o'r gloch cewch weled y naill ar ôl y llall yn llithro yn ddystaw o'r bar, ac yn cael eu dilyn gan Green a Slade. Gellwch weled goleu bob amser yn pelydru yn wanaidd o ryw ystafell neillduol, yr hon y gwn mai ystafell Green ydyw. Dyma'r ffeithiau, syr, a thynwch chwi y casgliad."

"Beth! a ydyw Slade yn myn'd gyda'r dynion ieuainc hyn?" gofynais, "A ydych yn meddwl ei fod yntau yn gamblo?"

"Os nad ydi Slade yn dŵl yn llaw Harvey Green, yr ydw i yn camgymeryd."

"Anmhosibl!"

"Ysgol ddrwg ydi cadw tafarn, syr," ebai y dyn.

"Yr wyf yn addef hyny yn rhwydd."

"Y mae yn yr ysgol er's saith mlynedd ac wedi dysgu yn dda, syr."

"Rhy wir."

"Dydi Simon Slade ddim yr un dyn fel tafarnwr ag ydoedd fel melinydd. Medr rhywun a haner llygad wel'd hyny."

"A ydyw Slade yn meddwi?"

"Mae yn cymeryd tipyn gormod."

"Arwydd ddrwg."

"Ië; ac os na fydd Simon Slade yn dlotach flwyddyn i heddyw nag ydi o yrwan, dydw i ddim yn brophwyd. Mae y gambliwr proffesedig yn ormod o ddyn iddo."

Dybenodd ein hymddyddan yn y fan hyn, trwy i rywun gyfodi ei fys ar fy nghyfaill siaradus, i gael llwnc; a gadawodd fi yn ddiseremoni.

Pennod X – Y Bumed Noswaith – Gorffennaf 28

Yr oedd y swper y cyfranogais o hono y prydnawn hwnw yn dra gwahanol i'r un a gefais yn fy ymweliad cyntaf a'r *Black Lion*. Yr oedd y llian bwrdd, nid yn unig yn llychwinog, ond yn ffiaidd a budr; yr oedd y dysglau, y cwpanau, y cyllyll a'r ffyrc yn glynu wrth fy nwylaw gan fudreddi, a'r ymborth o'r fath ansawdd fel y digonodd fy chwant ag ychydig dameidiau. Nid oedd gwr na gwraig y dafarn wrth y bwrdd; ond gweinyddai rhyw ddwy Wyddeles anghynes ar yr achlysur.

Yr oeddwn yn wir newynog pan ganwyd y gloch arnaf i swpera; ond fe beidiodd gwanc fy ystymoc yn fuan yn awyr afiachus y giniaw-gell, a myfi oedd y cyntaf i adael y bwrdd.

Yn fuan wedi hyn, goleuwyd y lampau. Dechreuoddd cwmni ymgasglu i'r *bar-room* eang, lle yr oedd eisteddleoedd cysurus, byrddau, papyrau newyddion, backgammon boards, dominoes, &c. Gweithred gyntaf pob un bron, ar ei ddyfodiad i mewn, ydoedd galw am wydriad o liquor; a byddai yr un person weithiau yn yfed ddwywaith neu dair yn ystod haner awr ar gymhelliad newydd-ddyfodiad caredig.

Yr oedd y rhan fwyaf o'r rhai a ddeuent i mewn yn ddyeithriaid i mi. Yr oeddwn yn edrych o wyneb i wyneb i weled a oedd neb o'r hen gwmni yn bresennol, pryd y tarawyd fi gan wynebpryd y tybiwn ei fod yn dra chydnabyddus i mi. Yr oeddwn ar astudio yn fanwl er mwyn, os oedd bosibl, adnabod y person, pan y cyfarchodd rhywun ef fel "Barnwr."

Er fod y wyneb wedi cyfnewid yn fawr, deallais erbyn byn mai efe ydoedd Barnwr Lyman. Yr oedd pum mlynedd wedi anmharu llawer arno. Ymddangosai ei wyneb gymaint ddwywaith, ac wedi colli ei holl lewyrch.

Llefarai y gwefusau chwyddedig, yr amrantau trymion, a'r llygaid plymaidd haner - a - gored i ddarostyngiad truenus ei gyflwr. Siaradai yn uchel, haerllug, ac honiadol, a'r cwbl oddiar ei gof, oblegid yr oedd yn hawdd canfod nad oedd ei feddwl yn cael gweithredu ond nesaf peth i ddim. Ac er mor anifeilaidd ydoedd wedi myn'd trwy ei anghymedroldeb, yr oedd newydd gael ei ddewis yn gynnrychiolydd yn y Gynghorfa gyda mwyafrif mawr, fel pleidiwr gwrthddirwestiaeth. Efe ydoedd pleidiwr y rum, ac, wrth gwrs, gwnaeth pawb oedd yn hoff o'r gwirod hwnw eu goreu i'w gael i fyny, gan sathru ar bob rhinwedd a moesoldeb; ac yr oedd yr ardal o'r hon yr etholwyd ef fel deddfwr cenedlaethol ac yn ei anfon i fyny at y Cynghorwyr Cenedlaethol ac yn dyweyd yn yr act, — 'Edrychwch ar yr hwn a etholasom fel ein cynnrychiolydd, a gwelwch ynddo gynllun perffaith o'n hegwyddorion a'n sefyllfa fel gwladwriaeth.

Yrngasglodd amryw o amgylch y Barnwr yn fuan, ac ymosodai yntau yn ddiarbed ar y blaid Ddirwestol, yr hon am ddwy flynedd oedd wedi gwrthwynebu ei etholiad, ac wedi dangos yn yr ym drech ddiweddaf ei bod yn' cynnyddu yn gyflym yn gorfforaeth. Yn adeg yr etholiad cyhoeddwyd papuryn gan y blaid hon, yn yr hwn y dadlenid ei gymeriad personol ai egwyddorion moesol yn y modd mwyaf rhydd a didderbynwyneb, ac effeithiodd hyn i'w iselhau fel dyn yn ngolwg y rhai yr oedd eu hopiniwn o ryw werth. Galwai y Barnwr y dynion hyn a bleidient ddirwest yn ger grintachlyd ragrithiol, a rhai yn chwenychu cwtogi rhyddid y bobl.

"Y peth nesaf a gawn," meddai, gan ddyrchafu ei lais nes oedd y muriau yn clecian, "fydd cyfreithiau i ddirwyo dyn am gymeryd cegaid o bacco neu oleu pibell. Cyffyrddwch a rhyddid y bobl yn y pethau lleiaf, a gellwch ganu yn iach am ddiogelwch y pethau mwyaf. Nid oedd y *Stamp Act*, yn erbyn yr hon yr ymladdodd ein cyndadau dewrion, ond gormes ysgafn o'i chydmaru a'r hyn a fyn yr ynfydion hyn ei gario allan."

"Yr ydech yn y ch lle yna, Lyman - yn iawn am unwaith yn eich hoes, os na buoch (hic) yn iawn erioed o'r blaen (hic)," ebai rhyw hurtun tew oedd yn ei ymyl mewn llais cras, a rhyw glec yn ei wddf bob yn ail gair. "Wyr neb be na nhw. Dyna (hic) fy hen ewyrth Josh Wilson, yr hwn (hic) sydd wedi bod yn cadw y *poor-house* am ddeng mlynedd. Wel, mae nhw am ei droi o i ffordd os ca nhw y llaw ucha yn sir Bolton."

"Os? mae y gair yna yn cynnwys llawer, Harry," ebai y Barnwr. "Rhaid i ni beidio gadael iddynt gael y llaw uchaf. Mae gan bob dyn ddyledswydd cyflawni i'w wlad yn y mater hwn, a rhaid i bob dyn wneyd ei ddyledswydd. Ond beth sydd ganddynt yn erbyn eich hewythr Joshua? Beth mae o wedi wneyd i dramgwyddo y blaid dduwiol hon?"

"Does ganddyn nhw (hic) ddim byd yn ei erbyn o — rwy'n credu. Ond mae nhw'n deud na fydd 'run poor-house yn y sir o gwbl."

"Beth! ydyn nhw am droi y trueiniaid allan i lwgu,?" gwaeddai un.

"Oh! na (hic)," ebai y creadur gan ysgyrnygu yn gellwerus — " na, nid felly. Ond pan na nhw gario y dydd fydd dim angen am y *poor-house*. O leia, felly mae nhw'n siarad — a 'rwyn meddwl fod rhywbeth yn y peth hefyd, achos weles i neb yn gorfod myn'd i'r poor-house nad rum oedd wedi yru o'n dlawd. Ond yr ydw i am (hic) gadw y poor-house i fyny, ydach chi yn gweled — achos 'rwdw i'n gwel'd mod i'n cerdded y ffordd yno yn ffast, a leiciwn i ddim dwad at y gareg filldir olaf (hic) heb le i alw i mewn — ac heb 'run ewyrth Josh. Yr ydach yn siwr o un vote — yr hen law —beth bynag (hic) yn y lecsiwn nesa," meddai gan guro cefn y Barnwr yn llawen. "Hwre i fechgyn y rum! Dyna'r ticed (hic). Dydi Harry Grimes 'n amser yn gwadu i gyfeillion. Fel dur!"

"Tramp ydych chwi," ebai y Barnwr mewn tôn gartrefol. "Peidiwch ofni yn nghylch y poor-house â'ch hewythr Josh. Mae nhw i gyd yn ddiogel."

"Ond edrychwch yma," ychwanegai y dyn. "Nid yn unig y poor-house — ond y jail sydd i fyned nesa'."

"Yn wir!"

"Iè, dyna fel mae nhw yn deud; a rwy'n meddwl nad ydyn nhw ddim ymhell o'i lle chwaith. Be sy'n gyru pobol i'r jail? Yr ydych chi yn gwybod rhywbeth am hyny, Barnwr, achos yr ydach chi wedi barnu llawer yn y'ch amser. Onid oedda nhw i gyd agos yn yfed rum (hic)?"

Ni atebodd y Barnwr ddim.

"Ah! (hic) mae distawrwydd yn deud rhywbeth," ebai Grimes. "A mae nhw'n deud chwaneg, os ca nhw y llaw ucha, na fydd dim eisio barnwyr a chyfreithwyr, a bydd raid iddynt' hwy gael rhyw fusnes arall ne lwgu. Felly (hic) ydach chi'n gweled rhaid i chi ymladd yn galed am dani ne golli'ch bywiolaeth."

Nid oedd y Barnwr yn hoffi ei araeth; ond yr oedd yn rhy gall i ddangos hyny mewn un modd. Yr oedd pleidlais Harry Grimes o gymaint gwerth a phleidlais y dyn gorau — a bydd un bleidlais yn troi y fantol weithiau mewn etholfa.

"Un o'u rhesymau da nhw," meddai, dan chwerthin, "yr wyf fi yn rhy hen i gredu y fath honiadau. Mae tlodi a throsedd yn cael dechreuad yn nghalon lygredig dyn cyn i'r cam cyntaf gael ei roi ar ffordd meddwdod a thrachwant. Ychydig sydd yn edrych ar ffeithiau ac yn eu holrain yn iawn i'w hachosion."

"Rum a dinystr (hic), onid ydyn nhw'n achos ac effaith?" gofynai Grimes.

"Ydynt weithiau," oedd yr ateb hwyrfrydig.

"Oh, Green! y chwi sydd yna?" gwaeddai y Barnwr, fel y deuai Harvey Green i mewn gyda cherddediad cathaidd. Yr oedd yn dda gan ei galon gael ymadael a'i gyfaill siaradus. Edrychais ar y dyn, a darllenais ei wyneb yn fanwl. Nid oedd wedi cyfnewid yr un iot. Yr un llygaid dichellddrwg; yr un safn fradwrus; yr un wen ffals — yr oedd pobpeth yn dangos ei galon ddrwg dwyllodrus. Os oedd wedi yfed yn drwm yn ystod y pum mlynedd diweddaf, nid oedd wedi llygru dim ar ei waed, nac wedi cyfnewid dim ar ei wyneb.

"A welsoch chwi rywbeth oddiwrth Hammond heno?" gofynai y Barnwr Lyman.

"Gwelais ef ryw awr neu ddwy yn ol," atebai Green.

"Sut mae o'n leicio ei geffyl newydd?"

"Oh! mae'n gwirioni ynddo."

"Beth oedd ei bris?"

"Triugain punt."

"Yn wir!"

Yr oedd y Barnwr eisioes wedi cyfodi, ac yr oedd Green ac yntau erbyn hyn yn cerdded ochr yn ochr ar draws llawr y *bar-room*. "Mae arnaf eisieu siarad gair a chwi," clywais y Barnwr yn dyweyd. Ac aeth y ddau allan gyda'u gilydd. Ni welais mwy mohonynt y noson hono.

Yn fuan wedi hyn daeth Willy Hammond i mewn. Ah! yma yr oedd cryn gyfnewidiad; cyfnewidiad oedd yn cywiro geiriau Mathew, ceidwad y bar, yn drwyadl. Aeth i fyny at y bâr a chlywais ef yn gofyn am y Barnwr Lyman.

Yr oedd yr atebiad yn cael ei lefaru mor isel fel na chyrhaeddodd fy nglust.

Gyda llaw grynedig cyfeiriodd Hammond at y decanters oedd ar y silff tu ôl i Mathew, yr hwn yn ddiaros a osododd un o'i flaen yn llawn o frandy; O hwn tywalltodd haner lond twmbler, ac yfodd ar un dracht heb ei gymysgu a dwfr.

Gofynodd wedi hyn amryw gwestiynau, y rhai a ddangosent gryn gynwrf meddwl, ond ni ddeallais mohonynt. Wrth ei ateb cyfeiriodd Mathew ei lygaid i fyny, fel yn arwyddo rhyw ystafell yn y tŷ. Aeth Willy allan yn frysiog tua'r ystafell grybwylledig.

"Beth ydi'r mater hefo Willy Hammond heno?" gofynai un i geidwad y bar. "Pwy mae o ar ei ôl mor frysiog?"

"Mae o eisio gwel'd y Barnwr Lyman," atebodd Mathew.

"Oh!"

"Does yna ddim da ynddi," sylwyd.

"Dim llawer mae gen i ofn."

Ar hyn daeth i mewn ddau ddyn ieuanc boneddigaidd a thalentog yr olwg, yfasant wrth y bâr ac ymddyddanasant ychydig yn gartrefol gyda Mathew, yna aethant trwy y drws oedd yn arwain i ryw ystafell i fyny. Edrychais ar y dyn yr hwn y bum yn siarad yn y porth y prydnawn, a rhoddodd amnaid ddeallgar arnaf i adgofio ei sylwadau, fod gamblo yn myned yn mlaen yn un o'r ystafeloedd uchaf gyda rhwysg bob nos, ac fo i rhai o'r dynion ieuainc mwyaf gobeithiol y dref wedi eu tynu i'r llynclyn ofnadwy hwn. Teimlais fy ngwaed yn oeri wrth feddwl am y peth.

Yr oedd yr ymddyddan yn y *bar-room* erbyn hyn wedi myned mor lygredig nes i mi ei ffieiddio, a myned allan. Yr oedd y noswaith yn glir a'r awel yn falmaidd, a'r lloer yn dysgleirio yn ganaid. Cerddais am ychydig yn y porth yn myfyrio ar yr hyn a welais ac a glywais, tra yr oedd llif o ymwelwyr yn tywallt i'r *bar-room*. Nid arhosai ond ychydig o'r rhai hyn. Yr oedd y rhan fwyaf ohonynt yn yfed ei gwydriaid yn frysiog ac yn myned allan, fel na chai neb eu gweled, dybygwn.

Yn fuan wedi i mi ddechreu cerdded yn y porth, sylwais ar ryw hen foneddiges yn cerdded yn araf heibio, ac yn aros ychydig wrth basio, gan geisio edrych i mewn drwy ddrws y bar room. Nid oedd yr arhosiad ond am foment. Yn mhen llai na deng munud dychwelodd, gan aros ychydig drachefn — yn hwy y tro yma — ac yn symud ymaith drachefn, nes iddi fyned allan o'm golwg. Yr oeddwn eto yn meddwl am dani, pan wrth gyfodi fy llygaid oddiar y ddaear, gwelwn hi yn agosau ar hyd y ffordd, ond ychydig latheni yn mhellach. Dychrynais bron wrth ei gweled y tro hwn, oblegid nid oedd amheuaeth ynof erbyn hyn nad rhyw fam drallodus ydoedd yn chwilio am ei mhab, yr hwn oedd wedi dechreu cerdded llwybr peryglus. Gan ei bod yn fy ngweled, cerddodd yn mlaen, ond yn araf. Nid aeth yn mhell cyn dychwelyd; a'r tro hwn aeth mor agos at y tŷ nes ydoedd mewn sefyllfa fel i'w galluogi i weled pob congl o'r *bar-room*. Boddlonodd ar hyn, ac aeth ymaith yn frysiog, ac ni ddychwelodd y noswaith hono.

Ah! y fath esboniad ydoedd yma ar ddylanwad damniol y dafarn! Yr oedd fy nghalon yn hollti wrth feddwl am yr hyn a ddyoddefasai y fam anadnabyddus hon, a'r hyn oedd i'w oddef. Yr oeddwn yn methu ei anghofio wedi i mi orwedd yn fy ngwely y noson hono; yr oedd hyd yn oed yn cynniwair yn fy meddwl, yn fy mreuddwydion.

Pennod XI – Y Cheweched Noswaith – Awst 11

[Yn y copi gwreiddiol o'r llyfr a gafodd ei gyhoeddi ym 1859, mae safon golygu a gosodiad o'r bennod hon ymlaen at y diweddglo yn wael, gyda bron ddim math o atalnodi a dyfynodau (quotation marks) yn cael eu defnyddio. Erbyn Awst 1859 'roedd Nathaniel Jones wedi gorffen ei swydd fel golygydd, ac mae'n amlwg nad oedd ei olynydd yn rhoi llawer o amser ac ymdrech i gario'r gwaith ymlaen.]

Ni wnaeth y tafarnwr ei ymddangosiad bore drannoeth hyd ddeg o'r gloch; ac edrychai pryd hyny fel dyn yn dyfod oddiwrth halogwaith. Yr oedd yn un ar ddeg cyn i Harvey Green ddyfod i lawr. Nid oedd dim y ei ymddangosiad ef yn fwy nag arferol. Yr oedd wedi eillio yn lan, wedi newid ei grys, a phob llinell yn ei wynebpryd wedi eu suo i lonyddwch; edrychai fel pe buasai wedi cysgu yn braf gyda chydwybod dawel, ac yn croesawu y bore newydd gydag ysbryd llon.

Gweithred gyntaf Slade ydoedd myned tu ôl i'r bar, a chymeryd gwydriad cryf o frandi a dŵr; gweithred gyntaf Green oedd gorchymyn beefstake a choffi i'w foreubryd. Sylwais ar gyfarfyddiad y ddau ddyn, ac ar eu hymddangosiad. O ochr Green yr oedd pwyll a darngelwch i'w ganfod — o ochr Slade dryswch cythruddol. Nid oedd gymaint a chysgod gwen ar wyneb y naill na'r llall. Siaradasant ychydig eiriau â'u gilydd, ac ymwahanasant er mwyn celu eu teimladau. Ni welais mwy mohonynt yn nghwmni eu gilydd yn ystod y dydd.

"Mae yna helynt drosodd yn y felin", sylwai boneddwr a'r hwn yr oedd a wnelo fy ngorchwyliaeth yn y prynhawn. Siaradai a pherson oedd yn eistedd yn ei swyddfa.

"Ah! beth ydyw'r mater?" gofynai y llall.

"Maent wedi cael cryn golled ariannol."

"Sut felly? Beth yw yr achos?"

"Willy."

"A ydyw y golled yn fawr?"

"Mae nhw yn dyweyd eu bod."

"Amryw filoedd. Ond siarad pobl ydyw hyn — ac wrth gwrs mae yma ormodiaeth."

"Oes yn ddiamheu. Mae y peth yn ormod i'w gredu. Ond beth a wnaed a'r arian?"

"Sut y gallasai Willy eu gwario? Mae o yn lluchio o gwmpas— yn prynu ceffylau ffast —yn yfed yn drwm, mae'n wir;"

"Ond allasai fo byth wario llawer o filoedd yn y ffordd yma."

Ar y foment yma cyflymai heibio geffyl hardd, yn tynnu ar ei ôl gerbyd ysgafn a dyn ynddo.

"Dyna Hammond ieuanc a'i geflyl trugain punt," ebai y siaradydd diweddaf.

"Un Willy oedd o ddoe. Ond y mae y berchenogaeth wedi newid erbyn heddiw?

"Yn wir."

"Ydyw. Mae y dyn Green - yr hwn sydd wedi bod yn cyniwair o gwmpas Cedarville y blynddoedd diweddaf ar ôl dim da 'rwyf yn credu — wedi dod i feddiant o hono heddiw."

"Ah! rhaid fod Willy yn un gwamal. A flinodd o ei hoff geffyl yn barod?"

"Mae rhywbeth yn dywyll yn yr achos. Gwelais Mr Hammond y bore ma, ac yr oedd efe yn edrych yn derfysglyd iawn."

"Mae y dryswch yn y felin yn rhoi cyfrif am hyn."

"Gwir; ond y mae rhyw bethau eraill heblaw y dryswch yn y felin."

"Afradlondeb ei fab", ebai y llall." Mae hyn yn ddigon i wasgu ysbryd ei dad, a'i suddo i'r bedd."

"I siarad yn blaen," atebwyd, " 'rwyf yn ofni fod y dyn ieuanc yn chwanegu drwg arall at ddiota a diogi."

"Beth?"

"Chwareuyddiaeth."

"Amhosibl."

"Mae o'n rhy wir. Ac 'rwyf yn credu fod ei geffyl gwych, am yr hwn y talodd dringain punt, wedi syrthio i ddwylaw Green i dalu y ddyled oedd arno yn y chwareufwrdd."

"Yr ydych yn fy synnu. A oes rhesymau digonol i gredu y fath beth?"

"Y mae yn ddrwg gennyf ddyweyd y rhesymau cryfaf dros yr hyn a ddywedais. Fod Green, yr hwn a ddenwyd yma gan y cwmni gwych a fynychai y *Black Lion*, yn gambliwr proffesedig, Mae hyn yn ffaith ddiamheuol. Caniatewch hyn, ac ystyriwch fod Hammond wedi bod yn cymdeithasu llawer ag ef, a gellwch roddi cyfrif yn hawdd am yr holl helynt yma."

"Os ydyw felly, yna efallai mai nid Willy Hammond ydyw yr unig un y mae wedi ei ddinystrio."

"Gellwch fod yn siwr o hyny. Os yw y siarad yn wir, y mae eraill o'n dynion ieuainc mwyaf gobeithiol wedi eu tynu i'r llyn diabystiol yma."

Er cadarnhad i hyn, crybwyllais wrthynt yr ymddyddan a fu rhyngof ag un o fynychwyr *bar-room* Slade ar y pwnc hwn; ac hefyd yr hyn a welais fy hunan y noswaith flaenorol.

Yr oedd y boneddwr o'r dechreu yn eistedd yn llonydd mewn cadair, ond cafodd y geiriau hyn y fath effaith arno nes iddo neidio ar ei draed, a gwaeddi, —

"Y nefoedd fawr! ni freuddwydiais am hyn erioed! Meibion pwy sydd yn ddiogel?"

"Meibion neb," atebai y boneddwr yn swyddfa yr hwn yr oeddwn yn eistedd. "Meibion neb, tra y mae y fath ddrysau, megys y *Black Lion,* yn agored i ddinystr. Oni ddaru i chwi bleidleisio dros ddirwestiaeth yn yr etholfa ddiweddaf?"

"Do," atebwyd, ac oddiar egwyddor.

"Ar ba beth yr oedd eich egwyddorion wedi eu sylfaenu? "gofynwyd.

"Ar sylfaeni cadarn rhyddid gwladol."

"Y rhyddid i wneud da neu ddrwg, fel y byddo y person yn dewis?"

"Ddymunwn i ddim dyweyd hyn yna. Y mae drygau neillduol yn erbyn y rhai nid allant wneyd cyfreithiau, heb wneyd llawer o niwed. Nid oes gan un gallu gwladwriaethol hawl i ddyweyd wrth ddyn beth sydd iddo fwyta neu yfed."

"Ond, onid all y bobl, mewn unrhyw wladwriaeth, basio cyfreithiau trwy eu cynnrychiolwyr, er mwyn atal dynion drygionus i niweidio y daioni cyffredinol?"

"Oh! sicr iawn — sicr iawn."

"Wel, a ydych chwi yn barod i ddyweyd nad ydyw y tafarnau— lle mae dynion ieuainc yn cael eu llygru —ïe, yn cael eu dinystrio gorff ac enaid — yn niweidio y daioni cyffredinol?"

"Ah! ond y mae'n rhaid cael gwestai cyhoeddus."

"'Does neb yn gwadu hyny. Ond, os yw gwestai yn anhebgorol i dderbyn teithwyr, a ydyw yn angenrheidiol fod yr elfenau hyny sydd yn dinystrio dynion i gael eu gwerthu yn y cyfryw leoedd?"

"Ïe – ond- ond -y mae hi'n myn'd yn rhy bell i wneyd cyfraith am beth sydd i ddyn fwyta ac yfed. Mae hi'n agor drws yn rhy lydan i orthrwm. Rhaid i ni ddysgu ein plant am y drwg o feddwdod. Os gwnawn ni ein dyledswydd tuagat ein plant, cawn wared a phob bâr room yn fuan."

"O! fy nghyfaill, ni bydd eich cynghorion ond o ychydig werth os bydd temtasiwn ar ffordd ein plant bob cam o'u bywyd. Mae miloedd wedi syrthio. Nid yw eich meibion chwi yn ddiogel, na fy rhai inau chwaith. Nid gwir yw i mi oddef y fath demtasiynau. O syr! pan yr ydych chwi yn gwrthod gweithio yn erbyn y llifogydd sydd yn dinystrio ein gwlad, y mae y dyfroedd duon yn agosau at eich drysau chwi eich hunan."

Llefarai y frawddeg ddiweddaf yn finiog a grymus, nes codi pryder gweledig yng ngwyneb y boneddwr.

"Beth ydych yn feddwl?" gofynai.

"Yn unig, fod eich meibion chwi mor agored i'r perygl ac eraill."

"Ai dyna'r cwbl?"

"Fe'u gwelwyd yn ddiweddar yn *bar-room* y *Black Lion*."

"Pwy sydd yn dyweyd hyny?"

"Ddwywaith mewn wythnos y gwelais i nhw yn myn'd yno," atebwyd.

"Y nefoedd fawr! Naddo!"

"Mae o'n wir, gyfaill. Ond pwy sydd yn ddiogel? Os byddwn yn cloddio pydewau ac yn eu cuddio o'n golwg, pa ryfedd os bydd ein plant ni ein hunain yn syrthio iddynt?"

"Fy meibion i yn myned i dafarn!" Ymddangosai y dyn wedi drysu. "Sut y gallaf goelio y fath beth? Rhaid eich bod yn cyfeiliorni, syr."

"Nid ydwyf yn cyfeiliorni, syr yr wyf yn sicr o'r peth. Ac os ant yno" —

Ni arosodd y dyn iddo orphen y frawddeg, ond rhuthrodd allan o'r swyddfa.

"'Rydym yn dechreu medi o ffrwyth ein llafar", sylwai y boneddwr, fel yr elai ei gyfaill brawychus allan o'r swyddfa. "Mae pethau yn troi allan yn gymhwys fel y dywedais wrtho yn y dechreu. Nid oedd dim a wnai y tro ond cael tafarn wych yn Cedarville, a phan agorodd Simon Slade y *Black Lion*, nid oedd neb yn moli yr anturiaeth yn fwy na'r boneddwr a aeth allan. Yn wir, fe allesid meddwl yn y dechreu fod Simon Slade yn myn'd i wneyd pawb yn foneddigion. Ond nid yw y daioni ond dim —ïe, llai na dim — mewn cymhariaeth a'r drwg y mae agoriad y dafarn wedi ei achosi."

Cydsyniais yn hollol a'r hyn a ddywedai, oblegid yr oeddwn wedi gweled llawn ddigon fy hunan i gyfreithloni y casgliad.

Fel yr oeddwn yn eistedd y noswaith hono yn *bar-room* y *Black Lion*, canfyddais, yn fuan wedi goleu y lampau, y boneddwr y cyfeiriwyd ato yn yr ymddyddan uchod, meibion yr hwn a gyhuddid o fod yn ymwelwyr yn y bar, yn dyfod i mewn yn ddistaw ac yn edrych yn bryderus o amgylch ystafell. Ni siaradodd a neb; ac wedi boddloni ei hunan nad oedd y rhai a geisiai yn bresennol, aeth allan.

"Beth a'i gyrodd yma, tybed?" gofynai Slade i Mathew, ceidwad y bar.

"Ar ôl y bechgyn, 'ddyliwn," atebwyd.

"'Rwy'n meddwl fod y bechgyn yn ddigon hen i gymeryd gofal o honynt eu hunain."

"Mi ddylent fod," meddai Mathew.

"Y maent," ebe Slade. "Fuo nhw yma heno?"

"Naddo, eto."

Tra yr oeddynt yn ymddyddan â'u gilydd, daeth dau ddyn ieuanc i mewn, y rhai a welais yno y noson flaenorol, a sylwais eu bod o ymddangosiad dalentog a boneddigaidd tuhwnt i'r cyffredin o fasnachwyr y *bar-room*.

"John," clywais Simon yn dyweyd, "mae yr hen ddyn wedi bod yma yn gynnar."

"Naddo!" ebai y dyn ieuanc yn synedig.

"Do yn sicr. Gwell i chwi gadw o'r golwg."

"Beth oedd o eisio?"

"Bron i ddim."

"Beth ddywedodd o?"

"Dim byd. Daeth, ac edrychodd o'i gwmpas, ac aeth allan."

"Yr oedd o'n edrych yn bur ddig", ebai Mathew.

"Ydyw No. 4 yn wag?" gofynai y dyn ieuanc.

"Ydyw."

"Gyrrwch botel o win i mi i fyny, a cigars, a phan ddaw Bill Harding a Harry Lee yma dywedwch wrthynt ble'r ydym ni."

"Pobpeth yn iawn," ebai Mathew.

Gadawodd y ddau ddyn ieuanc yr ystafell yn frysiog. Nid oeddynt ond bron wedi gadael yr ystafell cyn i mi weled gwyneb pryderus yr un boneddwr yn dyfod i mewn drachefn.

Edrychodd yn gynhyrfus o amgylch yr ystafell; ac ymddangosai y tro yma yn bur siomedig. Fel y deuai i mewn, aeth Slade allan.

"A fu John Wilson yma heno?" gofynodd Mathew.

"Ond a fuon nhw yma?"

"Fe allai iddynt fod yma; yrwan y dois i oddiwrth fy swper."

"Yr oeddwn yn meddwl fy mod wedi eu gweled yn dyfod i mewn o fewn rhyw funud neu ddau yn ol."

"Dydi nhw ddim yma, syr," siarai Mathew yn benderfynol, gan ysgwyd ei ben un pryd.

"P'le mae Mr. Slade?"

"Yn y tŷ yn rhywle."

"Mi ddymunwn i chwi ofyn iddo ddyfod yma."

Aeth Mathew allan, ond daeth yn ôl yn fuan gyda gair nad allasai ddod o hyd i Slade.

"Ac yr ydych yn siwr nad ydyw y bechgyn yma?" ebai y dyn yn amheus.

"Edrychwch drosoch eich hun, Mr Harrison!"

"Efallai eu bod yn y parlwr? "

"Ewch i mewn, syr," atebai Mathew yn ddigyffro. Aeth y dyn trwy y drws i'r parlawr, ond dychwelodd yn fuan.

"Ddim yna?" gofynai Mathew. Ysgytwodd y dyn ei ben." Dydw i ddim yn meddwl y medrwch eu cael o gwmpas yma", ychwanegai ceidwad y bar.

Pennod XII – Y Cheweched Noswaith – Awst 25

Safai Mr. Harrison — dyna yr enw y cyfarchai Mathew ef —am ychydig funudau yn amhendant. Yr oedd yn sicr ganddo iddo weled ei feibion yn dyfod i mewn, ac eto nid oeddynt i'w cael yno. O'r diwedd eisteddodd mewn congl neillduedig yn y *bar-room*, yn ddiamheu gyda'r bwriad i aros i weled a ddeuai y rhai a geisiai i mewn. Nid oedd wedi bod yno yn hir cyn i ddau ddyn ieuanc ddyfod i mewn. Ymddangosiad y rhain a'i cynhyrfodd yn fawr. Aethant i fyny at y bar, a galwasant am liquor. Fel y dodai Mathew y gwirod o'u blaenau, gwyrodd dros y cownter, a siaradodd rywbeth yn eu clustiau.

"Yn mhle!" gofynai y dynion ieuainc yn synedig, gan edrych yn gynhyrfus o amgylch yr ystafell. Cyfarfuasant a llygaid tanllyd Harrison wedi eu sefydlu yn unionsyth arnynt. Deallais wrth eu dull yn yfed y brandi a'r dŵr nad oeddynt yn mwynhau y peth o gwbl.

"Be dd----l mae o eisio yma?" ebe un, mewn llais isel.

"Ar ôl y bechgyn, wrth gwrs."

"Ddaethon nhw yma?"

Winciodd Mathew wrth ateb. "Popeth yn iawn."

"Yn No. 4?"

"Iè, ac mae'r gwin a'r cigars yn eich haros."

"Dyna fo'n iawn."

"Well i chwi beidio myn'd trwy y parlawr. Mae yr hen law o'i go. Mae o braidd yn amheu eu bod nhw yn y tŷ. Well i chwi fyn'd i lawr yr heol, a dwad yn eich holau a myn'd i'r passage."

Ar yr awgrym aeth y ddau allan, a Harrison yn edrych arnynt.

Arosodd Harrison yn yr un sefyllfa am agos i awr o amser, gan gymeryd sylw craff o bobpeth a gymerai le. Yr wyf yn cyfeiliorni yn fawr wrth ddyweyd nad oedd, cyn gadael y lle melltigedig hwn, yn berffaith foddlawn i wneyd cyfraith yn erbyn y fasnach feddwol. Ie, yr wyf yn credu pe buasai yn gallu rhoddi terfyn ar y fasnach ddamniol hon na buasai yr un dafarn i'w chael yn yr holl dalaeth cyn pen awr o amser. Tra yr oedd efe eto yn y *bar-room* gwnaeth Willy Hammond ei ymddangosiad. Yr oedd ei edrychiad yn wyllt a chynhyrfus. Galwodd yn gyntaf am frandi, ac yfodd ef yn awchus.

"P'le mae Green?" gofynai, fel y dodai y gwydryn o'i law.

"Ni welais mono er amser swper."

"A ydio yn ei ystafell?"

"Ddigon tebyg ei fod."

"Fu y Barnwr Lyman yma heno?"

"Do. Fe fu yn taranu yma am haner awr yn erbyn y dirwestwyr, fel arferol, ac yna."

Amneidiodd Mathew tua'r drws oedd yn arwain i ryw ystafell i fyny.

Yr oedd Hammond yn cyfeirio tua'r drws, pryd, wrth edrych o gwmpas yr ystafell, y cyfarfu edrychiad treiddgar Mr. Harrison - edrychiad a barodd iddo attal myned ymlaen. Trodd yn ei ôl at y bar, a gofynodd yn ddistaw i Mathew,

"Beth ai gyrodd o yma?"

Winciodd Mathew yn ddeallgar.

"Ar ôl y bechgyn?" gofynai Hammond.

"Iê."

"B'le mae nhw?"

"I fyny."

"Ydi'r hen law yn amheu hyn?"

"Wn i ddim. Os nad ydio'n meddwl hyn, y mae o'r aros iddynt ddwad i mewn."

"Ydyn nhw yn gwybod ei fod o yma?"

"O, tebyg iawn."

"Pobpeth yn iawn ynte?"

"I'r blewyn. Os oes arnoch eisieu eu gweled, rhowch dap wrth No. 4."

Arhosodd Hammond am ychydig funudau, gan ledorwedd ar y bar. Yna, heb droi ei lygaid i'r ystafell lle yr oedd Mr Harrison, aeth drwy y drws oedd yn arwain i'r heol. Yn fuan wedyn aeth Mr Harrison ymaith. Wedi llwyr flino, fel y noson o'r blaen, ar ymddyddanion llygredig y *bar-room*, gadewais yr ystafell gan fyned i'r awyr agored. Nid oedd un cwmwl i'w ganfod yn yr holl wybren, a disgleiriai y lleuad, yr hon oedd bron yn llawn, yn fwy llachar na chyffredin. Nid oeddwn wedi bod yn eistedd yn hir yn y porth cyn i'r un foneddiges, symudiadau yr hon a dynodd fy sylw y noson flaenorol, wneyd ei hymddangosiad. Yr oedd yn agoshau yn araf tua'r dafarn; a phan ddaeth gyferbyn a'r drws arhosodd am foment i edrych i mewn; yna aeth yn ei blaen nes iddi fyned o'm golwg.

Druan ydyw y fam yna, meddwn wrthyf fy hun, pan y gwelwn hi eilwaith yn dychwelyd. Yr oedd yn cerdded yn araf, a'r tro hwn daeth yn agosach at y tŷ. Yr oedd y diddordeb a gymeraswn ynddi mor gryf fel y methais ymattal heb ei chyfarch. Dychrynodd braidd pan y siaradais a hi, a cherddodd yn ôl ychydig latheni.

"Pwy ydych yn ei geisio?" gofynais yn dyner.

Yr oedd y wraig erbyn hyn mewn sefyllfa i'r lleuad lewyrchu ar ei hwyneb, a dangos pob llinell yn ei phrydwedd. Yr oedd yn amlwg ei bod wedi pasio canolddydd bywyd; ac yr oedd gofid a phryder wedi gadael eu nodau ar ei hwynebpryd prydferth. Canfyddais fod ei gwefusau yn symud, ond bum am beth amser cyn deall ei geiriau.

"A welsoch chwi fy mab i heno? Mae nhw'n deud ei fod yn dyfod yma."

Parodd ei dull yn dywed y geiriau i ryw ias oer redeg troswyf. Deallais fod meddwl y wraig yn drysu. Atebais,

"Naddo, ma'm; ni welais ddim ohono."

Achosodd tôn fy llais ynddi ryw deimlad o ymddiried ynof, oblegid daeth ataf a gwyrodd ei phen tuagataf.

"Lle ofnadwy sydd yma", sisialai. "Ac mae nhw'n dyweyd ei fod o yn dwad yma. Y bachgen druan! Dydi o ddim yn debyg i'r peth oedd o."

"Ïe, lle drwg iawn sydd yma", meddwn. "Dowch" — a symudais gam neu ddau i'r cyfeiriad y gwelais hi yn dyfod— "dowch, gwell i chwi fyned ymaith mor fuan ag y medrwch."

"Yr wyf yn sicr na chewch mohono yma", meddwn. "Efallai ei fod adref erbyn hyn."

"O, nag ydi!" ac ysgydwodd ei phen yn ofidus. "Nid yw yn amser iddo ddod adref nes bydd hi ymhell yn y bore. Mi leiciwn edrych tu mewn i'r *bar-room*. Rwy'n siwr ei fod yna."

"Dywedwch i mi ei enw, ac mi af i chwilio amdano."

Ar ôl ychydig betrusder dywedodd, —

"Ei enw ydi Willy Hammond."

Oh! fel y gwnaeth yr enw — yn cael ei ddyweyd mor drist a'r fath deimlad mamol - i mi ddychrynu ac arswydo.

"Os ydyw eich mab yn y tŷ yn rhywle", meddwn yn benderfynol, "mi af i'w gyrchu atoch." A gadewais hi, gan fyned i'r bar.

"Ym mha ystafell y gallaf ddod o hyd i Willy Hammond?" gofynais i Mathew.

Edrychodd arnaf ond nid atebodd efe ddim. Yr oedd y cwestiwn wedi dyfod yn annysgwyliadwy.

"Ai yn ystafell Harvey Green?" ychwanegais.

"Wn i ddim, yn siwr. Dydi o ddim yn tŷ am wn i. Mi gwelais o' myn'd allan o fewn rhyw haner awr yn ol."

"Ystafell Green ydyw No....?"

"11", atebodd.

"Yn y rhan flaenaf o'r tŷ."

"Ïe."

Ni ofynais ychwaneg o gwestiynau, ond prysurais at No. 11, a churais y drws. Ond ni atebodd neb. Gwrandewais, ond methais a chlywed y swn lleiaf. Curais drachefn yn drymach. Os na thwyllwyd fi gan fy nghlustiau, clywais dinc arian. Eto nid oedd swn llais na symudiad i'w glywed.

Yr oeddwn wedi fy siomi yn fawr. Yr oeddwn yn sicr fod rhywrai yn yr ystafell. Cofiais i mi glywed fod goleuni i weled trwy rwygiad yn y llen a orchuddiai y ffenestr, a phrysurais i lawr ac i'r heol. Canfyddais ychydig oddiwrth y tŷ y fam drallodus yn cerdded yn ôl a blaen. Edrychais tua'r ffenestr, yr hwn y gwyddwn mai ystafell Green ydoedd, gwelwn oleu yn ddigon eglur trwy y rhwygiad yn y llen. Prysurais yn ôl i'r tŷ, ac i fyny at No. 11. Y tro hwn curais yn awdurdodol, a gwneis iddynt fy nghlywed.

"Beth sydd eisio?" ebai llais oddi mewn.

Adnabum lais Harvey Green.

Ni wneis ond curo yn drymach. Clywais y tro hwn sibrwd a rhyw symudiadau cyffrous; yna dadglowyd y drws, ac agorwyd ef gan Green, corff yr hwn a lanwai y lle agored fel nad allwn edrych i mewn. Pan welodd mai myfi oedd yno edrychodd yn sarug.

"Beth ydych chwi eisio?" gofynai yn fursenaidd.

"A ydyw Mr Hammond yma? Os ydyw, mae ei eisieu i lawr."

"Na dydi o ddim yma", oedd yr ateb cwta." Pa beth â'ch gyrodd chwi i'w nol ef?"

"Y ffaith fy mod yn dysgwyl ei gael yn eich hystafell chwi," atebais yn wrol.

Yr oedd Green ar fedr cau y drws ar fy nanedd pan y dododd rhyw un ei law ar ei ysgwydd, a sisialodd rywbeth yn ei glust nad allwn ei glywed.

"Pwy sydd eisio ei weled?" gofynnwyd.

Deallais yn ebrwydd fod Hammond yn yr ystafell, a dywedais mewn llais uchel.

"Ei fam."

Agorwyd y drws gyda herc, a safodd Hammond a'i wyneb fel tan o' mlaen.

"Pwy sy'n dyweyd fod fy mam yna?" gofynai.

"Yr wyf newydd ddyfod oddiwrthi," meddwn; "cewch hyd iddi yn cerdded yn ôl a blaen o flaen y dafarn."

Gyda llam aruthrol, rhuthrodd heibio i mi, a disgynodd i lawr mewn moment. Wedi i'r drws gael ei agor gwelais heblaw Green a Hammond, Slade a Barnwr Lyman. Nid oedd eisieu y cardiau gwasgaredig ar y bwrdd i ddyweyd i mi beth oedd yn cael ei gario yn mlaen yno.

Mor fuan ag y medrais canlynais Hammond, a chyfarfyddais ef yn y porth yn dyfod o'r heol.

"Yr ydych wedi fy nhwyllo, syr," meddai yn ddigofus.

"Naddo, syr!" atebais. "Ni ddywedais i chwi ond y gwir. Edrychwch! Dyma hi yrwan."

Trodd ei lygaid, a neidiodd tuagati, a gafaelai yn ei braich.

"O mam! mam! beth â'ch dygodd chwi yma?" meddai yn synedig, eto yn dyner.

"O Willy! Willy!" clywais hi'n ateb. "Mae nhw'n dyweyd i mi eich bod yn dyfod yma bob nos, a fedrwn i ddim bod yn llonydd. O'r anwyl! mi'ch lladdan chwi! Rwy'n gwybod y gwnant. Peidiwch, O!"

Ni chlywais y gweddill o'i geiriau, ond parhaai ei llais torcalonus yn fy nghlyw am beth amser. Ym mhen ychydig funudau yr oeddynt o'm golwg.

Ym mhen oddeutu ddwy awr wedi hyn, pan oeddwn yn myned i'm hystafell, rhuthrodd dyn heibio i mi. Edrychais ar ei ol, a chanfyddais berson Willy Hammond. Yr oedd yn myned i ystafell Green!

Pennod XIII – Y Seithfed Noswaith – Medi 8

Ymddangosa sefyllfa pethau yn Cedarville y pryd hwn yn dra anobeithiol. Nid allwn lai na theimlo dyddordeb cryf yn rhai o'r pleidiau hyn. Yr oedd achos Willy Hammond o'r dechreuad wedi creu ynof ryw ddawn anghyffredin; ac yr oedd ymddangosiad annysgwyliadwy ei fam ar y chwareufwrdd wedi mwynhau y peth yn fawr. Yr oedd y boneddwr - yn swyddfa yr hwn y cyfarfum a Mr. Harrison y dydd o'r blaen — yn berffaith gydnabyddus a holl achosion pethau yn Cedarville. Gelwais gydag ef yn fore drannoeth i'r dyben o wneyd ymholiadau yng nghylch Mrs Hammond. Gofynais iddo a oedd efe yn adnabod y foneddiges — i'r hyn y'm hatebodd, —

"O, ydwyf. Yr oedd yn un o fy nghyfeillion boreuaf."

Sylwais nad oedd y crybwylliad am ei henw yn cynnyrchu effaith ddymunol, oblegid rhoddodd ochenaid drom ac ymlywiodd ei wyneb.

"Ai Willy ydyw ei hunig blentyn ?"

"Ei hunig blentyn byw. Yr oedd ganddi bedwar; mab arall a dwy ferch; ond collodd hwynt oll ond Willy pan oeddynt yn dra ieuainc." "Ac", ychwanegai, "fe fuasai yn well iddi hi — ac i Willy hefyd — pe buasai yntau wedi myn'd i wlad well gyda nhw."

"Mae ei ddull o fyw yn ei chystuddio yn fawr," sylwais.

"Y mae yn dinystrio ei rheswn," atebai, gyda phwyslais. "Efe ydoedd ei duw hi. Ni charodd mam erioed fab yn fwy nag y carodd Mrs Hammond ei bachgen hardd a thalentog Willy. Yr oedd ei chariad a'i gofal gymaint amdano fel na oddefai iddo ei gadael —ond yn yr amser y byddai yn yr ysgol — rhan nesaf peth i ddim. Yr oedd wrth ei hochr bob amser bron. Hyd nes oedd yn un ar bymtheg oed, nid wyf yn gwybod iddo ddangos yr awyddfryd lleiaf am gwmni neb arall ond ei fam. Ond chwi wyddoch nad oedd yn bosibl i hyn bara'n hir. Yr oedd y byd mawr llydan o'i flaen, ac yntau yn rhwym o fyned iddo. O! fel y crynai ei fam gan bryder wrth iddo adael ei hochr! Gwyddai yn dda am y peryglon a amgylchynai ei lwybr; a mwyheid y rhai'n gan ei hofnau — o leiaf dyna fel yr arferent ddyweyd wrthi. Ond Och! nid oedd ei holl ofnau ond megis dim wrth yr hyn y trodd allan wedi hyn."

"Pan oedd Willy yn ddeunaw oed - yr oedd y pryd hwn yn darllen y gyfraith — yr wyf yn meddwl na welais ddyn ieuauc erioed mor addawol. Ond yr oedd ganddo dalent beryglus — dawn a llithigrwydd ymddyddianol anarferol. Yr oedd pob un a ddeuai i'w gwmni yn cael ei swyno ganddo; ac yn fuan cafodd ei hunan yn amgylchynu a dynion ieuanc, a rhai o honynt heb fod yn feddiannol ar y cymeriad goreu. Eto, yr oedd ei dueddiadau pur a'i egwyddorion anrhydeddus yn ei gadw yn ddiogel: ac nid wyf yn credu y buasai dylanwad cymdeithasol yn ei lithro o'r iawn lwybr oni buasai i'r dafarn ddamniol yma gael ei hagor gan Slade."

"Yr oedd genych dafarn yma cyn i'r *Black Lion* gael ei hagor", meddwn.

"O, oedd. Ond yr oedd yn cael ei chadw yn wael, a'r dosbarth isaf ydoedd ymwelwyr y *bar-room*. Ni welid un dyn anrhydeddus yn Cedarville un amser yno. Nid oedd yn demtasiwn i un oedd yn troi yn y cylch yr oedd Willy ynddo. Ond achosodd agoriad y *Black Lion* gyfnod newydd. Rhoddodd y Barwn Hammond - yr hwn sydd ei hunan heb fod y dyn puraf yn y byd 'rwyf yn ofni - ei gefnogaeth i'r sefydliad, a siaradai am Simon Slade fel dyn anturiaethus a chanmoladwy. Dilynodd y Barnwr Lyman ac ereill o foneddigion Cedarville yn rhoi esiampl ddrwg; a daeth y *Black Lion* yn fuan i gael siarad am dano fel lle respectable. Gallasech weled bob awr o'r dydd a'r nos ein gwŷr ieuainc mwyaf gobeithiol yn myned i mewn ac allan gan siarad law yn llaw a'r tafarnwr — yr hwn, o fod yn felinydd, oedd erbyn hyn wedi ei ddyrchafu yn ddyn pwysig, ac un y teimlai y dynion goreu Cedarville yn llawen o gael ei anrhydeddu."

"Aeth Willy gyda'r llif. Yn fuan, fuan, aeth mor hoff o yfed nes peru dychryn i'w gyfeillion. Mae yn rhuthro yn ei flaen byth er hyny. Fflamiodd y gwenwyn tanllyd ei feddwl, ac ar yr un pryd tywyllodd ei amgyffredion cryfion. Ymddygai ei dad ato yn ysgafn a difater, a chlywais ef yn dyweyd mai fflam boreu oes ydoedd, ac y byddai yn sicr o oeri wedi iddo heneiddio ychydig. Ond yr oedd ei fam yn hollol wahanol. Yr oedd hi yn dychryn ac yn drysu wrth ei weled yn myn'd ymlaen mor esgeulys. Pan siaradai hi ag ef, gan ei gynghori i adael ei ffyrdd llygredig, chwarddai yn ddiystyr am ei phen."

"Fel hyn yr aeth ymlaen fis ar ôl mis, blwyddyn ar ôl blwyddyn, nes iddo fyned yn destyn siarad pawb. Er mwyn, os oedd bosibl, troi ei feddwl i sianel newydd, prynodd ei dad hen felin Slade. Ymddiriedodd y gwaith a'r arian i Willy. Gwyddoch beth fu'r canlyniad."

"Effeithiodd hyn ar Mrs Hammond yn fawr. Ni ŵyr neb beth a ddyoddefodd. Bu am bymtheng nos heb gau eu llygaid, yn cerdded yn barhaus yn ôl a blaen yn ei hystafell. Yna cafodd gwsg trwm, a phan ddeffrôdd, yr oedd ei rheswm wedi ei gadael. Byth er hyny nid yw yn gwybod yn glir beth sydd yn myned yn mlaen o'i chwmpas."

"Oni ddarfu i'r dygwyddiad hwn ddychrynu y dyn ieuanc o'i freuddwyd syfrdanol?" gofynais.

"Naddo. Yr oedd yn caru ei fam, a gofidiau yn fawr oherwydd y peth; ond ymddangosai fel un nad allai ei stoppio. Yr oedd rhywbeth fel yn ei orfodi yn ei flaen. Os ffurfiai benderfyniadau da — a diau iddo wneyd hyny — mor gynted ag yr a'i i fysg ei hen gwmni yr oedd yn eu tori fel edau wlan. Yr oedd y ffordd ar hyd yr hon y byddai yn myn'd i'r felin yn arwain hebio y *Black Lion*, ac nid hawdd fyddai iddo basio heb gael ei dynu i'r bar, naill ai trwy ei chwant am y ddiod, neu ar gymhelliad rhyw gydymaith caredig a arferai sefyllian o amgylch y dafarn."

"Efallai fod rhywbeth mwy yn ei dynu yno na'i chwant am y ddiod," meddwn.

"Beth?"

Adroddais wrtho, yn fyr, yr hyn a ddygwyddodd y noson flaenorol.

"Ah! yr oeddwn yn ofni —ië, yr oeddwn bron yn sicr — ei fod wedi myn'd i faglau y dyn hwn. Ac eto, y mae yr hyn a ddywedwch yn fy synu", meddai, gan symud yn ôl a blaen yn gynhyrfus. "Os bum yn amheu o barth Willy Hammond, nid oes amheuaeth ynof mwyach. Nid yw y gair "dirgelwch" yn awr yn ysgrifenedig uwchben drws ei breswylfod." "O Dad! ai fel hyn yr arweinir dy ŵyr ieuainc i demtasiwn? Ai fel hyn y goddefir i'r gelyn daenu ei rwydau? Och fi! mae y peth yn arswydus! arswydus!"

Yr oedd y dyn wedi ei gynhyrfu yn ddirfawr. Aeth ymlaen yn hyawdl dros ben am ysbaid.

"Yr wyf bob amser yn poethi wrth ymdrin a'r pwnc hwn", meddai. "A phwy a all edrych ac ystyried y pethau hyn heb gael ei gynhyrfu?"

Tra yr oedd efe eto yn llefaru, daeth Mr Hammond — tad Willy - i mewn. Ymddangosai yn brudd a thruenus. Gwahoddodd y person y buaswn yn ymddyddan ag ef ychydig o'r neilldu, ac ymgomia ag ef vn ddifrifol am amryw funudau. Yr oeddwn yn gallu gweled ei wyneb, er na ddeallwn ddim o'r hyn a ddywedai. Yr oed ysgogiadau ei wyneb yn boenus i edrych arnynt, oblegid yr oedd pob symudiad yn dangos arteithiau annesgrifiadwy ei feddwl.

"Ceisiwch ei weled, wnewch chwi?" meddai, wrth adael y swyddfa.

"Af yno yn union", atebwyd.

"Dowch ag ef adref, os bydd bosibl."

"Gwnaf fy ngoreu i hyny."

Ymgrymodd y Barnwr Hammond yn foesgar, ac aeth allan yn frysiog.

"A ydych chwi yn gwybod rhif ystafell Green?" gofynai y boneddwr, mor gynted ag yr ymadawodd Hammond.

"Ydwyf. No. 11."

"Mae Willy heb fod adref er neithiwr. Mae ei dad, erbyn hyn, yn drwgdybio Green ei fod yn gamblwr! Ni ddaeth y peth i'w feddwl hyd ddoe; ac y mae hyn, at ei holl brofedigaethau, yn ei yru, fel y dywed, bron yn wallgof. Fel ffrind mae yn dymuno i mi fyned i'r *Black Lion* i geisio dod o hyd i Willy, A welsoch chwi rywbeth oddiwrtho heddiw'r bore?"

Atebais ef yn nacaol.

"Na Green?"

"Naddo."

"A oedd Slade o gwmpas pan adawsoch y dafarn?"

"Ni welais i ddim o hono."

"Fe all yr hyn y mae Barnwr Hammond yn ei ofni fod yn rhy wir — fod y twyllwr hwn yn ceisio sugno cymaint ag a all o hono cyn ei luchio yn ddidrugaredd o'i ddwylaw."

"Rhaid fod y dyn ieuanc wedi ei lyncu i fyny ganddo cyn y buasai yn dyfod yn ei ôl yr adeg hono o'r nos neithiwr. Ddarfu i chwi son am hyn wrth ei dad? "

"Naddo. Buasai hyny yn ei ofidio yn fwy, heb effeithio dim daioni. Y mae yn ddigon cythryblus eisoes. Ond mae'r amser yn pasio, ac nid oes dim i'w golli. A ddowch chwi gyda mi?"

Aethum gydag ef at y dafarn — aethom gyda'n gilydd i mewn i'r bar. Yr oedd dau neu dri o ddynion wrth y cownter yn yfed.

"A ydyw Mr Green o gwmpas yma heddyw'r bore?" gofynwyd gan y person a ddaeth gyda mi i chwilio am Willy Hammond.

"Ni welais i ddim oddiwrtho."

"A ydyw ef yn ei ystafell?"

"'Dalla i ddim deud."

"A wnewch chwi ei ymorol?"

"Gwnaf siwr. — Frank." - siaradia a mab y tafarnwr — .yr hwn oedd yn gorweddian ar y fainc — "ewch i edrych a ydyw Green yn ei ystafell."

"Ewch ych hunan. Nid y fi ydi'ch gwas chwi," oedd yr atebiad grwgnachlyd.

"Cewch wybod mewn munud, syr," ebai Mathew yn foesgar.

Wedi gweini ar y cysmeriaid oedd wrth y bar, aeth Mathew i fyny'r grisiau i ymorol am Green. Fel yr elai Mathew o'r *bar-room*, cododd Frank, ac aeth a chymysgodd wydraid o liquor, ac yfodd ef yn awchus.

"Arferiad tra pheryglus i un mor ieuanc", sylwai y boneddwr oedd gyda mi fel yr elai Frank allan o'r bar. Yr unig ateb a gafodd ydoedd edrychiad gwgus, cystal a dyweyd— dydi o ddim o'ch busnes chwi.

"Dydi o ddim yna, ebai Mathew", wrth ddyfod i mewn.

"A ydych yn siwr."

"Ydwyf, syr."

Ond yr oedd rhywbeth yn ei ddull yn dyweyd yn peri i mi ei amhau. Aethom allan gyda'n gilydd i ymgynghori ar y pwnc, a daethom i'r penderfyniad nad oedd gair Mathew i ymddiried ynddo.

"Beth sydd i'w wneyd?" gofynwyd.

"Myn'd at ystafell Green", atebais, a churo y drws. "Os yw yno, efallai yr etyb, heb ddrwgdybio ein neges."

"Dangoswch i mi yr ystafell."

Arweiniais ef at No 11. Curodd yn ysgafn ond ni ddaeth yr un atebiad. Mynychodd y curiad — yr oedd pobpeth yn ddistaw. Trachefn a thrachefn y curodd, ond ni chlywid ond adsain y curiad.

"Does yna neb," meddai, gan droi ataf i, a cherddasom i lawr y grisiau. Pan y cyrhaeddasom y gwaelod, cyfarfuasom â Mrs Slade. Ni chefais, yn ystod yr ymweliad hwn â Cedarville, sefyll wyneb yn wyneb a hi o'r blaen. O! y fath olygfa arswydus oedd arni! Yr oedd y gwyneb hawddgar a phrydferth wedi myned yn bantiog a hagr. Yr oedd ei chorff iraidd ac unionsyth gynt yn gam ac yn afluniaidd.

Drych o dristwch oedd edrych drosti.

"A welsoch chwi Mr Green heddyw'r bore?" gofynais.

"Mae o heb ddod i lawr o'i ystafell eto", atebodd.

"A ydych yn sicr?" gofynai fy nghyfaill. "Curais wrth y drws amryw weithiau - ond ni chefais un ateb."

"Beth sydd arnoch eisieu ganddo?" gofynai Mrs. Slade, gan sefydlu ei llygaid arnom.

"R 'ydym yn chwilio am Willy Hammond, ac fe ddywedir ei fod gyda Green."

"Curwch ddwywaith yn ysgafn, yna curwch deirgwaith yn drymach," ebai Mrs. Slade, a llithrodd heibio i ni.

"A gawn ni fyn'd gyda'n gilydd?"

Ni wrthwynebais, oblegid, er nad oedd gennyf hawl gyfreithlon i ymyraeth yn y mater, yr oedd fy nheimladau wedi en cynhyrfu yn yr achos, nes i mi fyned heb ystyried beth oeddwn yn ei wneyd.

Curwyd y drws fel y dywedodd Mrs Slade a chafwyd atebiad uniongyrchol. Agorwyd y drws yn arafaidd a gwnaeth gwyneb aneilliedig Simon Slade ei ymddangosiad.

"Mr Jacobs!" meddai yn synedig, ac edrych yn ddynmunol wrth fy ngweled i?

"Nac ydwyf, syr: yr wyf yn dymuno gweled Mr Green", a chyda hergwd gwthiodd y drws yn llydan agored. Yr un rhai oedd yno a'r rhai a welais y noson flaenorol - Green, Willy Hammond, Barnwr Lyman, a Slade. Ar y bwrdd, wrth yr hwn yr eisteddai y tri blaenaf, yr oedd cardiau, darnau o bapyrau, taclau ysgrifenu, a phentwr o *bank-notes*. Ar fwrdd bychan arall wrth eu hochr yr oedd potelau, decanters, a gywdrau.

"Barnwr Lyman! A ydyw yn bosibl?" ebai Mr Jacobs—canys dyna oedd enw fy nghyfaill --" ni feddyliais eich cael chwi yma."

Ysgubodd Green ei ddwylaw dros wyneb y bwrdd, er mwyn sicrhau yr arian a'r biliau; ond cyn iddo gwblhau ei amcan neidiodd Willy Hammond i dri neu bedwar o bapyrau culion a rhwygodd hwynt.

"Y devil melldigedig, twyllodrus!" gwaeddai Green, yn ffyrnig, gan wthio ei law i'w fynwes, fel pe buasai yn ceisio rhyw erfyn; ond ni chafodd ond prin ddyweyd y geiriau, cyn i Hammond ruthro arno gyda chreulondeb teigar, gan ei dynu i'r llawr mewn amrantiad. Yr oedd ei ddwylaw mewn moment wedi eu planu yn ngwddf y gamblwr, cyn i'r edrychwyr syfrdanol gael amser i ymyraeth, yr oedd Green yn ddu- las yn ei wyneb, a bron wedi ei lindagu.

"Fy ngalw'n dd-------ll twyllodrus, ah!" meddai Hammond gan ewynu o gwmpas ei safn. "Y fi! yr hwn yr ydych wedi ei hela fel gwaedgi sychedig. Y fi! yr hwn yr ydych wedi ei robio, ei dwyllo a'i ddarostwng o'r dechreuad! Oh! am bistol i ryddhau y ddaear o'r adyn mwyaf melldigedig ac uffernol sydd yn troedio ei hwyneb! Gollyngwch fi! 'Does gen i ddim wedi ei adael yn y byd yn werth i mi hidio dim am dano - 'does yr un canlyniad i mi ei ofni. Gadewch i mi wneyd un gymwynas dda i gymdeithas cyn fy marw!"

A chydag un cais grymus cliriodd ei hunan o'n gafael, a rhuthrodd drachefn ar y gamblwr, gyda chynddaredd ac egni bwystfil anwaraidd. Erbyn y tro hwn yr oedd Green wedi cael gafael yn ei gyllell, ac fel gwnai Hammond ei ruthriad—yn ei gynddaredd dall—claddodd Green hi yn ei ystlyss. Cyn gyflymed a'r fellten, tynodd y gyllell allan, a brathodd ef ddwywaith drachefn, cyn i ni allu diarfogi y llofrudd. Syrthiodd Willy Hammond gydag ochenaid drom, a'r gwaed yn llifo o'i ystlys.

Yn y braw a'r cyffro a ddilynodd, rhuthrodd Green allan o'r ystafell. Anfonwyd am y meddyg yn ddiaros; yr hwn, ar ôl ei chwilio yn fanwl, a ddywedai fod yn farwol.

Oh! ing a chyni y tad, pan y rhedodd rhywun ato i ddyweyd y gwir am y digwyddiad ofnadwy. Ni welais y fath ddirboenau yng ngwyneb un dyn erioed. Y tawelaf o'r holl gwmni pryderus ydoedd Willy ei hunan. Ni thynai ei olwg oddiar wyneb ei dad.

"A ydych mewn poen fawr, fy machgen?" sibrydai yr hen wr, fel y gogwyddai drosto, nes ydoedd ei wallt hirwyn yn ymgymysgu a chydynau llaith y dyoddefydd.

"Dydi'r boen ddim yn fawr, nhad", oedd yr ateb gwanaidd." Peidiwch a dywedyd am hyn wrth fy mam yrwan. 'Rwyf yn ofni y gwnaiff ei lladd."

Beth allai y tad ateb? Dim! Ac yr oedd yn fud!

"Ydi hi 'n gwybod am hyn?" Aeth cwmwl tros ei wyneb.

Ysgydwodd Hammond ei ben.

Ar hyn clywid gwaedd drallodus yn y gwaelod. Yr oedd rhyw hurtyn difeddwl wedi cludo y newydd galarus i'r fam.

"Fy mam druan ydi hi," ebai Willy, a gwridai ei wyneb gwelw. "Pwy allai ddyweyd wrthi am hyn?"

Cychwynodd Mr Hammond tua'r drws, ond cyn iddo ei gyraedd, daeth y fam wallgofus i mewn.

"Oh! Willy! fy machgen! fy machgen!"gwaeddai gyda llais cwynfanus, nes peri i bob calon oedd yn bresennol doddi.

Yna cofleidiodd a chusanodd ef gyda serchawgrwydd annarluniadwy.

"O! fy mam! fy anwyl fam!" gwaeddai yntau gan syllu yn ei gwyneb cariadus, fel pe buasai ei enaid yn berwi ynddo o hoffder tuagati.

"O! Willy! Willy! Willy! fy mab, fy mab! "a chusanodd ef drachefn.

Ceisiodd Mr. Hammond y pryd hwn eu gwahanu, rhag y buasai y peth yn effeithio yn ddrwg ar ei fab.

"Peidiwch, nhad" ebai Willy; "gadewch iddi. Nid wyf yn cynhyrfu dim. Mae'n dda genyf ei bod hi yma rwan."

"Peidiwch a siarad gair," ebai y fam, gan ddodi ei bysedd yn dyner ar ei wefusau. Bu distawrwydd am ychydig eiliadau; ond dechreuodd ei fam eilwaith wylofain a chwynfan yn dorcalonus.

"Mam! ydach chwi yna?" Edrychai o gwmpas yr ystafell yn wyllt.

"Ydwf, Willy anwyl ! dyma fi."

"Fedra i mo'ch gweled, mam; mae mor dywyll."

"O, mam! mam!" gwaeddai yn sydyn gan luchio ei hunan ar ei mynwes —"safiwch fi! safiwch fi!"

Mor gyflym yr ymlapiodd y fam ei breichiau amdano, gan ei gofleidio yn dyn!

Daeth y meddyg ymlaen, gan ei fod yn ofni y canlyniadau a cheisiodd ryddhau ei breichiau — ond yr oedd pob ymdrech yn aflwyddiannus.

"Mae o wedi marw!" clywais y doctor yn sibrwd; a pharodd y geiriau i ryw iasau oerion redeg trwy fy ngwaed.

Cyrhaeddodd y geiriau glustiau Mr Hammond, ac O! ei ochenaid drom!

"Pwy sy'n dyweyd ei fod wedi marw?" gofynai y fam yn gyffrous, fel y dodai ei bachgen o'i breichiau i orwedd ar y gwely, gan edrych yn wyllt ar ei wyneb gwelw. Rhoddodd un ysgrech fawr pan ddeallodd fod y peth yn wir, a syrthiodd yn ddifywyd ar draws corff marw ei mhab!

Yr oedd pawb yn yr ystafell yn tybied mai wedi syrthio i lewyg yr oedd Mrs Hammond; ond profodd ychydig eiliadau yn amgen. Yr oedd yr ymwybodolrwydd o farwolaeth ei mab wedi dyfod ati mor sydyn, nes iddi ei hamddifadu o'i bywyd. O! y fath olygfa! Y mab a'r fam yn farw ym mreichlau eu gilydd!

I ba le yr aethai Green?

                                              Glaslwyn

Pennod XIV – Y Seithfed Noswaith – Hydref 6

Aeth y newydd am y digwyddiad arswydus fel tân gwyllt trwy Cedarville. Yr oedd yr holl dref wedi ei chynhyrfu. Yr oedd y ffaith i Willy Hammond gael ei lofruddio gan Green, cyn pen ychydig funudau yn cael ei daenu gan bob tafod: a chant o wahanol adroddiadau yn cael eu dyweyd mewn perthynas i'r achos, a manylion y dygwyddiad. Erbyn i'r darpariadau gogyfer a chludiad y cyrff marw i breswylfod Mr Hammond gael eu gorphen, yr oedd cannoedd o bobl - gwŷr, gwragedd, a phlant - wedi ymgasglu o amgylch y dafarn; yr oedd ugeiniau yn crochlefain am Green; tra y gwaeddai ereill am y Barnwr Lyman, yr hwn, erbyn hyn oedd yn cael ei ddrwg-dybido gan y bobl, am fod a wnelo efe a'r helynt. Ni wnaeth ymddangosiad y ddau gorff marw, y rhai a ddygid ar ystyllod, ond mwyhau eu digllonedd . Gan lawer un y clywais y geiriau, - "Dowch a'r mwrdrwr allan!"

Aeth rhan o'r dyrfa i ganlyn yr orymddaith brudd, tra yr arhosodd y rhan fwyaf o amgylch y dafarn. Yr oedd digofaint angereddol yn erbyn Green yn tanio pob mynwes; a phan esgynodd un - eu bleanor - i ben rhyw foncyn, a gwaeddi—

"Rhaid i ni beidio gadael i'r mwrdrwr ddianc!" Atebwyd ef a bonllef ofnadwy gan y dorf, nes oedd yr awyr yn clecian.

"Dewiser deg o ddynion i chwilio y tŷ a'r amgylchoedd," gwaeddai eu blaenor gwrol.

"Îe! Îe! Dewiswch nhw! Enwch nhw!" atebwyd yn uchel.

Enwyd deg o ddynion wrth eu henwau, y rhai heb aros moment a ddaethant ymlaen.

"Chwiliwch bobman - o'r to i'r selar; Pob man! pob dyn!" gwaeddai y dyn.

Heb betruso dim aeth y deg i'r tŷ. Am agos i chwarter awr bu y dorf yn disgwyl mewn pryder ac annioddefarwch cynyddol. O'r diwedd gwnaeth yr ymchwilwyr eu hymddangosiad gyda'r hysbysrwydd nad oedd Green i'w gael yn unlle yn y tŷ na'r amgylchoedd. Derbyniwyd ef gydag ochenaid siomedig.

"Na fydded i un dyn yn Cedarville fyned adref cyn dod o hyd i'r mwrdrwr!" bloeddia y dyn oddiar ei orsedd ddyrchafedig. Dilynwyd ef a banllef gymeradwyol.

"Bydded i bob un yn sydd yn meddu ceffyl wneud defnydd ohono yn yn yr ymchwiliad," ychwanegai eu blaenor.

Gadawodd oddeutu hanner cant o'r dorf yn frysiog. Trefnodd gwrolddyn y gwŷr traed yn bedair rhan; gan roddi i bob rhan ddosbarth neillduol o'r wlad i'w harchwilio. Yr oedd rhan gwŷr ceffylau i wneud eu hymchwiliad yn rhannau allanol o'r wlad, a'r gwŷr traed yn y rhanau mewnol.

Fel yr elai yr oriau heibio, dychwelodd un o'r ymchwilwyr adref, yn ffrwyth i'r llafur. Tua'r prynhawn dechreuodd y gwŷr ceffylau hefyd ddychwelyd, ac erbyn machludiad haul gwnaeth yr olaf ei ymddangosiad. Yr oeddynt oll yn flinedig ac wedi eu siomi yn ddirfawr, ac yn cwbl gredu i'r llofrudd ddianc yn ddiogel.

Bu *bar-room* y *Black Lion* bron yn wag o ymwelwyr am rai oriau ar ôl digwyddiadau cynhyrfus y bore. Ni wnaeth Slade ei ymddangosiad nes i'r dorf chwalu. Pan ddaeth i lawr yr oedd yn edrych yn drefnus ac wedi eillio yn lan, ond yr oedd arwyddion cryfion arno iddo dreulio noswaith yn ddigwsg. Yr oedd ei lygaid yn gochion a thrymion, a'i amrantau yn chwyddedig. Pan oedd yn dyfod i lawr y grisiau, yr oeddwn innau yn cerdded yn y dramwyfa. Edrychai yn gywilyddgar, ac aeth heibio i mi heb ddweud gair, ond yn unig amneidio arnaf. Yr oedd euogrwydd yn gymysgiedig a phryder a dychryn yn argraffedig ar ei wynebpryd. Yn ddiamheu, yr oedd yn gweled lle cryf i gredu y gallasai yntau syrthio i helynt, oblegid yr oedd ef yn un o'r rhai a fuasai yn gamblo yn ystafell Green pan gyflawnwyd y weithred ysgeler.

"Dyna helynt dost," meddai, pan ddaethom wyneb yn wyneb ymhen rhyw hanner awr wedi hyn. Nid edrychai yn wrol yn fy llygaid.

"Dychrynllyd!" atebais "Llygru a dinistrio dyn ieuanc, ac yna ei fwrdro! Nid oes hanes am weithred fwy ysgeler ar dudalenau hanesyddiaeth."

"Fe'i cyflawnwyd mewn nwydwylltedd", ebai y tafarnwr, fel pe buasai yn ceisio cyfiawnhau Green. "Doedd Green ddim yn bwyiadu ei ladd," ychwanegai.

"P'am oedd raid iddo gario erfyn dinistriol yn ei logell mewn cwmni heddychol, ynte?"

"Yr oedd mwrdrad yn ei galon, syr," atebais.

"Mae nyna yn siarad pur gry"

"Nid cryfach nag y gwnaiff ffeithiau brofi," atebais. "Mae mwrdrad yn ei galon o'r dechreuad. Mae ei ymddygiadau blaenorol tuagat Willy Hammond yn profi hyn tuhwnt i bob dadl."

"Wel; myn'd—l leiciwn i ddim bod yn 'sgidiau Green," ebai y tafarnwr dan grynu. Yr oedd yn ddigon eglur mai y gosb oedd yn ymddangos mor ofnadwy yn ei olwg, ac nid y drosedd ei hunan. Och! fel yr oedd y fasnach feddwol wedi ei lygru.

Yr oedd fy ngeiriau mor annymunol gan Slade, fel y cafodd ryw esgus parod i fy ngadael.

Pan hwyrhaodd, dechreuodd erlynwyr aflwyddianus y gamblwr ymgasglu o un i un i'r dafarn, a chyn pen awr yr oedd y *bar-room* wedi ei orlenwi gan y mob siomedig a digllawn y rhai a fwrient allan y geiriau mwyaf anrasol oherwydd na chawsent gyflawni mesur eu difro. Yr oeddynt oll yn argyhoeddedig i Green ddianc yn llwyddianus; a chryfaf yn y byd yr a'i yr argyhoeddiad hwn, mwyaf oll oedd eu digofaint. Yr oeddynt oll yn gwybod fod yn yr ystafell lle y cyflawnwyd y weithred heblaw Green a Hammond, y Barnwr Lyman, a Simon Slade. Gan fod y mob wedi colli eu hysglyfaeth, yr oeddynt yn sychedu am dywallt eu dialedd ar ryw un arall.

"P'le mae Slade?" gwaeddai un o ganol y *bar-room*. "Pam y mae o yn cadw ei hunan o'r golwg?"

"Ië; ple mae o?" a waeddai hanner dwsin.

"Fu o 'n chwilio am Green?" gofynai un.

"Naddo! naddo! na choeliais i wir!" ebai gryn hanner cant.

"Ac eto y mwrdrad yn cael ei gyflawni yn 'i dŷ o 'i hun, o flaen ei lygaid!"

"Ië; o flaen ei lygaid?" gwaeddai amryw yn ddigofus.

"P'le mae Slade? Welodd rhywun o heno? Mathew, ple mae Simon Slade?"

"Dydw i ddim yn meddwl ei fod adre'," atebai ceidwad y bar, yn betrusgar a dychrynedig.

"Pryd y gwelsoch chi o ddywaetha?"

"Welais i mono er's dwy awr."

"Celwydd!" gwaeddai un yn ffyrnig.

"Pwy sy'n deud fod o 'n gelwydd?" ebai Mathew, gan geisio ymddangos yn ddigofus.

"Y fi!" A rhuthrodd dyn cryf a chreulon yr olwg i'w ymyl.

"Pa hawl sy gynoch chi i ddeud hynny;" gofynai Mathew, gan oeri ychydig.

"Achos fod chi yn deud celwydd!" ebai y dyn. "Gwelsoch efo fewn llai na hanner awr yn ol, a hynny wyddoch chi 'n dda. Yrwan, os ydach chi isio bod allan o helynt deudwch y gwir."

"Dyda' ni ddim mewn ysbryd i lolian. Ple mae Slade?"

"Wn i ddim", ebai Mathew, yn benderfynol.

"Ydi o yn tŷ? "

"Wrach y fod o, ac wrach nad ydio ddim. Wn i ddim mwy am dano na chithe."

"Newch chi edrych am dano fo?"

Aeth Mathew at y drws,' a gwaeddodd am Frank.

"Be sy isio?" gwaeddai Frank, yn rwgnachlyd.

"Ydi 'ch tad yn tŷ?"

"Be wn i — na waeth geni chwaith", oedd yr ateb anrasol.

"Doed rhywun a fo i mewn i'r *bar-room*, mi nawn iddo fo hidio tipyn."

Cyn i'r canlyniad gael ei wneud bron, llithrodd dau ddyn allan o'r bar, gan fyned i'r ystafell o'r hon y daethai llais Frank. Y foment nesaf dychwelasant gan ymafaelyd un ym mhob braich i Frank, a'i dynnu fel plentyn i'r bar. Edrychai cyn wyned a'r galchen, ac wedi ei orlenwi o ddychryn oherwydd yr ymosodiad annisgwyliedig ar ei ryddid.

"Dyma ti, machgen i", ebai un mor gynted ag y daeth i mewn, "os wyt ti 'n dewis bod allan o'r helynt, ateb ein cwestiynau ni. Dyda ni ddim am lolian hefo neb. Ple mae dy dad?"

"Rwyn meddwl fod ê o gwmpas y tŷ yn rhywle," ebai Frank, yn wylaidd.

"Faint sy er's pan welaist ti o?"

"Does dim llawer."

"Deng munud?"

"Na; cwmpas i hanner awr."

"Ple 'roedd o 'r amser hwnnw?"

"Roedd o'n myn'd i fynu'r grisiau."

"O'r gore; rydani isio fo. Dos i nol o, mewn munud."

Gadawodd Frank yr ystafell, ond daeth yn ôl ymhen rhyw bum munud, a dywedai nad allai ddod o hyd i'w dad yn unlle.

"Ple mae ynte?" gofynwyd yn ddigllon.

"Yn wir, foneddigion, wn i ddim." Yr oedd edrychiad pryderus Frank yn dangos ei fod yn dweud y gwir.

"Mae ne rywbeth o'i le yma", ebai un." Pam na fase f'o yma? Pam na fase fo yn ceisio dal y mwrdrwr, a fynte wedi gwel'd y peth a'i lygaid ei hun."

"Synwn i ddim na ddaru fo'i helpio fo i ddianc", ebai un arall, heb gymaint ag un ffaith i attegu ei gyhuddiad pwysig.

"Does dim dowt am hynny!" ebai un arall, mor fyrbwyll a'r blaenaf; ac oedd hyn yn ddigon i gynhyrfu digofaint aflywodraethus y mob, yr rhai sydd bob amser yn rhy frysiog yn eu penderfyniadau, ac yn rhuthro yn eu plaenau heb ymorol am ffeithiau boddhaol, na gwrandaw ar lais rheswm.

"Ple mae o? Ple mae o? Mae Slade yn gwybod yn eitha da ple mae Green", gwaeddent.

Dewiswyd dau neu dri o ddynion i archwilio y tŷ, ac aeth amryw ereill allan i gymeryd cylch eangach. Gadewais y bar, ac aethum i'm hystafell. Yr oeddwn yn teimlo fy hunan yn gyffrous a blinedig, a gorweddais i lawr gyda'r gobaith o gael gorphwysdra.

Yr oeddwn eisioes wedi goleu canwyll a chloi y drws. Yr oeddwn wedi gorwedd ychydig, ac yn gwrandaw ar y dwndwr cras oedd i lawr — swn traed a oedd yn cynniwair yn ôl a blaen hyd y tramwyfeydd, drysau yn cau ac agor, &c, pryd y daeth i'm meddwl fy mod yn clywed rhywun yn anadlu yn fy ystafell. Cyfodais ar fy eistedd, ond yr oedd dychlamiadau fy ngwaed erbyn hyn i'w glywed yn eglurach na dim allanol i mi.

Nid ydyw ond dychymyg, meddwn wrthyf fy hun, ond parheais i eistedd a gwrandaw.

Wedi boddloni fy hunan nad oedd o ddim ond dychymyg, gorweddais eilwaith, gan geisio ymlid y drychfeddwl fod rhywun yn fy ystafell. Cyn i mi bron lwyddo yn hyn, dychlamodd fy nghalon drachefn. Dychymygwn glywed swn rhywun megys yn symud yn fy ystafell.

Dim ond dychymyg! meddwn wrthyf fy hun, fel yr elai rhywun heibio y drws ar y foment. Mae fy meddwl yn gynhyrfus, meddwn.

Eto cyfodais fy mhen gan ei gyna a'm llaw, a gwrandewais, gan gyfyngu fy sylw i' fy ystafell heb wrandaw ar y dwndwr oddiallan. Yr oeddwn ar ollwng fy mhen ar y gobenydd, pryd y clywais mor eglur nad oedd yn bosibl i mi gamgymeryd, besychiad gwanaidd, yr hwn a barodd i mi roddi ysbonc i'r llawr ac edrych odditan y gwely. Yr oedd y dirgelwch wedi ei gael allan. Dyna lle y gwelwn bâr o lygaid tanllyd yn dysgleirio yn ngoleu y ganwyll! Yr oedd y ffoadur Green tan fy ngwely. Safais, ac edrychais arno am rai eiliadau heb allu dweud gair, ac yntau yn sylldremu arnaf yn ffyrnig a beiddiol. Gwelais ei fod yn crafangu am ei bistol.

Glaslwyn

Pennod XV – Yr Wythfed Noswaith – Tachwedd 17

Yr oeddwn yn Washington y mis canlynol, ar adeg terfyniad tymor y Gynghorfa. Yr oedd cysylltiad y Barnwr Lyman ag achos Green ac Hammond ieuanc wedi iselu ei gymeriad gyda maint pobl Cedarville, a'r holl dalaeth a gyda'r Gynrychiolath, fel y barnai ei blaid yn ddoeth a'i roddi o'r neilldu, a chymeryd i fyny ymgeisydd na chyfarfyddai a'r fath wrthwynebiad cryf. Trwy wneuthur felly buont yn llwyddiannus i wrthsefyll cynnydd y blaid ddirwestol, y rhai lwyddasant yn barod i ddwyn y Maine Law i'r Cynghor Taleithiol. Dyma, gan hynny, ydoedd y gaeaf olaf a welai y Barnwr Lyman yn Washington.

Tra yn eistedd tua chanol dydd, yn y Fuller Hotel, y diwrnod wedi i ni gyrhaedd Washington, sylwais ar berson ag y tybiwn fy mod yn gydnabyddus a'i wyneb, yr hwn a edrychai o gwmpas fel pe buasai yn ymchwilio am rywun. Tra yn ymofyn a mi fy hun pwy allai fod clywais ddyn yn sylwi wrth un arall oedd yn ei ymyl. "Dyna'r aelod diffaith yna o'i le yn y tŷ eto." "Pwy," ebe y llall. "Y Barnwr Lyman", ydoedd yr ateb. "O", meddai'r llall, "nid yw o gymaint pwys. Ychydig iawn o ddoethineb mae ef yn ychwanegu at y corff deallus hwnnw."

"Mae ei bleidlais yn werth rhywbeth, o leiaf pan y mae cwestiynau pwysig ar y bwrdd."

"Beth yw y pris mae yn ofyn am ei bleidlais," gofynwyd yn oeraidd.

Yr oedd yna ond codi ysgwyddau, a syrthio aeliau, ar hyn, ond dim ateb.

"Yr wyf fi yn ddifrifol", ebe'r yr olaf a siarada.

"Nid mewn dweud fod Lyman yn gwerthu ei bleidlais am y pris uwchaf?"

"Mae hyny yn dibynnu yn hollol ar pwy fydd yn cynnig. Mae yn rhaid iddynt fod yn ddynion a rhywbeth ganddynt i'w golli yn gystal ag i'w enill — dynion na bydd raid gadael y blaid i'w gwasanaethu. Mae y Barnwr bob amser yn gyfeillgar a'r aelodau a enwir gan aelodau y lobby, ac fe ellir ei weled bob amser yn eu cwmni. Mae yn ddiamheu ei fod yn absennol o'r tŷ yn nawr? Tybed iddo gyfarfod y boneddigion hynny sydd yn talu yn dda am bleidleisiau."

"Yn sicr ddigon nis gallwch feddwl i'r oll a ddywedwch gael ei gymeryd yn ei ystyr eangaf," oedd atebiad i hyn.

"Ïe, yn ei ystyr eangaf. I'r dwfn ddarostyngiad moesol a gwladol hwn mae y dyn yma wedi syrthio gan ddianrhydeddu yr etholwyr a dianrhydeddu ei wlad."

"Nid yw ei bresennoldeb yn Washington yn siarad yn uchel iawn ym mhlaid y bobl a gynnrychiola."

"Nac ydyw; eto, fel y mae pethau yn awr yn dod, nis gallwn farnu gwerth moesol y bobl oeddiwrth y dynion a anfonir ganddynt i'r Gynghorfa. Dangos nerth pleidiau yn unig mae cynnrychiolwyr."

"Gwerth dynion tebyg i'r un ag y dywedwch chwi yw Lyman, au gwlad, fel Arnold arall."

"Gwnaent, os bydd y cynnyg yn ddigon uchel."

"Ydi o yn gamblio, deudwch?"

"Gamblio, ellir dweud, yw rhan o'i alwedigaeth. Ychydig iawn o nosweithiau sydd yn pasio, na cheir ef wrth y bwrdd gamblio."

Ni chlywais ychwaneg. Nid oeddwn wedi synnu dim wrth hyn a glywais; canys yr oedd fy ngwybodaeth flaenorol am y dyn wedi fy mharotoi i glywed yr holl bethau a glywais. Yn ystod yr wythnos yr oeddwn yn aros yn Washington cefais gyfleusdra i weled y Barnwr Lyman yn y tŷ ac allan o'r tŷ — a byddai yno ond pan ei rhenid ar ryw fesur pwysig fyddai yn gosod rhyw freintiau neillduol ar rywrai. Llawer gwaith y gwelais ef mor feddw ag y byddai yn stagro wrth geisio myned trwy y mynedfa, ac unwaith yr oedd yn rhaid ei gario i'w le. A gwaeth na hynny, pan yr oedd ei enw yn cael ei alw allan, yr oedd ef yn cysgu, a rhaid oedd ei ysgwyd amryw droiau cyn y byddai yn ddigon effro i roddi ei bleidlais.

Fel mae'r pethau yn bod, dyna ei aeaf olaf yn Washington. Y tymmor canlynol, cymerodd ddyn gwell nag ef ei le.

***

Yn mhen dwy flynedd cefais fy hun yn agosau at bentref tawel Cedarville drachefn. Fel yr oedd y clochdy yn dyfod i'r golwg, a thy ar ôl tŷ yn weledig yma ac acw, gyda'r coedydd deiliog, a'r meusydd gwyrddleision yn y cefn, llenwai yr holl ddigwyddiadau cyffrous a gymerodd le ar adeg fy ymweliad o'r blaen le newydd yn fy meddwl. Yr oeddwn o hyd yn meddwl am farwolaeth ofnadwy Hammond a'i fam dorcalonus, yr hon a gollodd ei bywyd gyda'i fywyd yntau. O! y fath gyfnewidiad oedd yma! Esgeulusdra ac adfeiliad oedd yn weledig ar bob llaw. Yr oedd y gwrychoedd i lawr yma ac acw, y rhodfeydd prydferth yn llawn chwyn a glaswellt; a'r ardd, yr hon oedd gynt fel yr enfys, yn gyfoethog o bob lliwiau a rhosynau pereiddiol, fel diffaethwch. Wrth edrych ar y tŷ gwelwn y simnai ddrylliedig, a'r priddfeini yn yr un man ag y tarawasant y llawr, a'r hen do bron ymollwng trwodd. Yr oedd y ffenestri yn gaedig, ond y drws yn agored, ac wrth fyned heibio gyda'r cerbyd, gwelwn hen ŵr i mewn ar ei eistedd. Nid oedd yn ddigon agos at y drws i mi gael golwg ar ei wynebpryd; ond wrth i mi weled ei wallt gwyn hirllaes, nid oedd amheuaeth yn fy meddwl pwy ydoedd. Y Barnwr Hammond ydoedd.

Cyrhaeddais hen westy Cedarville, ac yr oedd amser yma hefyd wedi gwneud ei ôl yn fawr. Wrth borth y tŷ yr oedd dwy neu dair o hen gasgiau whisky, ar un o ba rai eisteddai dyn hagr, difoes; a gefn a'i y wal, a'i lygaid croes yn dilyn pob cam a roddwn at y tŷ.

"A! ai chwi sydd yma", ebe fe, fel y deuais yn agos ato, yn siarad yn floesgaidd, ac yn codi i fyny yn anystwyth. Adwaenais yn awr berson Simon Slade. Wrth sylwi arno yn fanylach, gwelais fod y llygad a dybiwn i oedd yn gaedig wedi ei dinistrio. Mor fywiog y neidiodd yn fy nychymyg y golygfeydd a welais y noswaith olaf yn y bar; y noswaith y bu agos i'r mob barbaraidd ag y rhoddes ef wirod iddynt, ei lofruddio.

"Mae'n dda gin i dŷ wel'd ti, 'machgen i! Mae'n dda gin i dŷ wel'd ti! 'Dy – 'dy dydw i ddim yn iawn — wyt ti'n gwel'd. Sut yr wyt ti, sut yr wyt ti?"

Ac yna ysgydwodd fy llaw gyda ryw serchowgrwydd hanner meddwol. Yr oeddwn yn teimlo yn anghysurus yn ei bresennoldeb. O ddyn truenus! Yr oedd yn llithro i lawr y pydew a gloddiodd i ereill, heb fod ganddo ddigon o nerth i gyfarfod a'i dynged. Ceisiais siarad ag ef am ychydig o funudau; ond yr oedd ei feddwl fel wedi ei gymylu, a'i atebion yn wyllt ac anghysylltiol, a gadewais i ef ac aethum i'r bar.

"A allaf fi gael llety yma am ddeuddydd?" ebe fi wrth greadur swrth ac anolygus a eisteddai ar gadair y tu ôl i'r bar.

"Gallweh, ydwi'n meddwl", meddai, oddiar ei eistedd.

"Mi a ddymunwn gael ystafell," ebe fi, ar ôl cerdded at y drws ac yn ol.

Cododd y dyn i fyny yn araf, a dododd ei law mewn hen ddesg yn ei ymyl. Ymhen enyd, tynodd allan hen lyfr llwydaidd yr olwg, ac wedi ei daflu ar y cownter, gofynodd i mi, yn ddigon dihidio, i ysgrifenu fy enw ynddo.

Wedi chwilio, a chwilio yn ofer, yr holl ystafelloedd, am bin ac inc, tynais fy mhensel allan, ac ysgrifenais fy enw ar hen ddalen seimlyd o'r llyfr; ond gyda fy mod wedi gorphen, dyma Frank i mewn a chlamp o cigar yn ei safn, â chwmwl dudew o fwg yn amgylchynu ei ben. Yr oedd wedi tyfu yn ddyn mawr lysti er pan welais ef o'r blaen, er mai ychydig o'r dynol oedd i'w ganfod yn ei wyneb.

"Sut yr ydach chi", ebe fe, ac yn cynnyg ei law i mi. "Peter", ychwanegai, "dywedwch wrth Jane am roi y No. 11 mewn trefn i ŵr boneddig yn ddioed, a gofalu am newid y cynafasau."

"Mae pethau yn edrych yn lled ddwl yma", ebe fi.

"Ydyw; lle dwl yw hwn bob amser", eb yntau.

"Sut mae eich mam?"

"Dim gwell", oedd yr ateb, gyda rhyw olwg cythryblus ar ei wyneb.

"Mae'ch mam yn sal, ynte?"

"Ydyw, er's cryn amser bellach", meddai Frank.

"A ydyw hi gartref?"

"Nac ydyw, syr."

Gan ei fod yn arddangos rhyw anmharodrwydd i ddweud ychwaneg ar y mater yna, ni ofynais ychwaneg o gwestiynau iddo, a chafodd yntau gyfle i'm gadael yn fuan.

Yr oedd *bar-room* y *Black Lion* yn cynnwys yr un dodrefn yn gymhwys a phan yr oeddwn yno o'r blaen, ond heb fod yn agos can laned. Yr oedd popeth, rywsut, allan o le, yr annhrefn mwyaf ar y silffodd, y llawr yn fudr, ac arogl anhyfryd yn llenwi fy ffroenau. Wedi cwbl ffieiddio ar y bar, aethum i'r sitting-room. Yr oedd yma ryw fath o drefn ar bethau; ond yr oedd y llwch cyn dewed ar y drysau a'r byrddau ag y gallech ysgrifenu eich enw arnynt. Nid rhyw lawer gwell ydoedd yr arogl ychwaith; ac i'r dyben o fwynhau awyr bur, aethum allan i'r porth.

Dyna lle yr oedd Slade byth, a'i bwysau ar y wal.

"Mae hi yn ddiwrnod braf," ebe fi.

"Braf iawn", ebe yntau.

"Dydach chi ddim yn gwneud cystal ag y byddech chi flyneddau yn ol", meddwn i.

"Na - yda'ch chi'n gwel'd - mae - mae'r hen tetotals yma yn dyfetha popeth."

"Ai felly mae, ai ê?"

"Wel, ïa, elwch chi - dydi Cedarville ddim un fath a phan yr oeddech chi yn arfer dyfod i'r *Black Lion* er's talwm. Mae — mae - welwch chi. yr hen felldith y tetotals yma. Nhw sydd wedi dyfetha'r cwbl—pob peth!"

"Dyfetha -"

Yr oedd yn cyboli ei eiriau yn y fath fodd fel nas gallwn yn fy myw eu deall ac ymymadewais oddiyma am y dref i wneud fy musnes, tra yn teimlo tosturi calon at wrthddryeh mor druenus.

Yn ystod y prynhawn daethum i ddeall fod Mrs Slade mewn gwallgofdy. Yr oedd digwyddiadau ofnadwy y dydd y lladdwyd Hammond ieuanc wedi gorphen ei dinystrio yr hyn a ddechreuodd yr amser y gadawodd ei gwr alwedigaeth heddychol melinydd i fyned i gadw tafarndy. Pan y cyrhaeddodd y newydd ei chlustiau fod Willy a'i fam wedi marw, rhoes ysgrech, a syrthiodd mewn llewyg. Ond yr oedd ei chyfeillion wedi sylwi ymhell cyn hyn fod rhywbeth ar ei synwyr. Frank oedd ei heilun penaf. Yr oedd yn fachgen moesol serchog, ac anwyl cyn symud i'r dafarn; ond yno fe'i dyfethwyd am ei oes, ac, mewn gwirionedd, yr oedd lle o'r fath yn ddigon a llygru angel! Mor fuan, ysywaeth, y sylweddolwyd ei hofnau gwaethaf am ei mab! Mor hawdd gan y galon ddynol yw anwesu pob drwg, ac anhawdd ydyw rhyddhau bachgen, fel ydoedd Frank, oddiwrth gysylltiadau isel, annuwiol, a llygredig y *bar-room*. Pe buasai ei dad wedi efrydu cynllun i'w ddinystrio, nis gallasai wneud hynny yn well nag y gwnaeth.

Clywais fod Flora gyda'i mam yn ceisio ei dyddanu yn ei horiau adfydus.

Yr oedd diwedd ofnadwy Willy Hammond, at yr hwn y dangosai gryn ymlyniad serchiadol, bron wedi ei hamddifadu hithau o'i rheswm. Ni throes ei llygaid byth ar ei chartref er yr amgylchiad torcalonus hwnw. Yr oedd hi a'i mham wedi colli pob dylanwad ar ei brawd. Er gwaethaf dagrau mam a thaerineb tyner chwaer, i lawr, i lawr, yr oedd yn myned yn ei yrfa ryfygus. Achos arall o ofid dwys i'w hysbryd ydoedd y cyfnewidiad oedd wedi dyfod dros ymddygiad ei thad, yr hwn fu unwaith mor siriol a thyner ei don, ac mor anwyl o'i ferch ag un tad yn yr holl wlad.

Yn yr hwyr cefais fy hunan drachefn yn mar y *Black Lion*. Yr oedd yr hen Slade ychydig yn fwy effro erbyn hyn, wedi golchi ei wddf a chwrw cryf ar ôl ciniaw. Yr oedd yno ddau neu dri o bersonau ereill; ond Frank, o bawb yn y lle, oedd yn siarad yr iaith fwyaf isel a chableddus. Ymhen ychydig denwyd fy sylw at ŵr ieuanc a elwid "Ned," yr hwn, erbyn edrych, ydoedd fab i'r Mr Hargrove hwnnw, y gall fod gan y darllenydd ryw adgof ohono, ymadawaid yr hwn a bâr y *Black Lion* a achosodd y fath siarad ym mysg y cwmni. Wedi peth ymddyddan isel a gwawdlyd am hwn a'r llall, cyfeiriodd Simon Slade at yr hen Hargrove yn dyfod i ymofyn am Ned bob nos fel pe na buasai yn ddigon galluog i gymeryd gofal o hono ei hunan.

"Pe buasai Ned ddeugain cufudd yn y gororau uffernol byddai ei dad yn siwr o ddyfod hyd iddo," ebe Slade. "Mae'n gas genyf weled ei hen wyneb dwys a rhith sancteiddiol o."

"Gyr o adre' a phry' yn ei glust, Ned," ebe un arall.

"Dyna just beth ydw i am wneud y tro nesaf", meddai Ned.

"O, ïe, dyna wyt ti wedi addo wneud lawer gwaith."

"Wel yrwan am dani hi, lads". Neidia i fyny Ned; a dyna hen ŵr parchus o ymddangosiad i mewn, yr hwn a adwaenwn yn dda gynt wrth yr enw Mr Hargrove.

"Edward! Edward! tyr'd fy mab."

"Paid a myn'd," meddai rhyw lais, nad oedd yn ddigon gwrol i sefyll i fyny yn ngwyneb Mr Hargrove i ddweud hynny.

Edrychais ar Edward. Ni symudai fodfedd o'r lle yr eisteddai; eto yr oedd amlwg fod yna gynhwrf nid bychan o'i fewn." Edward!" meddai y tad tyner eilwaith, gyda ryw nerth anorchfygol, ond heb fod yn awdurdodol. Yr oedd Edward ar godi pan y gwaeddodd Frank Slade —" O! 'r ffwl sâl i ti."

Taniai llygaid Mr Hargrove, ac ymsythai'n eofn, ond heb ddweud dim.

"Yn awr edrychwch yma", ebe Simon Slade, yn ddigofus, "yr wyf fi yn blino ar beth fel hyn." Pa'm na chadwch chwi Ned gartref; 'does ar neb ei eisio fo yma.

"Gwrthodwch chwi werthu gwirod iddo", ebe Mr Hargrove.

"Gwerthu gwirod ydi fy ngwaith i", ebe Slade, yn hyf.

"Gresyn na buasai genych alwedigaeth mwy anrhydeddus", meddai Hargrove, yn alarus.

"Os insyltiwch chi fy nhad", meddai Frank, a'i ddyrnau yn gaedig wrth ben yr hen wr, "mi— mi-"

Gwell ydyw peidio llychwino dalenau un llyfr a'r bytheiriau echryslon a arferodd yma; ond tra yr oedd yn myned i daraw Mr Hargrove, cododd dyn cryf i fyny a gwaeddodd.

"Aros, ŵr ieuanc, gwae ti, os cyffyrddi a blewyn o'i wallt o." Mr Lyon ydoedd enw y gwr, a diolchodd Mr Hargrove iddo am sefyll mor wrol o blaid hen wr. "Ond aroswch," ebe Mr Hargrove wrtho yn ddistaw, "lle drwg i chwi ydyw lle fel hyn. Paham yr arhoswch chwi yma?"

"Ië, lle drwg ydyw", meddai Lyon allan yn hyf; "ond arferiad, arferiad, Mr Hargrove, dyna'r felldith. Gadewch i ni gael y Maine Law, ac fe fydd rhyw siawns i ni wed'yn."

"Ond pa'm na fuasech chwi yn fotio gyda ni i gael y ddeddf hono?" meddai Hargrove.

"Pa'm y darfu mi fotio gyda chwi? Felly y dylasech chwi ofyn."

"Yr oeddwn i yn meddwl eich bod wedi fotio yn ein herbyn", ebe Hargrove.

"Y fi fotio yn eich erbyn yn wir! 'Dydw i ddim mor ddall i'm lles fy hunan ag y gwnawn i felly; a phe gwyddech chwi'r gwirionedd, synwn i ddim mymryn na wnai pob dyn yn yr ystafell yma heno, ond Slade a'i fab, fotio yr un ochr a chwi, syr."

"Mae'n beth hynod iawn ynte", ebe Mr. Hargrove," gyda holl ddynion eddwon o'n tu, i ni golli'r dydd yn yr etholiad diweddaf."

"Mae'n rhaid i chwi feio y cymedrolwyr am hynny, y rhai na chanfyddant unrhyw berygl, ond ydynt yn wastad yn myned i ganlyn eu plaid."

"Deuwch allan, Mr Lyon, mi a ddymunwn siarad gair a chwi."

Cododd Mr Lyon, ac aeth gyda Mr Hargrove a'i fab. Fel yr oeddynt yn ymadael o'r ystafell cododd Frank ar ei draed, a galwai Lyon yn ragrithiwr melldigedig, ac wrth i'w dad (ychydig yn gallach y tro hwn), geisio ei ostegu aeth yn ffrae ben-ben rhwng y ddau.

Nis gallwn innau aros yn hwy i glywed y rhegfeydd a'r melldithion arswydlawn gyda pha rai y cyfarchent eu gilydd. Dyna yr arddangosiad mwyaf arswydus o ddiraddiad y natur ddynol a welais i yn fy oes. Felly gadewais y lle; ac yr oeddwn yn falch fod modd i mi ddianc rywfodd o awyrgylch mor lygredig, ac o gwyddiau golygfeydd mor ofnadwy o dychrynllyd!

Pennod XVI – Y Nawfed Noswaith – Rhagfyr 1

Nid oedd Slade na'i fab yn bresennol wrth y bwrdd amser brecwest y boreu canlynol. Ond yr oedd ychydig o lymeitwyr boreuol yn y bâr ar y pryd— dynion o gyfansoddiad pwdr a gwynebau ysmotiog, y rhai oeddynt yn methu dechreu diwrnod o waith heb y diodydd poethion. Deuent i mewn yn lled araf, a gofynent am yr hyn oedd arnynt ei eisieu gyda lleisiau sel – yfent yn ddystaw, ac ymaith a hwy.

Tua naw o'r gloch gwnaeth gwr y tŷ ei ymddangosiad. I'r bâr ag ef, ac yno rhuthrai i hen ddecanter llawn o frandi, a thywalltai haner peint o'r gwlybwr tanllyd, yr hwn a yfai ar ei dalcen. Beth pe gwelsech chwi ei law yn crynu, a'i olwg awchus yn codi'r gwydryn at ei enau? Y fath wedd hagr oedd arno! Y melinydd ddeng mlynedd yn ol, a'r tafarnwr heddyw! Pwy fyth allasai ddyweyd yn awr mai yr un person ydoedd.

Fel yr oedd Slade yn troi i'r bar, daeth dyn i mewn. Sylwais fod cyfnewidiad uniongyrchol yn ngwyneb y tafarnwr wedi cymeryd lle. Tynodd y dyn bapyr o'i logell, ac a'i rhoddes iddo; ac yntau yn bur ofnus ei edrychiad a'i hagorodd. Ymliwiodd Slade yn ei wyneb; ac yn mhen enyd daeth i'w wedd flaenorol, ond ychydig yn llwytach.

"O'r gore — purion, mi edrycha i iddo fo," ebe fe, dan geisio meddiannu ei hun, ac eto yn llyncu pob gair oedd yn dyfod o'i enau.

Nid oedd y dyn neb amgen na gwas y Sirydd, yr hwn wedi rhoddi un edrychiad sobr a swyddogol, a aeth ymaith, ac ymaith â Slade i'r bar.

"Trwbl, trwbl", meddai y tafarnwr, yn lled isel, ac eto yn ddigon uchel i mi glywed, fel pe buasai yn dymuno i mi ei gwestiyno. Ond yr oeddwn yn meddwl na fuasai hyny yn beth iawn i mi ei wneyd.

"Wedi cael y beili ar ei gefn o'r diwedd", meddai y gwas.

"Be ydi'r mater Wil", gofynai rhyw ddyn oedd yn rhyw haner ymorwedd a'i bwys ar ymyl y bar, "ar ôl pwy mae Jenkins yrwan, dywad?"

"Ar ôl yr hen ddyn", meddai Wil, mewn llais ag y gellid tybied fod yn bleser ganddo ddyweyd y newydd.

"Nage!"

"Ia yn wir, mae o yn hollol wir", ebe Wil, dan haner chwerthin.

"Beth sydd i dalu?" ebe'r dyn.

"Wn i ddim, ac ni waeth gin i chwaith. Mi gollodd y gyfraith gyda Barnwr Lyman."

"Ddaru o?"

"Do; ac mi glywais i y Judge yn tyngu os byth y do'n nhw i'w grafangau o, y gwertha fo bob copa walltog o honyn' nhw allan; a dyn i'w air ydi'r Judge."

Tra yr oedd y dyn yn sipian ei whisky, yr oedd Wil yn pwmpio allan a'i holl egni yr achos o'r holl drwbl oedd wedi dyfod ar ben yr "hen greadur," chwedl yntau; ac yn wir yr oedd y dyn wedi cael gafael ar y stori yn lled lew. Yr oedd Lyman a Slade am hir amser wedi bod yn bur hoff o gymeryd hwn a llall i mewn fel y dywedir; a phan nad ellid cario y twyll allan i berffeithrwydd heb ddau, yr hen Slade fyddai y dyn i wneyd y nifer i fyny. Ond yr oedd pethau wedi troi yn ei erbyn yntau, oblegid iddo redeg yn lled ddyfn i lyfrau y Barnwr.

Tra yn rhodio yn synfyfyriol y bore hwnw drwy Cedarville, nis gallwn lai na sylwi ar y dystawrwydd, y marweidd-dra, a'r cyfnewidiad cyffredinol oedd wedi cymeryd lle yn yr olwg ar bethau o'm deutu. Pan ddaethum gyferbyn a thy Mr Harrison, yr hwn a ddeallodd y perygl, oddeutu dwy flynedd yn ol, o gadw tŷ i werthu y gwlybyron meddwol, nid oedd ynwyf un amheuaeth o barth y cyfnewidiad a dybiwn oedd yn weledig yn yr ardal.

Fel yr oeddwn yn cymeryd trem oddiamgylch yr annedd, dyma foneddiges allan, ychydig uwchlaw y taldra cyffredin, a phrudd-der dwys yn gorchuddio ei gwynebpryd. Ah! meddwn i wrthyf fy hun, wrth fyned ymlaen, gymaint o obeithion anwyl fu unwaith yn llenwi y galon yna, ond sydd yn awr wedi eu gwasgaru yn y gwynt! Ie, hon oedd y Mrs Harrison ag y clywais fod ei dau fab wedi syrthio yn ysglyfaeth i'w chwantau. Fam anhapus!

Aethum ymlaen ar fy rhawd trwy y pentref, gwelwn arwyddion adfeiliad mewn amryw o dai ereill, â'u perchenogion fel pe buasent oll wedi myned yn ôl yn y byd, i raddau mwy neu lai. Yr oeddwn yn deall, wrth ymholi, eu bod yn ddieithriad neu yn parhau i fod yn ymwelwyr yn y *Black Lion*!

Deng mlynedd yn ôl adnabyddid y Barnwr Hammond fel y dyn cyfoethocaf yn y pentref; ond erbyn craffu ar furiau moelion ei annedd, gwelwn fod hen gartref Hammond, a chartref ei dadau, wedi ei gymeryd oddiarno. Nid oedd dim bywyd yn weledig. Yr oedd y drws wedi ei gau— y ffenestri wedi eu bario — heb un cysgod o fwg yn duo ael yr hen simnai. Mor fywiog yr oedd y dychymyg yn adferu bywyd, harddwch a dedwyddwch, oedd yn cyfansoddi y cartref dedwydd hwnw, ychydig flynyddoedd yn ôl — y fam gyda'i bachgen gobeithiol yn edrych yn ffyddiog i'r dyfodol — y tad yn falch o'i drysorau teuluol, ond heb fod yn wyliedydd doeth arnynt, er hyny.

Ah! Gwae iddo erioed agor y drws i'r blaidd rheibus ddyfod i mewn i'r gorlan! Ond felly y bu, a'r fath gyfnewidiad! Y Barnwr hunanol a gorfodol yn y tylod-ty — y mab wedi cyfarfod a thynged echrydus — a'i wraig wedi disgyn o'i gwallgofrwydd i'r bedd! A'r cwbl, meddwn i wrthyf fy hun, oherwydd fod un dyn yn rhy' ddiog i ddilyn galwedigaeth onest, a bod yn rhaid iddo gael myned i werthu gwirodydd poethion!

Gyda'r nos dychwelais i'r *Black Lion*," ac yn y bar yn haner meddw yr oedd Slade, a'i fab, gyda phump neu chwech o bersonau agos yn yr un cyflwr a hwythau. Yr oedd amgylchladau anghysuron Slade yn cael eu crybwyll yn ddystaw gan y naill wrth y llall; ac fe ddywedid fod rhan fawr o'r bai yn gorwedd wrth ddrws Frank.

Yr oedd wedi naw o'r gloch, ac yr oedd un neu ddau o'r cwmni ar ymadael, pan y gwelwn Frank Slade yn codi am y trydydd neu y pedwerydd tro i fyned ychydig o'r neilldu. Yr oedd an gymeryd gafael mewn potelaid o frandi, pan y daeth ei dad ato, ac ymaflodd yn ei law.

"Gollyngwch fy llaw," meddai y gwr ieuanc yn nwydwyllt

"Na wnaf. Dyro'r, botel yna i lawr—'rwyt ti'n feddw y munud yma."

"Peidiwch a chyboli efo mi hen ddyn. Dydw i ddim mewn temper i gymeryd y 'nhrin gynoch chwi."

"Yr 'wyt ti gin feddwed a ffwl, yrwan," ebe yr hen wr, tra yn gafael yn y botel. "Gollwng hi!"

Yr oedd y bachgen ar hyn fel pe buasai wedi ymgynddeirogi, a chyda chryn nerth, tarawodd yr hen ŵr yn ei ben a'i ddyrnau, yr hwn a syrthiodd draw ar ei hyd ar lawr. Gallodd godi i fyny, a chael ruthro yn wallgof ar y mab, ceisiai ei daraw.

"Cadwch i ffwrdd," meddai Frank, "cadwch i ffwrdd," ac yn cymeryd gafael yn y botel haner llawn yr un amser.

Ond yr oedd y tad wedi myned yn rhy bell mewn gwallgofrwydd i ofni dim, aeth ymlaen ato, a tharawodd y mab yn ei wyneb.

Y dyn ieuanc, wedi ei gynhyrfu gan ddiod a nwydau drwg, a daflodd y botel yn uniongyrchol at ben ei dad. Ni fethodd ei nod. I lawr a'r hen wr, ac yr oedd ei gwymp ai ruddfanau yn arwyddo 'n amlwg fod y botel a'r darnau drylliedig wedi suddo yn ddwfn i'w ben. Wedi i mi fyned ato, a cheisio ei godi i fyny, yr oedd yr iasau mwyaf arswydlawn yn treiddio trwy fy ngalon. Yr oedd gwedd farwol ar ei wyneb, a rhwnc angeu i'w glywed yn ei wddf! Mewn tri munud o'r amser ei tarawyd yr oedd ei ysbryd wedi ei alw a rhoddi cyfrif am y gweithredoedd a wnaethpwyd yn y corff.

"Frank Slade, yr wyt ti wedi mwrdro dŷ dad."

Bu y gwr ieuanc ryw gymaint o amser yn deall ystyr y geiriau yna; ond y foment y deallodd yr hyn oedd wedi ei wneyd, rhoes waedd echrydus dros yr holl dŷ.

Haner awr ar ôl hyn yr oedd Frank yn garcharor unigol yn ngharchar y sir.

A oes raid i'r darllenydd wrth ryw esboniad ar yr amgylchiad ofnadwy hwn? Na raid; ac nid ydym ninau yn meddwl am gynnyg yr un iddo ychwaith.

Pennod XVII – Y Ddegfed Noswaith – Rhagfyr 15

Y dydd canlynol yr oedd papyrleni mawrion ar barwydydd y pentref yn hysbysu fod cyfarfod cyhoeddus i gymeryd lle y noswaith hono yn y *Black Lion*. Ac ym mrig yr hwyr yr oedd nifer lled dda o ddynion parchus a difrifol yr olwg arnynt wedi ymgasglu at eu gilydd; ym mysg y rhai gallesid enwi Mr Hargrove, yr hwn a ddewiswyd i lywyddu y cyfarfod.

Yr oedd cyfarchiad y llywydd yn gynnwysedig o adgofion teimladwy deng mlynedd yn ol, a'r cyfnewidiadau oedd wedi cymeryd lle yn amgylchiadau y trigolion ac agwedd y lle yn nghorff yr amser hwnw. "Deng mlynedd yn ol", ebe fe, gan gyfeirio at hen ben llwyd wrth ei enw, "yr oedd genych chwi ddau fab — bechgyn serchog, gobeithiol, a gwrol-galon. Pa le maent yn awr? Ni raid ateb. Mae eu hanes hwy â'ch gofid chwithau yn rhy adnabyddus. Deng mlynedd yn ôl yr oedd genyf finau fab anwyl a charedig. Mae'r nefoedd yn gwybod fel y ceisiais ei gadw a'i amddiffyn! Ond fe syrthiodd! Mae awyrgylch y pentref wedi ei dywyllu gan saethau dinystr a galanastra, a phwy sydd ddiogel? Beth sydd i'w wneyd? A oes dim meddyginiaeth?"

"Oes oes! y mae," meddai lluaws mawr o leisiau ar unwaith drwy yr ystafell.

"Wel, os oes, ein tasg ni heno fyddo gwneyd y defnydd priodol o hono, er ein diogelwch;" ac yna eisteddoedd y cadeirydd.

"Ac nid oes ond un feddyginiaeth", ebe Mr Morgan; "mae yn rhaid i'r fasnach felldigedig ddarfod o'n mysg. Dinystriwch y ffynnon; ac fe dderfydd y ffrwd, Os mynwch achub yr ieuauc, y gwan, a'r diniwed, mae yn rhaid i chwi eu cadw oddiwrth y demtastiwn. Ŵyr, frodyr, a thadau! fel un ag y bu yn agos iddo gael ei golli, ac fel un ag sydd yn crynu wrth feddwl am y perygl sydd yn daenedig yn ddyddiol ar ei lwybr, yr wyf yn eich tynghedu i attal y gorlif tanllyd agsydd yn difwyno pobpeth ag sydd dda a phrydferth yn eich mysg. Hawliau neu ryddid pwy fyddai yn cael eu cyfyngu pe mabwysiedid y mesur? Ac yn wir, gan bwy y mae hawl i hau hadau afiechyd a marwolaeth yn ein broydd? Dadau! er mwyn eich plant anwyl a hoff mynwch roddi terfyn, a therfyn buan a bythol ar fasnach sydd yn achosi y fath ganlyniadau arswydlawn. Edrychwch ar Simon Slade, y melinydd hapus a charedig, ac ar Simon Slade y tafarnwr. A gafodd ef ei lesoli drwy y rhyddid o wneyd niwed i'w gymydog? Naddo, naddo! Yn enw'r nefoedd gan hyny, dileir y fasnach."

Tynodd Mr Morgan o'i logell nifer o benderfyniadau i'r pwrpas hwnw, drwy gyfrwng pa rai yr oeddid i ddatgan eu barn i'r awdurdodau o'u dymuniad i lwyr ddileu y fasnach feddwol, fel, ar ôl y dydd hwnw, na chaffai dyferyn mwy ei werthu o'r gwlybyron syfardanol o fewn terfynau y gorfforaeth; ac ymhellach na hyny, yr oedd un penderfyniad yn eu rhwymo i ddyfetha holl wiriodydd y *Black Lion*, ac i godi trysorfa i ddigolledu dyledwyr Slade, os byddent yn galw am hyny. Fel y gallesid dysgwyl, bu peth ddadleu yn yr ystafell ar y priodoldeb o gymeryd cam mor bwysig a byrbwyll; ond, gydag ychydig o welliantau, fe brofodd synwyr a moesoldeb y bobl yn drech na'r cwbl.

Fel yr oeddwn bore dranoeth yn cymeryd fy eisteddle ar ben y cerbyd, gwelwn arwydd-lun y llew du oedd am flynyddoedd wedi bod yn denu dynion i ganol ei ffau ddinystriol, yn cwympo i'r llawr yn ddrylliant tan ddyrnodiau grymus hen saer y pentref, ac ymaith a fi.

Appendix - Unusual Words Used by Daniel Owen

The foreword to this book has some information about the extent of Daniel Owen's period of formal education, emphasizing that it was limited in its scope and timetabling. After his schooling came to an end when he was twelve years old, he enrolled as an apprentice at the Mold tailoring firm of John Angel Jones, where he not only learnt his craft but also came into contact with men such as Nathaniel Jones who were to have an important influence on his life, and who were to lead him to take an interest in religious matters, politics, philosophy and literature. At the same time, Daniel Owen was becoming aware of the deficiencies in his school education. In so doing, this awareness led him to begin a process of self-learning. One essential element in this context was his growing interest in poetry and in translating material from English into Welsh. Nathaniel Jones encouraged him in this kind of work; but little is known about the nature of the source material that he used in his self-directed period of learning. There was, however, one essential tool that he would have relied on for a period of many years – a dictionary. And what had become a very popular Welsh dictionary by the mid-nineteenth century was the one compiled by William Owen Pughe, published in 1803.

Pughe was a well-known lexicographer who, by the mid-century, was regarded as an authority on all aspects of the Welsh language. The belief in his status lasted until the 1890s. By then, scholars who had been educated and trained at the ancient universities of England and the newly founded University of Wales had come to the conclusion that Pugh was essentially a charlatan. Critical opinion about him was summed-up by Sir John Morris Jones, an Oxford scholar and the first Professor of Welsh at the University of Bangor, in the Preface to his formidable volume entitled *"Welsh Grammar"* (Oxford

1913),where he wrote thus: "The grammar of William Owen (later W. O. Pughe) represents the language not as it is, or ever was, but as it might be if any suffix could be attached mechanically to any stem...; truth meant conformity with his theory; facts, perverse enough to disagree, were glossed over to save their character." Elements of Pughe's influence can be found in Daniel Owen's translation of Ten Nights.

A list of words compiled from Daniel Owen's translation of Shay Arthur's text provides the reader with a reasonably wide spectrum of the kind of vocabulary that he was assembling in his process of self-education together with possible relevant translations of these Welsh words into English.

First, there were those words that were prominent features of direct speech in parts of Flintshire (especially in and around Mold). These words were (and are) used also in neighbouring counties such as Denbighshire and parts of Meirionethshire and Montgomery. The dominant element in many of them, as Goronwy Wynne points out in his standard work on the vocabulary of Flintshire (*Iaith Sir Fflint* 2005), is the letter 'e'. Daniel Owen uses the oral forms of words in the written text, thereby bringing local colour into the language. Some of the words in this category include *'cartre'* (formal *cartref*), *'adre'* (formal *adref*), *'gore'* (formal *gorau*), *'dechre'* (formal *dechrau*), *'ereill'* (formal *eraill*). In Gwynedd, Anglesey and west Meirioneth it is the letter 'a' that has the dominant position. Hence, the equivalent oral examples to those quoted above, in these local counties are *'cartra'*, *'adra'*, *'gora'*, *'dechra'* and *'eraill'*.

Second, another Flintshire characteristic, noted by Goronwy Wynne, was Daniel Owen's use of the letter 'h' at the beginning of a word. A number of examples of this practice is found in *Deng Noswaith: hamrant, hanhapus, harchwaethu, heilun, herfyniadau*.

Third, the period of Daniel Owen's life came to an end when the reforming process of the Welsh language was only just beginning. Changes were to take place in the spelling of words. Many saw the doubling of certain letters as well as the addition of a single letter to an existing word. In Daniel Owen's case he spelt the current word *'hynny'* as *'hyny'*, and the words *'ohono'*, *'ohonynt'* and *'oherwydd'* as *'o hono'*, *'o honynt'* and *'o herwydd'*.

Fourth, there are occasional words that are not uncommon in south Wales but not generally thought of as part of the culture of the north. Such an example in *Deng Noswaith* is the word *'moni'*.

Fifth, parts of the vocabulary is quite dignified and points to the effect that the Bible was having on the author's style.

Lastly, in some of the words used by Daniel Owen the influence of the ideas of W. O. Pughe seems to be present. Examples of the latter's lexicographical theories may be found in:

cathaidd,   chwareuyddiaeth,   clymedig,
darngelwch,   genethig,   gwyliadyddes,
llonydded,   ymddyddanasant,   ymwelyddes

Listed below is a selection of the more uncommon words used by Daniel Owen in the book.

Word	Possible Meaning
adfydu	troubled
anghysuron	uncomfortable things
anioddefarwch	impatience
anniwall	insatiable
anrasol	unreasonable, offensive
archodd	ordered, told, greeted
arswydlawn	fearful
arteithiau	tortures
attegu	substantiate
blagiard	blackguard
boddio	satisfied
braenllyd	fallow/rotting/scary
bursenaidd	lively/animated
bytheiriau	cottages

cathaidd	cat-like
chwenychu	desire/lust
ciniaw-gell	dining room
clynedig	swollen
cymwysiad	application
cynefindra	a familiar place
cynniwair	stirring
cythruddo	provocative
dadedbru	revive
dadglowy	unlock
dangoseg	reflection/to show
darngelwch	resentment
ddiystyrllyd	dismissive
ddywaetha	last
delais	to deal
dendio	to look after
diabystiol	diabolical
dichellddrwg	wicked/evil
didderbynwyneb	uncontested
dirboenau	turbulent/upset
diwylliad	culture
drychfeddwl	idea
duchanllyd	hushed
dyben	purpose
dybenodd	contention
dychlamiadau	pulse/heart-beat
dyddanu	assist/help
dyoddefasu	to endure
ebrwydd	immediately
ebychiadau	exclamations
echrydus	horrible/appalling
echryslo	dreadful/atrocious
eillio	shave
elwais	call/name
eofn	perky, cheeky
farnydd	judge
floesgaidd	slurring
fyddont	to be
genethig	young girl
gias	glass
goddiweddyd	overtake
gofelir	to look after
gofod	space
gwamal	frivolous
gwarogaeth	money/expenditure
gwelliantau	improvements
gwgus	wicked
gwirodydd	drinkable spirits
gwlybyron	deliquescent/putrid
gwthid	to sell
gwyliadyddes	a watchful woman

UNUSUAL WORDS

gwynebpryd	facial features/expression
gyna	some time ago
haelrydedd	generosity
haiarnaidd	dominantly/lordly/nobly
halogwaith	contamination
hamrant	eyelid
hanhapus	unhappy
harchwaethu	appetite
heilun	idol
herc	limp/hop
herfyniadau	entreat/supplicate
hynyna	that
lacaodd	to slacken
llechwriaeth	salvation
llesiant	welfare
llesoli	locate
llithigrwydd	fluent
llonydded	still, resting
llychwinog	filthy
llygru	corrupt/pollute/taint
mwrdrwr	murderer
nebun	nobody
nwydwylltedd	madness
orfedi	death wish
parlawr	parlour
plaenau	plain
rhuglio	rattling/quivering
safn	jaw
sylldremu	stare
tafodrydd	garrulous
tramwyfeydd	passageway
triganwyr	imbibers
wrathio	moving
ymafaelyd	to grip, to grasp
ymarhoi	hesitate
ymdaflu	grab a hand
ymddyddanasant	they had a conversation
ymyrgar	offensive
ymgynnyg	support
ymwelyddes	a female visitor
ysgogi	urged
ystyllod	board/plank

Other books by Robert Lomas:
The Templar Genesis of Freemasonry
Freemasonry for Beginners
The Lewis Guide to Masonic Symbols
A Miscellany of Masonic Essays
The Lost Key
The Secret Science of Masonic Initiation
The Secret Power of Masonic Symbols
Turning the Hiram Key
Turning the Solomon Key
Turning the Templar Key
The Secrets of Freemasonry
W.L.Wilmshurst's The Ceremony of Initiation Revisited
W.L.Wilmshurst's The Ceremony of Passing Revisited
The Man Who Invented the Twentieth Century
The Invisible College
Freemasonry and the Birth of Modern Science
Rhys Lewis by Daniel Owen. A New Translation from the Welsh
Mastering Your Business Dissertation
The Pant Glas Children
The Masonic Tutor's Handbooks – Vol 1 The Duties of the Apprentice Master

Co-authored: With Chris Knight
The Hiram Key
The Second Messiah
Uriel's Machine
The Book of Hiram

Co-authored: With Geoff Lancaster
Forecasting for Sales and Materials Management

Kindle eBooks by Robert Lomas:
A Miscellany of Masonic Essays
The Secret Science of Masonic Initiation
Turning the Hiram Key
Turning the Solomon Key
Turning the Templar Key Part 1 – The True Origins of Freemasonry.
The Secrets of Freemasonry
The Lost Key
W.L.Wilmshurst's The Ceremony of Initiation Revisited
W.L.Wilmshurst's The Ceremony of Passing Revisited
The Templar Genesis of Freemasonry
The Man Who Invented the Twentieth Century
The Invisible College
Freemasonry and the Birth of Modern Science
Rhys Lewis by Daniel Owen. A New Translation from the Welsh
Mastering Your Business Dissertation
The Pant Glas Children

Printed in Poland
by Amazon Fulfillment
Poland Sp. z o.o., Wrocław